ZITA, IMPÉRATRICE COURAGE

JEAN SÉVILLIA

ZITA
impératrice courage
1892 - 1989

FRANCE LOISIRS
123, boulevard de Grenelle, Paris

Édition du Club France Loisirs, Paris,
réalisée avec l'autorisation de la Librairie Académique Perrin

ISBN : 2-7441-1415-4

A Willi Steidl,
avec amitié,
pour notre axe Paris-Innsbruck.

« Notre Règle n'est pas un refuge.
Ce n'est pas la Règle qui nous garde,
c'est nous qui gardons la Règle. »

Georges BERNANOS,
Dialogues des Carmélites

1

Un siècle, une vie

Vienne, 1er avril 1989.

Devant l'église des Capucins, le cocher a tiré les rênes. Tenus en bride, les six chevaux noirs ont fait halte. A main droite, leurs écuyers en uniforme portent brassard de deuil. Le monumental corbillard est sommé d'une volée d'aigles à deux têtes. Et de la couronne impériale.

Vestes rouges, chapeaux verts, plumes immaculées, six Tyroliens tirent le cercueil. Ils le présentent devant le porche. Le maître de cérémonie attendait. De sa canne à pommeau d'argent, trois fois il toque à la porte. A l'intérieur, le frère portier, lui aussi, attendait :

— Qui demande la permission d'entrer ?

Le cérémoniaire répond :

— Zita, l'impératrice d'Autriche, reine couronnée de Hongrie. Reine de Bohême, de Dalmatie, Croatie, Slavonie, Galicie, Lodomérie et Illyrie ; reine de Jérusalem ; archiduchesse d'Autriche, grande-duchesse de Toscane et de Cracovie ; duchesse de Lorraine et de Bar, de Salzbourg, Steyr, Carinthie, Carniole et de Bucovine ; grande-princesse de Transylvanie, margravine de Moravie ; duchesse de Haute et de Basse-Silésie, de Modène, Piacenza et Guastalla ; d'Auschwitz et de Zator, de Teschen, du Frioul, de Raguse et Zara ; comtesse de Habsbourg et de Tirol, de Kyburg, Göritz et Gradisca ; princesse de Trente et de Brixen ; margravine de Haute et de Basse-Lusace et d'Istrie, comtesse de Hohenembs, Feldkirch, Bregenz et Sonnenberg ; seigneuresse de Trieste, de Kotor, grande-voïvodine du voïvodat de Serbie ; infante d'Espagne, princesse de Portugal et de Parme.

— Je ne la connais pas.

Une seconde fois, le maître de cérémonie frappe trois coups.

— Qui demande la permission d'entrer ?

— Zita, Sa Majesté l'impératrice et reine.

— Nous ne la connaissons pas.

De nouveau, la canne heurte trois fois le vantail.

— Qui demande la permission d'entrer ?

— Zita, un être mortel et pécheur.

— Qu'elle entre.

Vienne, 25 novembre 1916.

Les cloches de la ville sonnent le glas. La dépouille de l'empereur François-Joseph quitte la cathédrale Saint-Étienne. Le convoi funèbre se dirige vers la crypte des Capucins : comme pour tous les Habsbourg, ce sera son ultime demeure. Pour le vieux monarque aussi, il faudra — superbe allégorie du dépouillement de la mort — supplier trois fois les moines d'ouvrir leur sanctuaire.

Tête nue, son successeur conduit le cortège. Charles Ier a vingt-neuf ans. Il mesure le poids écrasant de ses responsabilités. Il sait qu'il n'atteindra pas son but — sortir l'Autriche du conflit qui ravage l'Europe, sauver la Double Monarchie — sans bousculer l'héritage de l'oncle qui régnait depuis 1848. Serait-ce, pour commencer, la rigide étiquette espagnole de la cour de Vienne. Ainsi n'a-t-il pas voulu défiler seul, juste derrière le défunt. Symboles de la continuité dynastique, sa femme, l'impératrice Zita, et son fils, le prince héritier, marchent à ses côtés. Elle, voilée de noir jusqu'aux pieds, a vingt-quatre ans. Otto, tout de blanc vêtu, boucles blondes, vient de fêter son quatrième anniversaire. Cette innovation dans un cérémonial immuable a choqué parmi la vieille garde. Le peuple, lui, a compris : il applaudit.

Après les obsèques, le lourd corbillard sera remisé à Schönbrunn. Il n'en ressortira qu'en 1989.

Devenue impératrice en 1916, quand son mari, Charles de Habsbourg, a accédé au trône d'Autriche-Hongrie, Zita était née dans l'Europe dynastique du XIXe siècle. Elle avait entouré François-Joseph, qui se souvenait, enfant, d'avoir été assis sur les genoux du duc de Reichstadt, fils de Napoléon. Elle était l'arrière-petite-fille de la duchesse de Berry. Et elle disparaissait, en 1989, à presque quatre-vingt-dix-sept ans, quand finissait le XXe siècle.

Zita : un siècle, une vie. Du tsar Alexandre III à Gorbatchev. Du pape Léon XIII à Jean-Paul II. De Guillaume II à Helmut Kohl. De Félix Faure à François Mitterrand. Couronnée quand la bataille de Verdun faisait rage, elle a failli connaître la guerre du Golfe. De la société rurale à la révolution informatique, du fiacre au satellite, cette femme aura vécu la destruction de l'empire austro-hongrois, l'abolition d'une dizaine de monarchies européennes, deux conflagrations mondiales, le marxisme et le nazisme, la guerre froide. Et, pour finir, le crépuscule du communisme.

Zita, ou la vie d'une impératrice. Détrônée en 1918, après seulement deux années de règne, certes. Mais, jusqu'à la mort, souveraine.

2

Zite de Bourbon, princesse de Parme

Le 9 mai 1892, à l'aube, la duchesse de Parme fut prise des douleurs de l'accouchement. Elle reçut la communion des mains de l'abbé Travers, aumônier de sa maison, avant de confier son sort aux sages-femmes. A neuf heures, elle mit au monde son cinquième enfant : une fille. Qui naquit au soleil de Toscane, près de Lucques, à la villa delle Pianore. Deux jours plus tard, la princesse nouveau-née fut portée sur les fonts baptismaux. De sa myriade de prénoms (Marie des Neiges, Aldegonde, Michelle, Raphaëlle, Gabrielle, Joséphine, Antonia, Louise, Agnès), l'histoire retint le premier : Zita. Est-ce le pape Léon XIII, comme certains l'affirment, qui recommanda ce nom de baptême au duc de Parme ? Fêtée le 27 avril, sainte Zita fut une domestique du XIIIe siècle. Patronne des serviteurs, elle offrit un modèle d'humilité : l'exemple marqua sa protégée.

Robert de Bourbon, duc de Parme, Plaisance et États annexés, était père pour la dix-septième fois. Il le fut vingt-quatre fois en tout. Abondante progéniture, mais il est vrai qu'il se maria deux fois. En 1869, en premières noces, il avait épousé sa cousine Maria-Pia des Deux-Siciles. Douze enfants étaient nés de cette union : un chaque année. En 1882, Maria-Pia avait été emportée en donnant le jour à un bébé mort-né. Deux enfants étaient déjà décédés en bas âge ; circonstance éprouvante, six autres étaient déficients mentaux.

C'est dire s'il fallait du caractère à celle qui, en 1884 — à vingt-deux ans — devint sa seconde femme. Maria Antonia de Bragance était la fille de dom Miguel, roi de Portugal sans couronne*. Belle, élancée, autoritaire, elle ne manquait pas de personnalité. Elle aussi donna douze enfants au duc de Parme.

*

« J'ai vécu dans ma famille, se souvenait Zita, une enfance extraordinairement joyeuse, heureuse. » Il faut se représenter l'animation d'une maison où, chaque jour, trente à quatre-vingts personnes se tiennent à table ! Enfants du premier et du second mariages confondus, les plus anciens parrainant les plus jeunes, ils forment une tribu colorée. L'aînée, Marie-Louise, est de 1870 (elle a vingt-deux ans lors de la naissance de Zita), le dernier, Gaëtan, de 1905 (Zita a alors treize ans). Trente-cinq années de différence : on comptera des oncles plus jeunes que leurs neveux. En raison de ces écarts de générations, l'âge et les caractères déterminent les affinités. Zita est surtout complice avec Franziska, son aînée immédiate, surnommée Cicca.

La présence de six handicapés imprime une tonalité particulière à ce foyer. La duchesse Maria Antonia s'est profondément attachée à eux et s'en occupe comme si elle était leur propre mère. Quant au duc Robert, il les choie. Comportement exceptionnel pour l'époque, sans souci du qu'en-dira-t-on, il les laisse vivre au milieu de la famille. L'attention pour les plus faibles : cela aussi marqua Zita.

Avec les autres enfants du premier mariage de son mari, les rapports de Maria Antonia ne sont pas de la même nature. Avec Élie — à qui le rôle de futur chef de la maison de Parme est dévolu, en raison de l'infirmité de ses frères aînés — ils sont même orageux, en dépit des efforts conciliateurs du duc Robert.

*

Robert de Parme a hérité la villa delle Pianore de sa grand-mère paternelle, femme de Charles II de Parme. Marie-

---

* Voir les tableaux généalogiques, à la fin de cet ouvrage.

Thérèse de Savoie s'était fait construire cette villa de style toscan sur la côte ligure, à quatre kilomètres de la mer, près de Viareggio (au centre d'un triangle approximatif formé par Carrare, Lucques et Pise). Un parc immense entoure la maison. Oliviers, cyprès, lauriers, mimosas, palmiers et eucalyptus : couleurs et parfums de la Méditerranée ont imprégné l'enfance de Zita.

Le duc Robert a transformé la villa. Une terrasse domine le parc, auquel on accède par deux escaliers symétriques débouchant sur des allées plantées d'orangers. Les pièces de réception ? Majestueuses. Dans le salon, une tapisserie des Gobelins, *Le Sacre de Louis XIV*, offerte par Louis XV à sa fille Louise-Élisabeth, épouse du premier duc de Parme. Dans le hall de marbre, une inscription latine : *Robertus Parmae Dux, MDCCCLXXXIIX* (1888 : date des travaux d'embellissement de cette demeure). Aux murs, motifs à fleur de lys et coquilles (le blason des Parme est « d'azur, aux trois fleurs de lys d'or, à la bordure de gueules chargée de huit coquilles d'argent ». Dans la chapelle, la porte du tabernacle s'orne d'un relief en argent sculpté par Benvenuto Cellini. Çà et là, des tableaux : Cranach, Canaletto, Guardi. Dans la bibliothèque, une collection d'incunables.

Si Zita est née en Italie, comme deux autres de ses frères et sœurs, c'est pur hasard : deux fois par an, les Parme déménagent. De janvier à juillet, la famille s'installe à la villa delle Pianore. De juillet à décembre, elle vit en Autriche, à Schwarzau. Il ne faut pas moins d'un train spécial d'une quinzaine de wagons pour emmener enfants et précepteurs, gouvernantes et domestiques, bagages et chevaux. Zita, dans ses vieux jours, se rappelait cette pérégrination bi-annuelle comme une fête.

Robert de Parme a acheté le château de Schwarzau am Steinfeld en 1889. Situé à soixante kilomètres au sud de Vienne, il a été bâti au XVIIIe siècle par Johann Fischer von Erlach, pionnier du baroque autrichien. Sur la façade, le duc de Parme a fait graver ses armoiries. Dans la salle à manger trônent les portraits de Louis XIV, Louis XV et Charles X. Le salon rouge ressemble à une galerie d'art : peintures, biscuits, bibelots. Dans son cabinet de lecture, le prince conserve volumes précieux et gravures. Au milieu du parc de quarante hectares, il a fait construire piscine et tennis. Soixante chevaux dorment dans les écuries.

Sur place résident gentilshommes de service, dames d'honneur, précepteurs, près de quatre-vingts domestiques. Les visiteurs défilent : artistes, écrivains, savants, fidèles. Et princes, souvent apparentés.

*

Un train de vie royal ? Robert de Bourbon a été l'ultime duc régnant de Parme. En 1700, à la mort du dernier Habsbourg d'Espagne, le duc d'Anjou, petit-fils de Louis XIV, avait accédé au trône, à Madrid, sous le nom de Philippe V. En 1748, après la guerre de Succession d'Autriche et la paix d'Aix-la-Chapelle, sa deuxième femme, Élisabeth Farnèse, avait fait attribuer le duché de Parme à son fils cadet, Philippe, le fondateur de la dynastie des Bourbons-Parme. Intégré par Napoléon au royaume d'Italie, redevenu souverain en 1814, le duché avait échu à l'impératrice Marie-Louise. A la mort de celle-ci, Charles II de Parme avait récupéré ses États. En 1849, il avait abdiqué au profit de son fils, Charles III (le grand-père paternel de Zita, qu'elle ne connut pas).

Confetti sur la carte de la Péninsule, Parme avait fait partie des visées du *Risorgimento*, sur le chemin de l'unité italienne. En 1854, Charles III avait été poignardé par un carbonaro. Ceux qui avaient escompté éliminer en même temps la dynastie avaient sous-estimé l'énergie de sa femme. La duchesse de Parme (la grand-mère paternelle de Zita, qu'elle ne connut pas non plus) était née Louise de Bourbon ; petite-fille de Charles X, fille du duc et de la duchesse de Berry, elle était la sœur du duc de Bordeaux, comte de Chambord, prétendant malheureux au trône de France. Le duc de Parme assassiné, son fils Robert (futur père de Zita) n'avait que six ans. La duchesse Louise était donc devenue régente. En mai 1859, le royaume de Piémont-Sardaigne avait déclaré la guerre au duché. Vingt mille Piémontais avaient fondu sur Parme. Les Bourbons avaient aligné quatre mille soldats : disproportion trop forte. La duchesse Louise avait renoncé à livrer bataille.

Dans son carrosse fleurdelysé, en compagnie de son fils, elle avait abandonné la ville. Un référendum avait ratifié le rattachement de Parme au Piémont.

Louise s'était exilée en Suisse. En juin 1859, de Saint-Gall, la duchesse régente avait adressé aux puissances internationales une protestation solennelle contre l'annexion du duché de Parme. Une autre encore, en mars 1860, prenant l'Europe à témoin contre « l'odieuse spoliation » dont son fils Robert avait été victime. Appel tout aussi vain : Cavour et Garibaldi s'apprêtaient à fondre sur le royaume des Deux-Siciles, pour chasser d'autres Bourbons — issus, eux, de Charles d'Espagne, le fils aîné de Philippe V et d'Élisabeth Farnèse.

Fin 1860, la duchesse avait acquis le château de Wartegg, au bord du lac de Constance. Rendez-vous de royaux proscrits : les Parme y recevaient leurs cousins Bourbons-Sicile, et le frère de Louise, le comte de Chambord, exilé à Frohsdorf en Autriche.

En 1864, lors d'un voyage à Venise, Louise de Parme était morte du typhus. Son frère lui avait promis de s'occuper de ses enfants. Avec son frère et ses sœurs, Robert de Parme avait dès lors vécu sous le toit de son oncle. A Frohsdorf, il avait poursuivi son instruction sous la houlette de professeurs français, et mené la vie d'un jeune prince exilé, dans l'atmosphère austère et nostalgique de la cour du comte de Chambord. En 1869, son mariage avec Maria Pia, la fille du roi des Deux-Siciles, avait été célébré par Pie IX, dans la chapelle Sixtine. Sa sœur Marguerite avait épousé don Carlos de Bourbon, le prétendant carliste espagnol Carlos VII. En Navarre, en 1872, Robert de Parme et son frère cadet Henri, comte de Bardi, avaient participé à la dernière guerre carliste.

Le comte de Chambord n'avait pas de descendants. Entre son neveu et lui, la complicité était profonde. En 1866, il avait écrit au pape Pie IX : « Mon neveu le duc de Parme, élevé par ma sœur d'abord, et ensuite par moi dans les mêmes principes, partage tous mes désirs et tous mes sentiments. » En 1883, c'est donc Robert de Parme qui avait fermé les yeux de son oncle, le comte de Chambord. Celui-ci, dans son testament, lui avait légué les trois quarts de ses biens, dont le domaine de Chambord[1], mais pas Frohsdorf, propriété de la comtesse de Chambord.

*

Robert de Parme, à la fin du siècle, possède en conséquence une des premières fortunes d'Europe : le seul domaine de Chambord est évalué à 8 p. cent de son patrimoine. S'il maintient les traditions de sa maison, il n'exerce aucune prétention politique : il a *de facto* renoncé au trône de Parme, qui n'a aucune chance de ressusciter. Le roi Umberto Ier le laisse d'ailleurs librement aller et venir en Italie. Courtois, intelligent, cultivé, passionné d'histoire et de beaux-arts, son ambition se borne à tenir son rang, celui d'un prince de sang royal, et à tranquillement élever les siens.

Il voyage beaucoup. Il séjourne quelquefois en Suisse, à Wartegg, château dont il a hérité à la mort de sa mère. Mais le plus souvent à Chambord, auquel le rattache le souvenir de son oncle, et où les plus grands noms de France se retrouvent à ses fastueuses chasses à courre. Chaque année, une partie de la famille se rend sur les bords de la Loire. Mais l'essentiel de son temps se partage entre Schwarzau et Pianore.

Chez les Bourbons-Parme, six langues sont utilisées. Avec leur père, dont c'est la langue maternelle, les princes s'expriment en français. Descendants de Philippe V, tous les Parme apprennent l'espagnol. Pour la famille ducale de Parme, l'ita-

1. Cadet de Robert de Parme, Henri, comte de Bardi, héritait le dernier quart du patrimoine du comte de Chambord. Les deux frères furent notamment cohéritiers du château de Chambord, dont la comtesse de Chambord garda l'usufruit jusqu'à sa mort, en 1886. En 1902, Robert racheta la part de son frère. A sa mort, en 1907, son fils Élie, devenu chef de famille, hérita Chambord en vertu d'un testament établi en 1898 par le duc de Parme et authentifié en 1908 par le grand-maréchal de la cour de Vienne (reconnaissant en sa faveur un majorat, principe juridique autrichien). Pendant la Première Guerre mondiale, Élie servant comme officier dans l'armée impériale, le gouvernement français mit Chambord sous séquestre. De 1920 à 1931, un long procès devant les tribunaux français opposa Élie à ses demi-frères Sixte et Xavier, ces derniers voulant faire appliquer le droit français à la propriété de Chambord. Élie finit par gagner contre ses frères, mais fut obligé de céder le domaine à l'État français, qui en est resté le propriétaire. Après cette affaire, Élie, Sixte et Xavier restèrent brouillés. Sixte étant décédé en 1934, Élie et Xavier ne se revirent qu'à l'enterrement de la duchesse de Parme, en 1959.

lien s'impose — d'autant qu'on vit à Pianore la moitié de l'année. L'autre moitié se déroulant en Autriche, l'allemand est indispensable. C'est d'ailleurs la langue maternelle de la duchesse de Parme (sa mère était allemande), qui l'emploie avec ses enfants. Mais, princesse de Bragance par son père, Maria Antonia connaît aussi le portugais : elle en enseigne les rudiments aux siens. Enfin, considérant l'anglais utile, le duc de Parme le fait étudier.

Zita posséda-t-elle au même degré ces six langues ? Il lui resta des notions de portugais, une bonne connaissance de l'espagnol et de l'anglais, un très bon niveau en italien. Ses deux langues courantes furent l'allemand et le français. D'ailleurs, celle que — nous conformant à l'usage ultérieur — nous désignons comme Zita a été baptisée sous le nom de Zite. Ses parents s'adressent à elle en lui donnant la forme française de son prénom, et, jusqu'à son mariage, Zita signe et se fait appeler « Zite de Bourbon, princesse de Parme[1] ».

Robert de Parme veille personnellement à l'instruction de ses enfants. Il leur apprend à lire. Grand lecteur, il passe lui-même des heures dans sa bibliothèque, toujours avec quelques-uns d'entre eux, y compris les handicapés. Après le dîner, une demi-heure de lecture a lieu à voix haute : récits de voyages, livres d'histoire. Zita découvre les bons auteurs de cet âge : la comtesse de Ségur, Paul Féval, Walter Scott. Pendant les vacances, frères et sœurs jouent des pièces de théâtre devant leurs parents, avec une prédilection pour Molière. On chante, on fait de la musique. Dans la chapelle de Schwarzau, Zita apprend à jouer de l'orgue. A Pianore, on descend à la mer, pique-niquer et se baigner. L'équitation fait aussi partie de l'apprentissage des jeunes princes.

Politique, art, sport, les discussions sont vives ; arrivés du monde entier, les journaux sont lus, commentés ; à Schwarzau, à Pianore, dès que cette invention se répand, le téléphone est installé. Riche de traditions, ce foyer n'est pas un musée fermé sur lui-même.

---

1. En règle générale, nous nous sommes conformés à l'usage : sont francisés dans ce livre les noms et prénoms entrés tels dans l'histoire. Dans les autres cas, la forme étrangère est respectée.

Le duc de Parme comme sa femme sont des exilés. D'où, chez eux, un certain détachement vis-à-vis des contingences. Ce dont on jouit aujourd'hui peut être perdu demain, répètent-ils à leurs enfants. La formation qu'ils leur dispensent se caractérise d'abord par sa rigueur, par son exigence morale : il faut toujours faire son devoir, toujours penser aux autres. Robert de Parme distribue, chiffre considérable, 10 p. cent de ses revenus à des œuvres charitables. Quand il donne à ses enfants leur argent de poche, il leur dit : « N'oubliez pas les 10 p. cent des pauvres. » Pendant les vacances, les princesses cousent et reprisent leur linge et celui de nécessiteux de Schwarzau ou de Pianore. Pour Noël, vingt-quatre garçons et filles des villages environnants sont habillés avec les vêtements confectionnés par les princesses, sous la direction de leur mère. A cet effet, Zita demanda une machine à coudre en guise de cadeau d'anniversaire. Elle n'oublia jamais les tournées accomplies avec Franziska : visites d'humbles fermes où régnaient la tuberculose et d'autres maladies. Au retour, il fallait se changer, se désinfecter. Quand cela durait, la duchesse Maria Antonia ordonnait : « Cela suffit, maintenant. La charité est la meilleure protection contre la contagion. »

Cet état d'esprit puise au plus profond de la foi. Catholiques ardents, Robert et Maria Antonia de Parme transmettent leur piété à leur entourage. Fait éloquent : trois de leurs filles entreront dans les ordres. A huit ans, Zita est conduite à Lucques, dans l'église San Frediano, pour visiter le tombeau de sa sainte patronne. Quand elle fréquente l'école, en Bavière, elle revient chaque année à Pianore pour la Sainte-Zita. Elle y préparait un repas qu'elle servait elle-même, imitant celle qui avait fait sienne cette devise : « Les mains au travail, le cœur à Dieu. »

*

La duchesse Maria Antonia, elle aussi, est issue d'une lignée royale bannie : les Bragance. En 1826, Pedro IV, empereur du Brésil et roi du Portugal, avait abdiqué du trône du Portugal au profit de sa fille Maria da Gloria. Selon le frère de Pedro IV, dom Miguel (grand-père maternel de Zita, qu'elle ne connut pas), cet ordre de succession avait violé les lois dynastiques des Bragance. Considérant que la couronne lui revenait, proclamé roi de Portugal, en 1828, sous le nom de Miguel 1er, il avait entrepris de reconquérir son royaume par les armes. De 1831 à 1834, une guerre civile avait opposé ses partisans à ceux de sa nièce. Vaincu, dom Miguel s'était réfugié en Autriche[1]. En exil, il avait épousé une princesse allemande, Adélaïde zu Löwenstein-Wertheim-Rosenberg. Titrée reine de Portugal, traitée comme telle à la cour de Vienne, celle-ci n'avait jamais foulé le sol de ce pays.

Grands-parents maternels de Zita, le roi Miguel et la reine Adélaïde avaient eu sept enfants — personnalités hautes en couleur. Leur fils unique, dom Miguel de Bragance, avait succédé à son père en 1866, à la tête de la branche légitimiste du Portugal, sous le nom de Miguel II. Marie des Neiges avait épousé don Alfonso Carlos de Bourbon, avec qui, en 1936, s'éteindra la lignée carliste espagnole ; cavalière émérite, tireuse d'élite, Marie des Neiges avait fait le coup de feu lors de la dernière guerre carliste. Marie-Thérèse était la troisième femme de l'archiduc Charles-Louis, frère de François-Joseph ; elle jouera un grand rôle dans la vie de Zita. Marie-José était mariée à Karl Theodor, duc en Bavière, frère de l'impératrice Élisabeth d'Autriche. Aldegonde avait épousé Henri de Bourbon, comte de Bardi, frère cadet du duc Robert de Parme ; en 1911, elle prendra part à l'insurrection royaliste du Portugal, conduisant elle-même un convoi de munitions (encore une forte femme : en 1946, très âgée, alors qu'elle était très malade, on lui annonça qu'elle allait mourir. « Bien, répondit-elle, je fume un dernier cigare, et nous dirons les prières. »). Maria Anna s'était mariée avec le grand-duc de Luxembourg. Maria Antonia, la mère de Zita, était la dernière de cette étonnante famille royale sans couronne, qui avait contracté les plus hautes alliances.

---

1. Les héritiers de la reine Maria da Gloria régnèrent à Lisbonne jusqu'à la proclamation de la République, en 1910. Le dernier de ses descendants, sans enfant, se réconcilia en 1922 avec ses cousins de la branche « miguéliste », devenue la seule famille royale portugaise. L'actuel duc de Bragance descend de Miguel Ier.

Bragance ou Bourbons, la généalogie et la géographie s'entrecroisent pour composer le paysage familial de Zita. Schwarzau, résidence des Bourbons-Parme, se situe à cinq kilomètres de Frohsdorf, le domaine du comte de Chambord. Cette maison appartient maintenant à la branche carliste des Bourbons d'Espagne : décédée en 1886, la comtesse de Chambord a laissé par testament l'usufruit du château à Carlos VII (fils d'une de ses sœurs), léguant au fils de celui-ci, don Jaime, la propriété de Frohsdorf. Or Carlos VII avait épousé Marguerite de Bourbon, sœur du duc Robert de Parme. Ce dernier, jeune homme, avait vécu à Frohsdorf chez son oncle Chambord ; marié, il continue à fréquenter cette demeure, invité chez son beau-frère et sa sœur. Depuis la mort du comte de Chambord, rien n'a bougé dans ce véritable musée de la monarchie française, qui renferme d'émouvantes reliques de Louis XVI. Zita, enfant, visite souvent ce « Versailles de l'exil ».

A trois kilomètres de Schwarzau se dresse aussi le château de Seebenstein, résidence de Miguel II de Bragance, frère de la duchesse Maria Antonia : une maison où les Parme se rendent souvent. Enfin, à une vingtaine de kilomètres de là, à Reichenau, se trouve la villa Wartholz, où séjourne l'archiduchesse Marie-Thérèse, sœur de la duchesse de Parme et veuve (en 1896) de l'archiduc Charles-Louis d'Autriche. Zita a aussi l'occasion d'y aller et d'y rencontrer, cette fois, des Habsbourg.

*

L'État parmesan n'existe plus depuis 1859. Quelle est alors la nationalité des Parme ? En Autriche, le duc Robert est considéré comme un ancien souverain : il y bénéficie du privilège de l'extraterritorialité. En France, il n'est pas touché par la loi de 1886 bannissant les héritiers des maisons souveraines ayant régné sur la France. En Espagne, il est infant royal, comme tous les descendants de Philippe V (en 1920, un décret royal espagnol confirmera que tous ses enfants possèdent la qualité de princes d'Espagne, et la nationalité espagnole). En Italie, il n'a jamais acquis la nationalité du pays, mais s'y déplace librement, en tant que duc de Parme.

« Nous sommes princes espagnols et princes italiens », écrit-il en 1890 à un légitimiste français, le baron Lambert. Mais à Zita qui l'interroge, il répond : « Nous sommes des princes français qui régnèrent à Parme. » Alors, français, espagnols, italiens ? En réalité, le duc de Parme maintient l'esprit du Pacte de famille, qui, sous Louis XV, unissait tous les Bourbons. Cette manière de voir, très Ancien Régime, sera plus délicate à soutenir par ses fils. Ceux-ci, du point de vue juridique, seront simultanément ou successivement autrichiens, français, espagnols ou apatrides : le XXe siècle, avec ses fureurs guerrières ou politiques, les contraindra à des choix nationaux.

En réalité, le concept de légitimité constitue le premier passeport des Parme. Cette philosophie, contre les idées des Lumières et de la Révolution, soutient l'existence d'un ordre naturel des sociétés. L'équilibre politique ne peut naître d'un système décrété au nom de droits abstraits, érigés en absolu, mais doit se fonder sur l'acquis des générations, sur les lois de l'expérience. Si tous les hommes sont égaux en dignité devant Dieu, l'harmonie sociale naît du respect des différences, provient de l'accomplissement du caractère particulier de chacun, individu ou communauté. Cette vision du monde, développée par les penseurs contre-révolutionnaires comme Louis de Bonald et Joseph de Maistre, forme l'antithèse du libéralisme et du principe des nationalités qui dominent le XIXe siècle. Elle leur oppose la fidélité au pape et à l'Église catholique, le loyalisme à l'égard des vieilles dynasties. Dieu et le roi (l'empereur ou le prince...), ce double principe forme le socle des convictions intellectuelles et morales des Bourbons-Parme, multinationale de la légitimité.

Zita est baignée par ces idées. Mais aussi par l'exemple de tous les siens qui ont vécu, ont souffert ou sont morts pour elles — aussi loin qu'elle remonte dans son ascendance, Bourbon-Parme ou Bragance. Côté paternel ? Son père, détrôné à Parme, et le frère de celui-ci, le comte de Bardi, qui s'étaient tous deux battus en Espagne, « por Dios y el Rey ». Son oncle par alliance, Carlos VII, le prétendant carliste. Son grand-père, Charles III, assassiné par les carbonari. Sa grand-mère, Louise de Bourbon, victime de ce *Risorgimento* qui avait fonctionné comme une machine à abattre les puissances catholiques d'Italie (le duché de Parme, les États pontificaux, les possessions des Habsbourg, le royaume de Naples). Son grand-oncle, le comte de Chambord — « le pape de la légitimité » comme on le surnomma —, lui-même élevé par sa tante Marie-Thérèse, la prisonnière du Temple, fille de Louis XVI et de Marie-Antoinette. Son arrière-grand-père, le duc de Berry, assassiné. Son arrière-grand-mère, la duchesse de Berry, romantique héroïne de la dernière Vendée. Son arrière-arrière-grand-père, Charles X, et ses arrière-arrière-grands-oncles, Louis XVI et Louis XVIII.

Du côté maternel, le tableau est semblable : son grand-père, Miguel Ier, qui avait guerroyé pour sa couronne dans les montagnes du Douro ; son oncle, Miguel II, « roi » de Portugal, de la branche légitimiste ; ses oncles et tantes qui avaient chouanné en Navarre avec les carlistes. Et sa tante Marie-Thérèse est rien moins que la belle-sœur de François-Joseph, patriarche de la plus puissante monarchie catholique.

Bourbons de France, d'Espagne, des Deux-Siciles, Bragance, Zita est liée à ces maisons royales catholiques détrônées, qui ont trouvé refuge dans l'Autriche des Habsbourg. « Le monde était plein de cousins », sourira-t-elle plus tard. Ces cousins, encore faut-il le noter, s'ancrent dans une culture autre que celle appelée à dominer le XXe siècle.

*

Vers l'âge de dix ans, les enfants du duc de Parme sont envoyés à l'école. Les garçons au collège Stella Matutina, à Feldkirch dans le Vorarlberg, la province occidentale de l'Autriche. Tenu par les jésuites, cet établissement est un des plus prestigieux de l'empire : les noms les plus titrés de l'aristocratie y côtoient même quelques jeunes Habsbourg. Les filles sont inscrites à l'Institution Saint-Joseph, à Zangberg, en Bavière. A quarante kilomètres au sud-est de Munich, dans un ancien château planté au milieu de la campagne, les salésiennes y tiennent une pension pour jeunes filles de la haute société.

Zita y fait son entrée le 16 septembre 1903. Elle est âgée de onze ans. C'est un choc : pour la première fois, elle a quitté ses parents. Même si la discipline était stricte chez le duc et la duchesse de Parme, l'austérité de cette vaste maison mal chauffée et sa discipline germanique déroutent la petite fille aux yeux enjoués, habituée à une atmosphère latine. Néanmoins, la princesse s'intègre vite, se fait des amies. Mais, aux religieuses enseignantes, elle apparaît modeste, réservée.

L'emploi du temps est immuable. Lever à 6 heures ; prière du matin ; un quart d'heure de gymnastique ; messe ; petit déjeuner ; cours de 8 à 11 heures ; déjeuner ; promenade ; cours de 13 à 15 heures ; goûter ; étude jusqu'à 18 h 30 ; dîner ; détente ; prière du soir à 20 h 30 ; coucher. Au programme : mathématiques, physique, chimie, sciences naturelles, histoire, géographie, musique (piano et violon), histoire de l'art, dessin, couture, repassage. Religion, bien sûr, latin, et langues vivantes : allemand, français, anglais, italien. L'enseignement, naturellement, est dispensé en allemand. Bien que ce soit la langue de leur mère, les princesses de Parme ont des difficultés avec cette langue. Mais de nombreuses élèves, issues comme Zita d'un milieu où c'est l'usage, parlent entre elles le français.

A la belle saison, des courts de tennis et un terrain de handball permettent de pratiquer du sport. En hiver, c'est la luge. Par ailleurs, les cours de danse sont obligatoires.

Les carnets de notes de Zita ont été conservés. Ils montrent une élève appliquée, obtenant des résultats « bons » ou « passables », jamais brillants. Est-il vrai qu'elle a, un jour, classique farce d'écolier, versé un encrier dans le bénitier de la chapelle ? De l'internat, elle garda un bon souvenir. Mais ce n'est pas ici que sa personnalité s'est révélée.

*

Le 16 novembre 1907, à Zangberg, la princesse reçoit un télégramme : son père est gravement malade. Chaperonnée par une ancienne élève, elle entreprend aussitôt en train le voyage pour Pianore. A la gare de Lucques, son ancienne gouvernante, la marquise dalla Rosa, l'attend, la mine funèbre : le duc de Parme est mort.

Par testament, il a nommé son beau-frère, don Alfonso Carlos, tuteur de ses enfants mineurs. Mais avec lui, décédé à cinquante-sept ans, le trait d'union du clan disparaît.

Son fils aîné, Henri, hérite du titre de duc de Parme. Comme il est handicapé — ainsi que son cadet, Joseph — le frère suivant, Élie, prend la tête de la maison ducale. Le titre de duc de Parme lui reviendra beaucoup plus tard, en 1950, à la mort de Joseph[1]. En 1907, Élie a vingt-sept ans. Quatre ans auparavant, il s'est marié avec la fille de l'archiduc Frédéric. Germanophile, ce Habsbourg n'aime ni les Bourbons-Parme, ni leurs affinités françaises. Élie, on l'a dit, s'entend mal avec la duchesse Maria Antonia, la deuxième femme de son père. En 1914, il ne choisira pas le même camp que ses demi-frères Sixte et Xavier. Et après la guerre, une querelle d'héritage à propos de Chambord consacrera la rupture entre eux.

La duchesse Maria Antonia continuera à entretenir des relations courtoises avec les filles issues du premier mariage de son mari, et avec tous les handicapés — à qui tout cela échappait. Mais l'unité de la famille avait vécu.

Retournée à Zangberg après les obsèques de son père, Zita y reste jusqu'en juillet 1908. Elle a seize ans, l'âge où les salésiennes libèrent leurs élèves. Après quelques mois passés à Schwarzau, la princesse est envoyée en Angleterre, pour compléter sa formation. Sa grand-mère, la reine Adélaïde de Portugal (le seul de ses grands-parents qu'elle aura connu), s'y était retirée, après trente ans de veuvage, au couvent Sainte-Cécile, chez les bénédictines de l'île de Wight, à Ryde. Elle venait d'y être rejointe par sa petite-fille, Adélaïde : la ravissante sœur aînée de Zita, qui avait fait sensation au bal

1. A la mort d'Élie, en 1959, son fils Robert devint duc de Parme. Robert II n'avait pas de descendance : à son décès, en 1974, son oncle Xavier (frère de Zita) prit la tête de la maison de Parme. A sa mort, en 1977, lui a succédé son fils aîné, Charles-Hugues (Carlos Hugo).

de la Cour, à Vienne, avait pris le voile après la mort de son père.

Le couvent Sainte-Cécile n'était pas un établissement d'enseignement. Mais les moniales, à titre exceptionnel, acceptaient quelques pensionnaires. Arrivée en février 1909, Zita y demeura six mois. Théologie, écritures saintes, philosophie, histoire, littérature, anglais, histoire de l'art, musique et chant remplirent ces semaines d'étude.

La jeune fille ne supportait pas le climat anglais, ni l'éloignement. Si pieuse qu'elle fût, le couvent ne lui convenait pas. Pâle, perdant l'appétit, elle maigrissait. L'été 1909 — lorsque sa tante, l'archiduchesse Marie-Thérèse, rendit visite à sa propre mère, la reine Adélaïde — décision fut prise de rapatrier Zita sur le continent.

La fille de Marie-Thérèse, l'archiduchesse Maria Annunziata, vint chercher sa cousine. Après un court séjour à Londres, elles se rendirent d'abord en Bohême. C'est là que Zita fit la grande rencontre de sa vie, sous les traits d'un jeune homme de quatre ans son aîné : Charles de Habsbourg.

3

Archiduchesse d'Autriche

Kurhaus, palaces fin de siècle : Franzensbad est de ces villes d'eaux de Bohême où villégiature la société autrichienne. L'archiduchesse Maria Annunziata, cet été 1909, devait y suivre une cure. Sans avoir prononcé de vœux, la princesse est titrée abbesse du couvent des Dames nobles du Hradschin. Célibataire, elle est habituée à consacrer son temps aux autres. Sa cousine Zita est plus jeune qu'elle de seize ans, mais elles s'entendent bien.

Un autre proche vivait dans la région. Officier en garnison à Brandeis an der Elbe, bourgade située à deux cent cinquante kilomètres de Franzensbad, l'archiduc Charles prit l'habitude de rendre visite à sa tante Maria Annunziata.

Ce lieutenant n'était pas n'importe qui. Il venait en troisième place dans l'ordre de succession au trône d'Autriche. Pour Zita, au demeurant, il n'était pas un inconnu. Entre eux existait un lien indirect, qui passait par l'archiduchesse Marie-Thérèse. Cette dernière, mère de Maria Annunziata, était une sœur de la duchesse de Parme. Étant par ailleurs la troisième épouse de l'archiduc Charles-Louis (frère de François-Joseph), elle avait élevé les enfants du second mariage de son mari (le premier était resté stérile), dont Otto, le père de Charles. Donc Marie-Thérèse était à la fois la tante de Zita, et la femme du grand-père de Charles (le français ne possède aucun terme pour désigner ce que l'allemand nomme *Stiefgrossmutter*, « belle-grand-mère »). Quant à Maria Annunziata, elle était à la fois la cousine germaine de Zita et la tante de Charles (demi-sœur de son père). Charles aimait tendrement l'archiduchesse Marie-Thérèse, qu'il considérait comme sa grand-mère. Enfant, pendant les vacances, il séjournait chez elle, à la villa Wartholz — où les Parme venaient parfois. Charles et Zita s'y étaient croisés, mais lui s'était lié avec le prince Sixte, d'un an son aîné. Zita, elle, jouait plus volontiers avec Maximilien, le jeune frère de Charles.

Lointains souvenirs. Aujourd'hui, à Franzensbad, en effectuant de longues promenades à cheval, en bavardant des heures durant, ce ne sont plus des émotions d'enfants qui s'ébauchent entre le jeune homme de vingt-deux ans et la jeune fille de dix-sept ans. Si bien que, l'année suivante, Zita accepta avec joie de servir encore de dame de compagnie à Maria Annunziata pour sa cure d'été. Et de nouveau, le fringant lieutenant montra de l'empressement. « Mes sentiments, confiera Zita, évoluèrent progressivement. Il sembla se décider beaucoup plus rapidement. »

Maria Annunziata avait compris. Elle alerta sa mère. Ravie, Marie-Thérèse avertit sa sœur, Maria Antonia. La duchesse de Parme commença par être réticente : le mariage des parents de Charles avait été un échec. Charles, de son côté, se confia à l'archiduchesse Marie-Thérèse. Une rumeur — fondée — l'avait alerté : don Jaime (qui, ayant perdu son père, était maintenant chef de la lignée carliste des Bourbons d'Espagne et maître de Frohsdorf) avait demandé la main de Zita, sa cousine. La princesse avait décliné cette proposition, mais d'autres pourraient se présenter. Il fallait se hâter.

François-Joseph, de son côté, était soucieux de l'avenir de sa lignée. Il avait quatre-vingt-un ans. Et il avait tant vu s'éclaircir les rangs de ses successeurs. En 1889, quand il avait perdu son fils unique Rodolphe (découvert mort avec sa maîtresse, Marie Vetsera, à Mayerling), son premier frère, Maximilien, était décédé depuis plus de vingt ans : en 1867, l'éphémère empereur du Mexique avait été fusillé par ses sujets. En 1896, le deuxième frère de l'empereur, le très religieux Charles-Louis, avait été victime du typhus, contracté lors d'un pèlerinage en Terre sainte. Le fils aîné de ce dernier, François-Ferdinand, était l'héritier de la monarchie. Ce neveu avait arraché le consentement de l'empereur, en 1900, pour épouser la comtesse Sophie von Chotek. Les Chotek ? Une vieille famille de Bohême aux quartiers de noblesse indiscutables, mais insuffisants pour une alliance avec un Habsbourg. Après plusieurs mois de siège, François-Joseph avait cédé, mais François-Ferdinand avait dû signer une déclaration excluant du trône sa descendance. En 1906, le frère cadet de François-Ferdinand, Otto, était mort à son tour. Après François-Ferdinand, le fils aîné d'Otto venait donc dans l'ordre de succession. Ce fils, c'était l'archiduc Charles, qui était en âge de se marier. Pour assurer la continuité de la dynastie, il devait prendre femme.

Or Vienne prêtait des fiancées à Charles. A l'automne 1910, l'empereur convoque son petit-neveu :

« Charles, il est temps pour toi : cherche-toi une épouse. Mais sache qu'il doit s'agir d'une princesse de sang royal ou impérial. Toute autre solution est exclue.

— Mais, Sire...

— Je le répète, c'est un ordre. Tu dois chercher celle qui te convient. Si tu n'en connais pas, le plus simple est que tu consultes l'almanach du Gotha.

— Mais Sire, j'ai...

— C'est un ordre. Tu as six mois devant toi. »

Charles n'avait pas osé prononcer le nom qui montait à ses lèvres. Pour une simple raison : il ne s'était pas déclaré auprès de Zita.

*

Charles François Joseph de Habsbourg-Lorraine est né le 17 août 1887, au château de Persenbeug, sur le Danube. Son père, l'archiduc Otto, était un fils de l'archiduc Charles-Louis, frère de François-Joseph ; sa mère était la fille du roi de Saxe. Maria Josefa, austère et pieuse, avait été abondamment trompée. Car son mari — que Vienne avait surnommé « le bel Otto » — officier comme tous les Habsbourg, cavalier hors pair, avait été un séducteur type. Lorsque son frère aîné, François-Ferdinand, avait failli mourir de la tuberculose, on avait cru qu'il deviendrait le successeur de François-Joseph, perspective qui avait fait frémir l'empereur. Otto avait aimé ses enfants, mais était resté un noceur invétéré. Sa conduite avait fait maintes fois scandale. Une nuit, il avait voulu conduire ses compagnons de beuverie dans la chambre conjugale, pour leur montrer « une nonne ». A une autre occasion, complètement ivre, il était apparu au célèbre hôtel Sacher, à Vienne, vêtu en tout et pour tout de son képi et de son sabre ! Maria Josefa avait souffert en silence. Et prié pour son mari. En 1906, à quarante et un ans, Otto avait succombé à la syphilis, dans les bras de sa dernière maîtresse.

Charles a été tenu éloigné des frasques paternelles. Jusqu'à sa majorité, son précepteur a été le comte Georg Wallis. Ce capitaine de cavalerie lui a donné une éducation spartiate : lever à six heures du matin, bain froid en toute saison, études jusqu'au soir. En 1899, à douze ans, Charles a été envoyé au Schottengymnasium, un collège viennois tenu par les bénédictins. Ses condisciples le surnommaient *unser Erz-Karl*, « notre archi-Charles ». Mais François-Joseph ne lui a pas permis de passer le baccalauréat, un Habsbourg ne pouvant concourir au milieu de ses sujets.

Outre le français (qu'il parle bien) et l'anglais, Charles a appris le hongrois et le tchèque. A treize ans, on lui a fait connaître l'empire : la Bosnie, l'Herzégovine, la Dalmatie, les territoires hongrois de la Double Monarchie.

Enfant, en 1894, il a séjourné avec sa mère à Cannes, où ils avaient reçu la visite de François-Joseph, descendu à Cap-Martin avec l'impératrice Élisabeth : une photo le montre, petit archiduc de sept ans, serrant timidement la main de son grand-oncle. Charles est retourné en France à quinze ans, découvrant Paris (et le Louvre), la Bretagne (il a été reçu chez le duc de Rohan, au château de Josselin), Le Havre, Trouville, Lyon, Chamonix. A seize ans, nouveau voyage chez les Rohan, puis en Angleterre, en Allemagne, en Suisse.

Charles s'est fait des amis, qui lui restèrent fidèles : Tamas Erdödy ou Arthur Polzer-Hoditz — son futur directeur de cabinet. Tous deux ont publié des Mémoires, témoignages de premier plan.

L'archiduc Otto avait donné des instructions écrites au comte Wallis, à propos de « notre fils Charles, qui, si Dieu veut, est destiné à devenir empereur un jour ». Le jeune homme devait suivre une formation militaire ; puis compléter ses connaissances par des cours à l'université ; Wallis avait enfin été invité à initier Charles à la vie mondaine, par l'organisation de « petits dîners ».

A dix-huit ans, Charles est entré dans l'armée. Lieutenant au 7e régiment de dragons, en Bohême, il habitait deux pièces d'une caserne et prenait ses repas au mess des officiers. A l'automne 1905, il s'est installé à Prague, au palais du Hradschin, et s'est inscrit à l'université. Il y a fait en réalité de brèves apparitions : son statut d'archiduc héritier lui permettait de suivre des cours particuliers — en droit et en sciences politiques.

La mort de son père, en 1906, l'a rapproché du trône, faisant de lui le second héritier présomptif de François-Joseph. Mais son oncle François-Ferdinand avait alors quarante-trois ans : Charles devait donc être appelé à régner, calcul raisonnable, dans les années 1940-1950...

En août 1907, pour ses vingt ans, une fête a été organisée en l'honneur de ceux qui ont assuré son éducation. Ses précepteurs relevés de leur fonction, le prince Zdenko Lobkowicz lui a été attaché, en tant que premier gentilhomme de la chambre.

Quelle est la personnalité de cet homme appelé au plus haut destin ? Il est intelligent, direct, d'un grand sens pratique. Sa mémoire est infaillible. Modeste, toujours, et attentif aux autres. Mais sa bonté a ceci d'excessif qu'elle peut passer pour de la faiblesse. Autre défaut ? Pour mettre en œuvre ses desseins, peut-être un certain esprit d'indécision. Revers de sa capacité à écouter, il est parfois influençable.

Deux autres traits caractérisent Charles. D'abord sa piété. Il a hérité de son grand-père, Charles-Louis, la religiosité qui avait épargné son père mais qui se manifeste chez son oncle François-Ferdinand. Au point que les milieux libéraux de Vienne accusent cette branche de la famille impériale de bigoterie, de cléricalisme, d'ultramontanisme — reproches également adressés aux Bourbons-Parme. La foi intense de Charles tient aussi à l'exemple de l'archiduchesse Maria Josefa, sa mère (dont Benoît XV dira : « C'est une sainte. »).

En second lieu, par son tempérament, Charles est typiquement autrichien. Viennois, plus particulièrement, par sa volonté de ne jamais dramatiser. Même dans les circonstances les plus graves, il conserve le sens de l'humour.

*

Quelques semaines après l'entrevue où François-Joseph lui avait intimé l'ordre de se marier, Charles eut l'occasion de revoir Zita. Le 16 janvier 1911, à Vienne, celle-ci fit son entrée dans le monde, au bal de la Cour. Elle s'y était préparée, avec sa sœur Cicca, en suivant les cours de danse du célèbre maître Hassreiter, Favoritenstrasse, dans le palais de leur tante Marie-Thérèse. Ce bal, où paraissait la haute aristocratie de l'empire, généraux, princes de l'Église, diplomates, était un des hauts moments de la vie viennoise. Zita et Charles s'y retrouvèrent, dansèrent ensemble aussi souvent que le permettait la bienséance. Zita valsait bien. Au cours de cette saison, un chroniqueur mondain la surnomma la « princesse soleil ».

A la mi-mai, l'archiduchesse Marie-Thérèse, complice de Charles, estima devoir brusquer les choses. Dans son château de St. Jakob, dans le Steiermark, elle invita à la chasse le jeune archiduc et Zita, accompagnée de son inséparable Cicca. La petite histoire rapporte qu'il se déclara après avoir tiré un superbe coq de bruyère.

L'archiduc était le second héritier du trône. Pour Zita, l'épouser revenait à devenir un jour impératrice d'Autriche et reine de Hongrie. Une telle perspective la fit-elle hésiter ? Pas une seconde. Elle était née dans une famille où l'hypothèse d'un tel destin faisait partie de la vie, tout simplement. Il s'agissait de toute façon d'une perspective lointaine. Pour l'heure, elle aimait Charles, et cela suffisait à remplir ses pensées.

De St. Jakob, Charles se rendit à Brioni, station balnéaire de la côte dalmate, où sa mère était en cure. Elle donna son consentement. Mais il fallait celui de l'empereur. L'archiduchesse Maria Josefa rentra aussitôt à Vienne. François-Joseph acquiesça. Sans doute cette alliance ne lui apportait-elle rien sur le plan politique, puisque les Parme étaient détrônés. Au moins s'agissait-il d'une famille souveraine, catholique, d'excellente réputation morale. L'essentiel.

Le 13 juin 1911, à Pianore, les fiançailles eurent lieu en cercle restreint : les Parme, et Maria Josefa, qui avait accompagné son fils. La photo officielle de la fiancée — de la beauté rayonnante d'une jeune fille de dix-neuf ans — s'orne d'une devise manuscrite : « Plus pour vous que pour moi. Zite de Bourbon, princesse de Parme. »

Charles resta quatre jours en Italie. Toujours escortés, comme l'exigeait l'étiquette, Zita et lui découvrirent Pise, Carrare, Lucques et le tombeau de sainte Zita. Mais Charles devait partir pour l'Angleterre. François-Joseph l'avait délégué aux cérémonies du couronnement de George V : sa première responsabilité de futur héritier du trône. D'Italie, Charles rejoignit Paris, puis la Belgique. A Ostende, il salua le roi et la reine des Belges de la part de l'empereur. Le 19 juin, flanqué du prince Lobkowicz, il débarqua à Douvres.

Sur le sol britannique, sa première entrevue fut pour la sœur de Zita, Adélaïde, maintenant religieuse au couvent Sainte-Cécile. Il l'avait naguère aperçue à la villa Wartholz, et l'avait vue danser dans les bals viennois. Sous le voile, elle avait pris le nom de Marie-Bénédicte, et son sourire était toujours radieux.

Le 22 juin, jour du couronnement, Charles gagne l'abbaye de Westminster dans un carrosse précédant les *royals*, honneur partagé avec le Kronprinz et le prince héritier d'Égypte. Après la cérémonie, un banquet se tient à Buckingham. L'archiduc est placé à la droite de la reine Mary. Au bal donné le soir même, il ne danse pas. En l'absence de sa fiancée, juge-t-il, ce serait inconvenant. Zita ne quitte pas ses pensées : il montre fièrement son portrait en médaillon à ses voisins de table, et lui envoie des lettres de lieutenant amoureux.

Le 21 juin, de Londres :

Je t'ai certes déjà écrit aujourd'hui, mais je le fais à nouveau. Je dois toujours et toujours te dire combien la visite d'aujourd'hui à Ryde m'a réjoui. Putzi [surnom attribué à Adélaïde par ses frères et sœurs] était derrière la grille et paraissait là-

derrière si aimable, si immensément heureuse, qu'elle ne pouvait que faire envie à tout un chacun. (Je serai aussi tellement heureux quand je te reverrai.) Elle était avec moi, bien que je la connaisse très peu, comme une sœur avec un frère, si joyeuse, si sereine. Elle s'est formidablement réjouie de notre bonheur. (...) J'embrasse ta mère et je lui baise les mains, je salue tous tes frères et sœurs. Mille choses particulièrement pour toi, chère Zita. Je t'embrasse et t'étreins dans un amour fidèle.

Le 26 juin, de Londres :

Je te remercie beaucoup pour ta gentille lettre. Je regrette énormément que tu te sois sentie mal, mais comme je le vois à ton écriture, tu vas de nouveau bien. Tu n'as pas besoin de craindre que je me donne trop de travail en t'écrivant ; je trouve toujours quelques minutes dans la journée pour t'écrire. C'est mon plus grand plaisir, dont je me fais une joie chaque jour. (...) Un dîner était donné hier soir à notre ambassade. J'étais assis entre la duchesse de Marlborough et la duchesse de Tek. J'ai très bien conversé en anglais. Il y avait un orchestre viennois. On a dansé, mais pas moi, naturellement. Je suis resté avec les mères sur le banc des dames ! Je baise les mains de ta mère, salue tes frères et sœurs et t'embrasse mille fois. Éternellement à toi dans un amour fidèle.

Impatient de revoir Zita, Charles a obtenu de François-Joseph l'autorisation de repasser par Pianore, avant de rendre compte de sa mission à Vienne. Sa fiancée doit lui raconter un événement éminent : elle a rencontré le pape. Charles l'en avait priée, désirant faire bénir leur union par le Saint-Père. Ce geste de soumission à l'égard du souverain pontife s'inscrivait dans la tradition tant des Habsbourg que des Bourbons-Parme. Le 24 juin 1911, Pie X avait reçu la duchesse de Parme et trois de ses enfants : le prince Sixte, Zita et la princesse Isabelle. Puis il avait accordé une audience particulière à Zita et à sa mère. « Vous allez épouser l'héritier du trône, avait-il dit. Je vous souhaite alors toutes les bénédictions. »

Timidement, par deux fois, Zita avait tenté de répliquer :

son fiancé n'était pas l'héritier, puisque François-Ferdinand devait succéder à François-Joseph. Mais Pie X avait insisté : « Et je m'en réjouis infiniment, parce que Charles est la récompense que Dieu a réservée à l'Autriche, pour tout ce qu'elle a fait pour l'Église. »

En sortant, Zita s'était adressée à sa mère : « Dieu merci, le pape n'est pas infaillible en matière politique. » La duchesse de Parme était restée muette. Pensait-elle, comme le soutiendra sa fille, que le pape avait mesuré l'exact sens de ses propos ? Prophétie ? Entre deux guerres, Zita versa cette anecdote au dossier de béatification de Pie X.

*

Le mariage de Charles et Zita a été fixé au 21 octobre. Plusieurs semaines sont nécessaires au comte d'Aehrental, ministre des Affaires étrangères de François-Joseph, et au comte de Conti, intendant de la duchesse de Parme, pour négocier le contrat matrimonial. Charles est rentré à sa caserne, à Brandeis. Zita passe l'été à Schwarzau. Sous la dictée de sa mère, elle affine ses connaissances de maîtresse de maison. Son fiancé lui a offert un cheval, Sport, sur lequel elle perfectionne son équitation. La princesse parcourt Vienne, ville qu'elle avait peu fréquentée. Palais, musées, galeries : la capitale des Habsbourg lui dévoile ses richesses. Plus difficile, elle se doit, future épouse de l'archiduc héritier, d'apprendre le hongrois et le tchèque — langues qu'elle ne maîtrisera jamais complètement.

Dès que son service le lui permet, Charles vient la voir. Se promenant un jour sur le terrain d'aviation de Wiener Neustadt (les avions les passionnaient tous deux), ils furent reconnus, ovationnés. Au lieu de s'en réjouir, Zita en ressentit un malaise : comme une prémonition. Sur un ton emporté, elle expliqua à Charles que sa famille aussi avait été ovationnée, avant d'être chassée de ses États. La puissance, la gloire étaient fugaces, ses parents comme les bénédictines de l'île de Wight le lui avaient enseigné. La vieille Autriche reposait sur François-Joseph. Mais après lui ? Charles resta silencieux, avant d'ajouter : « Je comprends ce que tu veux dire. Mais en Autriche, c'est différent. Je t'en prie, n'en parlons plus. » Ce fut la seule dispute qu'ils eurent jamais.

Schwarzau, mi-octobre. Depuis plusieurs jours, les ultimes préparatifs de la fête battent leur plein. Dans le salon dit de Marie-Thérèse, Zita dispose les cadeaux qui affluent. François-Joseph a offert un diadème en brillants, Charles un collier de perles à vingt-deux rangs, l'archiduchesse Maria Josefa une broche, François-Ferdinand une bague. Pie X fera porter par son représentant une effigie du Christ, copie d'un Léonard de Vinci, dans un beau cadre orné des armoiries du pape, des Habsbourg et des Parme.

A partir du 19 octobre se présente la famille. Elle loge à Schwarzau ou dans les châteaux environnants, Frohsdorf, Seebenstein ou la villa Wartholz. Arrivent les proches de Maria Josefa : son frère le roi Friedrich August III de Saxe et le prince héritier Georg, oncle et cousin de Charles. Le duc de Bragance, frère de la duchesse de Parme (le Miguel II des légitimistes), vient du Portugal. Deux jours auparavant, il y combattait encore : une insurrection royaliste tentait (vainement) d'y renverser la République, instaurée en 1910. A ce soulèvement prenaient part deux de ses enfants, sa sœur Aldegonde et le frère de Zita, Xavier.

Le 20 octobre, les écoliers de l'arrondissement rendent hommage aux fiancés : un chœur de huit cents enfants chante sous la terrasse. Le même jour, Charles apprend sa nomination au grade de capitaine. Le soir, précédé de la fanfare locale, un défilé aux flambeaux conduit la population du village dans le parc du château, où un feu d'artifice est tiré.

Au premier étage, dans la salle à manger, un grand dîner — servi dans la vaisselle d'argent — réunit pendant ce temps les hôtes de marque. Ceux qui ne dorment pas à Schwarzau ou dans les environs sont venus de Vienne par un train spécial, qui les reconduira en fin de soirée. Autour des fiancés et de leurs mères, le représentant du pape, Mgr Bisletti, le roi de Saxe, l'archiduc François-Ferdinand et son épouse, la duchesse de Hohenberg, et une kyrielle de princes : Habsbourg, Parme, Bragance, Bourbons d'Espagne, Orléans, Liechtenstein, Cobourg, Saxe, Wittelsbach, Wurtemberg,

Luxembourg, Calabre, Toscane, Modène, Thurn und Taxis, Schwarzenberg, Löwenstein. Xavier, le frère de Zita, fait sensation en arrivant en torpedo au milieu du dîner ; quand il donne les dernières nouvelles de la chouannerie portugaise, il est ovationné.

Samedi 21 octobre, c'est le grand jour. Le temps est radieux. Parti de Vienne à neuf heures, un nouveau train spécial a ramené les invités. François-Joseph a quitté la Hofburg accompagné de son aide de camp, Nikolaus von Horthy — un homme qui, plus tard, fera parler de lui. Son train l'a déposé à la petite gare de St. Egyden. Là l'attendait sa Mercedes. Le convoi impérial traverse des villages pavoisés, acclamé par une population endimanchée, guettant son apparition avec impatience.

Devant Schwarzau, les curieux se pressent. Automobiles et fiacres transportent des personnages illustres. Dans le ciel, les figures aériennes des officiers aviateurs de Wiener Neustadt, qui honorent Charles et Zita à leur façon, tirent des cris d'admiration à la foule.

A onze heures, l'empereur est en vue. Tambours et cuivres, la fanfare laisse éclater ces marches militaires que prisent tant les Autrichiens. Au portail, l'intendant des Parme présente ses respects au monarque. La grande entrée a été ouverte : elle était fermée depuis 1894, date d'une précédente visite de l'empereur. Sur la hampe du toit, les couleurs des Parme sont amenées, celles des Habsbourg hissées.

François-Joseph est de bonne humeur. C'est très volontiers qu'il se prête aux photographes immortalisant son arrivée pour cette belle fête. Il sourit. Tant que les prises de vue ne sont pas terminées, patient, il ne bouge pas. Puis il salue le roi de Saxe et François-Ferdinand, descendus l'accueillir. Sous le porche, c'est Charles et don Jaime de Bourbon. Au premier étage, il est attendu par la duchesse de Parme. Et par Zita, cœur battant et sourire timide. L'empereur baise la main de la duchesse Maria Antonia, et s'apprête à en faire autant avec la fiancée. Se ravisant, il l'embrasse sur les deux joues, la faisant rougir.

Formé dans le grand salon, le cortège nuptial se dirige vers la chapelle. Charles (uniforme des dragons de Lorraine, insigne de la Toison d'or) est encadré par l'empereur et sa mère. Zita (qui porte une robe de satin ivoire à la traîne fleurdelysée) marche entre don Jaime et la duchesse de Parme. Suivent le roi de Saxe et l'archiduc François-Ferdinand. A don Jaime qui avait rêvé de l'épouser et qui maintenant la conduit à l'autel, Zita glisse à voix basse, malicieuse : « Tu vois, tu as enfin ce que tu veux. »

La messe commence à midi, célébrée par Mgr Bisletti. Elle est servie par Louis et Gaëtan, les deux plus jeunes frères de Zita. Les lectures et le consentement ont lieu en français, permettant à Charles et Zita de prononcer un oui sonore.

Ils sont émus. Rien d'original : tous les mariés du monde sont émus. Mais pour eux, la dimension spirituelle de leur alliance est primordiale. C'est pour cela qu'ils prient si intensément, agenouillés sur leurs prie-Dieu. La veille, Charles a dit à Zita : « Maintenant, nous devons nous entraider mutuellement pour aller au ciel. » Et dans les anneaux qu'ils se remettent, Charles a fait graver : Karl von Österreich — Zita von Bourbon-Parma. *Sub tuum praesidium confugimus, sancta Dei genitrix* : « Nous nous réfugions sous ta protection, sainte mère de Dieu. »

Le vieil empereur, lui aussi, est en proie à l'émotion. Ce mariage contient la promesse de la pérennité de sa maison, de son héritage, de ses efforts. Plusieurs fois on verra François-Joseph sortir un mouchoir pour écraser ses larmes. A la fin de la cérémonie, Mgr Bisletti lit une lettre transmettant la bénédiction du pape.

Le déjeuner de noces est servi à treize heures, dans la vaisselle d'or du duc de Parme. Au bout de la salle s'est installée la musique du 67e régiment d'infanterie. Strauss ou Lehar, elle joue des valses. Au menu : crème de laitues, moussettes de lièvre Saint-Hubert, selle d'agneau Renaissance, langouste à la parisienne, dindonneau rôti, salade de saison, pointes d'asperge au beurre, glace ananas et framboise, fromages, fruits et dessert. Pour accompagner le tout : sherry Amontillado, château-léoville 1900, stein-kreuzwertheim 1892, champagne Perrier-Jouët et porto.

Au dessert, François-Joseph porte un toast, en français : « Ce mariage qui nous réjouit tous et pour lequel nous sommes réunis aujourd'hui me procure une grande joie et me remplit de satisfaction. L'archiduc Charles a choisi la princesse Zita comme compagne de sa vie. Je le félicite pour le choix de son cœur, et je salue l'archiduchesse Zita, avec une joie profonde, en tant que membre de ma maison. Que Dieu protège l'archiduc Charles et l'archiduchesse Zita. »

Décidément d'excellente humeur, François-Joseph dirige lui-même la manœuvre pour la photo de famille sur la terrasse. La scène est également filmée. Ces images, nous les possédons. Elles montrent l'empereur, les archiducs, les princes et les princesses — les femmes en longues robes, perles et diamants brillant au soleil, les hommes dans leurs uniformes chamarrés, toutes décorations pendantes. Dans la lumière d'un après-midi d'automne, ils jouissent d'instants de bonheur. Pour quelques années encore...

L'après-midi, après le départ de François-Joseph, les nouveaux mariés rejoignent la villa Wartholz. Pour leurs premiers jours d'intimité, ils ont choisi cette demeure qu'ils connaissent bien tous les deux, et à laquelle Charles est particulièrement attaché. A vélo, à pied, ils font de longues excursions. En voiture, ils pèlerinent jusqu'à Mariazell. La basilique de ce village styrien a été fondée au XIIe siècle pour abriter une statue de la Vierge à l'Enfant, vénérée dans tous les États des Habsbourg : *Magna Mater Austriae, Magna Domina Hungarorum, Magna Gentium Slavorum.*

Le 8 novembre, en automobile, ils partent en voyage de noces. Charles conduit. Direction le Tyrol. A Bozen, incognito, ils vont au cinéma. Ils ont la surprise d'y voir un film d'actualités sur leur propre mariage. Puis ils se dirigent vers l'Adriatique. A Göritz, ils se recueillent dans la nécropole des Bourbons : au couvent de la Castagnavizza, les franciscains veillent sur les tombes de Charles X, du duc et de la duchesse d'Angoulême, du comte et de la comtesse de Chambord, et de Louise de Bourbon, duchesse de Parme, la grand-mère de Zita[1]. A Trieste, ils séjournent à Miramare, château bâti pour

1. En 1917, le couvent de la Castagnavizza fut bombardé, et la tombe de Louise de Parme endommagée. Zita fit mettre les six sarcophages des Bourbons à l'abri, à Vienne. En 1932, ils ont repris leur place à Göritz.

l'archiduc Maximilien avant qu'il n'accepte la couronne du Mexique, et qui, dominant l'Adriatique, semble traduire une nostalgie d'évasion chez certains Habsbourg, issus d'une dynastie terrienne. Le 17 novembre, ils embarquent sur un vapeur de la marine impériale (l'Autriche-Hongrie est une puissance maritime), et découvrent la côte dalmate, de Brioni à Dubrovnik. Sur la passerelle d'un sous-marin, ils visitent les bouches de Kotor : ils ont atteint l'extrémité méridionale de l'empire. En train, ils traversent la Bosnie, de Mostar à Sarajevo.

Quatre semaines d'idylle amoureuse. Pour Zita, quatre semaines d'apprentissage du métier d'épouse de l'héritier en second. A chaque halte, il faut saluer les autorités civiles, militaires et religieuses, sourire, embrasser les enfants qui offrent des bouquets, répondre aux allocutions officielles.

De Sarajevo, à travers la Croatie et la Hongrie, ils regagnent Vienne où ils arrivent le 24 novembre. François-Joseph a fait mettre à leur disposition le charmant petit château d'Hetzendorf, à côté de Schönbrunn. Mais l'ancien relais de chasse a besoin d'être rénové. Charles et Zita ne pourront pas l'habiter tout de suite. Au demeurant, le devoir les appelle ailleurs.

*

Le congé réglementaire de Charles touche à sa fin : il doit rejoindre sa garnison, en Bohême. Le 28 novembre 1911, le jeune couple regagne Brandeis. Ici encore, toute la population est rassemblée pour les accueillir, derrière le maire, le conseil municipal et le clergé. Un petit garçon en tenue de marin et une petite fille en robe blanche leur récitent un compliment, en allemand puis en tchèque.

De cette société provinciale, étriquée, il leur arrive de s'échapper. Ils vont fêter Noël à Schwarzau. En février 1912, ils représentent l'empereur au bal de la ville de Vienne, et Zita donne deux réceptions à la Hofburg. Archiduchesse de vingt ans, devant le corps diplomatique, elle joue parfaitement son rôle.

A Brandeis, ils logent au château, propriété impériale jadis mise par Metternich à la disposition de Charles X, exilé à Prague. Notabilités locales ou camarades de régiment, ils y reçoivent simplement.

Au 7e dragons de Lorraine, Charles a pris le commandement du 5e escadron. Exercices, instruction des recrues : ses activités sont celles de tout officier. Zita continue à peiner sur le tchèque et le hongrois, mais il lui faut aussi apprendre quelques formules en slovaque, slovène, polonais, ruthène, serbo-croate, roumain, ces langues des confins de l'empire. Justement, en février 1912, le 7e dragons reçoit l'ordre de partir en manœuvres en Galicie.

Le 1er mars, à la tête de son escadron, Charles chevauche vers l'est. Zita suit en train ou en voiture. Le 14 avril, après huit cents kilomètres de route, ils parviennent au pied des Carpates, à Kolomea. Dans cette bourgade du bout du monde, aux rues sales, ils ne dénichent qu'une maison inconfortable. Une réception sera donnée en leur honneur à Cracovie, mais au cours de ces semaines, les officiers constitueront leur seule société.

Lors d'une promenade du dimanche, Charles et Zita s'arrêtent dans une auberge. Ignorant leur identité, la patronne leur confie du linge, et un peu d'argent pour son fils, qui sert précisément au 7e dragons. Le soir, le soldat reçoit son paquet, avec une somme mystérieusement grossie...

En juillet, le régiment pousse jusqu'à Lemberg. Zita suit toujours. Au cours d'une chute de cheval, Charles encaisse un coup de sabot qui le laisse évanoui. Hospitalisé, il se voit prescrire un repos forcé. Il effectuera sa convalescence à la villa Wartholz. Revenir vers le monde moderne et la capitale rassurait Zita : elle était enceinte.

A l'automne 1912, Charles est muté. Le 1er novembre, nommé commandant, il prend la tête du 5e bataillon du 39e régiment d'infanterie hongrois, caserné à Vienne. Les travaux du château d'Hetzendorf n'étant pas terminés, Zita passe la fin de sa grossesse à la villa Wartholz.

Le 19 novembre, entourée de sa mère et de sa belle-mère, l'archiduchesse ressent les premières douleurs. Sommité de la faculté de médecine de Vienne, un gynécologue-obstétricien, le Pr Peham, est appelé, assisté du Dr Delug. Le

20 novembre 1912, à deux heures du matin, Zita met au monde son premier enfant : Otto. « Nous étions un peu déçus, car nous voulions une fille », se souviendra la mère plus tard.

Un nouveau neveu, futur héritier de la couronne ? Dès l'aube, François-Joseph fut prévenu. Il se trouvait à Budapest. A la demande de Charles, il accepta d'être parrain, mais pria François-Ferdinand de le suppléer. L'archiduc chassant en Allemagne, la cérémonie eut lieu cinq jours après la naissance. Dans la chapelle de la villa Wartholz, le cardinal Nagl administra le baptême à Otto de Habsbourg-Lorraine avec de l'eau du Jourdain. Le nouveau-né venait en quatrième dans l'ordre de succession au trône : il serait appelé à régner, supputaient les journaux viennois, dans le dernier quart du XXe siècle...

*

En janvier 1913, Charles et Zita emménagent enfin à Hetzendorf, qui appartient au patrimoine de la famille impériale. En juillet de la même année, ils achètent en propre le château de Feistritz, en Styrie : petite demeure isolée, entourée de sept hectares de terres cultivées.

La nomination de Charles dans la capitale revêtait une signification : l'empereur veillait au parcours de son petit-neveu. Il devait compléter sa formation d'officier, en suivant les cours de l'École militaire, puis s'initier de plus près à son rôle d'héritier. Quant à Zita, elle était la première dame de l'empire, la femme de François-Ferdinand étant exclue de ce rang. François-Joseph se faisait vieux, très vieux. Il était loin, le temps des fastueuses réceptions à la Hofburg ou à Schönbrunn. Une fête de ce type aura lieu une fois encore, le 16 février 1914 : lors d'une « soirée dansante », l'empereur paraîtra au bras de Zita, devant le corps diplomatique accrédité à Vienne.

Charles et Zita exercent maintenant des activités de représentation au nom du souverain — situation délicate vis-à-vis de François-Ferdinand. Le couple conserve cependant sa simplicité naturelle. Reçu à Hetzendorf au printemps 1913, le général Margutti, aide de camp de l'empereur, raconte : « La naissance d'un fils avait encore augmenté la félicité des deux époux, dont les manières affables et sans morgue, jointes au bel exemple de vie familiale qu'ils donnaient, leur avaient concilié tous les cœurs. Leur simplicité mettait tout le monde à l'aise. » Margutti se remémore l'accueil de Charles qui lui tend la main (geste inconcevable de la part de François-Joseph) et lui demande des nouvelles de sa famille, « chose qui ne serait jamais venue à l'esprit du vieil empereur, qui réservait ce genre de questions aux membres de la plus haute noblesse ».

Même écho chez Alfred Dumaine, nommé ambassadeur de France à Vienne et venu se présenter à Hetzendorf : « Quand, avec la toute jeune archiduchesse Zita, l'archiduc Charles nous donna audience, il résidait dans un ancien petit château de banlieue où tous deux vivaient très bourgeoisement heureux. Il se réjouissait de ce que l'empereur leur eût concédé cette demeure, après l'avoir fait remettre à neuf. "On n'a pas seulement renouvelé les tentures, remarquait en riant la princesse, il était essentiel de consolider aussi la maison. Impossible de changer un meuble de place sans risquer de faire effondrer le plancher." Toute la conversation se maintint sur ce ton, celui d'un jeune ménage se complaisant dans les joies d'une première installation, lui plutôt effacé, elle détenant, semble-t-il, l'initiative et la volonté. »

Charles et Zita coulent des jours sereins. Lui travaille beaucoup : le soir, après son service, il révise ses cours ; en mai 1914, il est promu lieutenant-colonel. Elle s'occupe de ses enfants (une fille, Adélaïde, est née le 3 janvier 1914) et patronne de multiples manifestations charitables. Ensemble, ils président des bals, sont reçus, reçoivent. Et sortent beaucoup. Zita se souviendra avec frémissement d'avoir entendu chanter Caruso à l'Opéra.

Ils sont heureux. L'Autriche aussi est heureuse. Musique ? Géants parmi les géants, Mahler compose, Bernhard Paumgartner ou Bruno Walter tiennent la baguette. Cinéma ? A Vienne, l'invention des frères Lumière fait fureur : de nombreuses salles se sont ouvertes, des dizaines de films se tournent. Sport ? A Stockholm, aux Jeux olympiques de 1912, les Autrichiens se distinguent en escrime, au tennis et en natation. Technique ? La première Exposition internationale d'aviation se tient à Vienne en 1912 : cette année-là, l'Autriche-Hongrie remporte dix-huit records mondiaux aériens, derrière la France, mais devant l'Italie, les États-Unis et l'Allemagne.

Pourtant cette paix n'est que le calme précédant la tempête.

4

Sarajevo, 28 juin 1914

Dans le parc de la villa Wartholz, l'archiduc Charles-Louis avait construit de ses propres mains un chalet en bois. Une simple pièce et une véranda. C'est là que, tranquilles, Charles et Zita déjeunaient, le 28 juin 1914. Il faisait beau, l'air était doux. Ils attendaient le service suivant lorsqu'un majordome apporta un télégramme. Il provenait du chambellan de l'archiduc héritier. A sa lecture, Zita vit Charles blêmir : « Regrette profondément devoir vous annoncer assassinat archiduc François-Ferdinand et son épouse. »

Un interminable instant, ils restèrent pétrifiés. « Un des moments les plus émouvants de ma vie », témoignera Zita. Puis ils coururent à la maison, où Charles appela Bad Ischl, la résidence d'été de l'empereur. En la circonstance, François-Joseph consentit à utiliser le téléphone. C'est donc lui qui confirma la nouvelle : à Sarajevo, un terroriste avait tiré sur François-Ferdinand et la duchesse de Hohenberg. A sa femme, l'archiduc n'avait eu le temps que de murmurer : « Sophie, ne meurs pas : pour nos enfants. » Le souverain prenait le train pour Vienne : Charles devait le rejoindre.

*

Zita avait vingt-deux ans. Charles vingt-sept, mais on lui en aurait donné vingt. Leur destin basculait. Finie la vie protégée. Il était le futur empereur d'Autriche, elle était la future impératrice. Et le grand âge de François-Joseph rapprochait cette échéance. Zita l'avouera : « Nous étions tout simplement anéantis. »

Ils se remémoraient une soirée du mois précédent. Invités

chez François-Ferdinand, ils avaient été les confidents d'une étonnante prémonition. Ils devisaient au salon. La duchesse de Hohenberg s'était absentée pour aller coucher ses enfants. Profitant de son absence, François-Ferdinand s'était adressé à Charles et Zita : « Je dois vous faire part de quelque chose. Je... je vais être assassiné. » Décontenancé, Charles n'avait trouvé qu'à répondre, maladroit : « Oncle, ce n'est pas possible ! Et surtout, qui pourrait commettre un tel crime ? » La réplique était tombée, coupante : « Ne me contredisez pas. Je le sais de manière certaine. Dans peu de mois, je serai assassiné. Charles, dans un coffret se trouvent des papiers pour toi. Ils ne sont destinés qu'à toi. Prends-les après ma mort. Ce sont des plans, des idées, des projets : ils te seront peut-être utiles. » Dans le couloir, des pas signalaient le retour de sa femme. « Et maintenant, n'en parlons plus. Je ne veux pas que Sophie soit triste. »

Charles et Zita avaient toujours vécu en bonne intelligence avec François-Ferdinand. D'abord en raison de leur double proximité familiale : oncle de Charles, l'archiduc héritier avait été élevé par la tante de Zita, l'archiduchesse Marie-Thérèse. Quand il était tombé amoureux de la comtesse Sophie Chotek, celle-ci avait plaidé la cause de son beau-fils auprès de François-Joseph.

En vertu du statut de famille édicté en 1839, un Habsbourg ne pouvait se marier qu'avec un membre d'une maison souveraine ou de la haute noblesse, dont les seize arrière-arrière-grands-parents étaient de même naissance. Et encore fallait-il l'agrément du chef de lignée. Tout mariage morganatique ou inégal entraînait la perte de ses droits d'héritier et l'exclusion de la maison de Habsbourg. Ce n'était pas un cas de figure théorique. Alors que le populaire archiduc Jean avait épousé, en 1829, la fille d'un maître de poste avec l'accord de son frère François Ier, François-Joseph se montrait inflexible envers les membres de la dynastie qui dérogeaient. Sans parler du cas particulier de son troisième et dernier frère, Louis-Victor — homosexuel et travesti, qu'il avait dû bannir dans son château proche de Salzbourg —, plusieurs archiducs s'étaient heurtés à l'empereur. Johann-Salvator, de la branche toscane, affichait des idées révolutionnaires ; en 1889, il avait demandé à être radié de la maison de Habsbourg, avait épousé sa maîtresse, et, sous le nom de Johann Orth, était devenu capitaine au long cours dans les eaux sud-américaines, où sa trace s'était perdue. Léopold-Ferdinand de Toscane, alcoolique et vivant avec une prostituée, avait été chassé de la famille en 1903 ; interdit de séjour en Autriche, il traînait dans les cabarets de Munich ou de Berlin sous le nom de Léopold Wölfling. Ferdinand-Charles, le jeune frère de François-Ferdinand et d'Otto, s'était épris de l'honnête fille d'un professeur, qu'il avait épousée secrètement ; en 1911, il avait dû renoncer à ses titres, et vivait sous le nom de Ferdinand Burg.

Sans doute le cas de François-Ferdinand n'avait-il pas été de la même nature. Les Chotek étaient de haute ascendance. Peut-être le plaidoyer de sa belle-sœur Marie-Thérèse avait-il contribué à enlever le consentement de l'empereur à ce mariage morganatique. Mais plus encore la détermination de l'archiduc François-Ferdinand, et le fait qu'à l'époque François-Joseph ne possédait aucun autre héritier — si ce n'était le scandaleux Otto. La qualité morale de Sophie, devenue princesse par son mariage, avait fini par toucher l'empereur. En 1909, il l'avait titrée duchesse de Hohenberg. Mais le cérémonial de la Cour la plaçait loin derrière son mari, de même que leurs trois enfants, Sophie, Maximilien et Ernst — les trois orphelins de Sarajevo, exclus du trône.

Charles et Zita appartenaient à une autre génération. Chaque fois qu'ils avaient pu témoigner de leur affection à François-Ferdinand et Sophie, négligeant l'étiquette, ils l'avaient fait. Des liens indiscutables rapprochaient les deux couples. « Expérience, maturité, maternité : elle était pour moi une amie plus âgée », dira Zita de Sophie. Il reste que François-Ferdinand était sourcilleux sur ses prérogatives. Il s'entendait bien avec Charles, mais marquait toujours que l'héritier, c'était lui.

La situation matrimoniale de François-Ferdinand lui valait une susceptibilité à fleur de peau, et le poussait d'autant plus à s'affirmer vis-à-vis de l'empereur. Mais il s'était d'autant moins montré un dauphin passif qu'il nourrissait ses propres idées sur l'avenir de la monarchie.

Elle était longue, l'histoire de cet empire, depuis que

Rodolphe de Habsbourg, un seigneur de la Suisse alémanique, était devenu maître de Vienne, en 1278. Autriche, Styrie, Carniole, Carinthie, Tyrol, Vorarlberg, Trieste, avaient formé son premier noyau. Par une suite de mariages habilement arrangés, au XVe siècle, les Pays-Bas, la Franche-Comté, l'Espagne et Naples avaient rejoint les fiefs des Habsbourg ; suivis, au XVIe siècle, par la Bohême et la Hongrie. Du Vieux Continent à l'Amérique du Sud, le soleil ne se couchait jamais sur les possessions de Charles Quint. Une monarchie universelle ? La césure entre la branche autrichienne et l'espagnole, l'affrontement avec les capétiens français avaient dissipé ce rêve orgueilleux, revendiqué par la devise de Frédéric III : AEIOU, *Austriae est imperare orbi universo*, « Il appartient à l'Autriche de commander l'univers ».

L'identité de l'ensemble danubien s'était forgée dans la lutte contre les Turcs, puis contre le protestantisme. Au XVIIe siècle, l'Autriche avait été le rempart catholique de l'Europe. Au XVIIIe, sous le règne de Marie-Thérèse, elle avait incarné l'apothéose de la civilisation baroque. En 1756, la grande impératrice avait conclu un prophétique renversement des alliances avec Louis XV : après deux siècles de guerres franco-autrichiennes, pour Vienne comme pour Paris, le nouvel adversaire se tapissait à Berlin, capitale de la Prusse. Sous la Révolution et sous Napoléon, contre les idées nouvelles, l'Autriche avait été le bastion de la légitimité. De 1438 à sa dissolution en 1806, les Habsbourg avaient été empereurs du Saint Empire romain germanique. En 1804, répliquant à Napoléon, François Ier avait créé la dignité d'empereur d'Autriche. Mais en 1866, en écrasant les troupes de François-Joseph à Sadowa, les Hohenzollern — la dynastie prussienne — avaient gagné leur combat historique contre les Habsbourg. En 1871, ces derniers avaient dû connaître encore l'humiliation de voir l'Allemagne se transformer en empire, dont la Prusse s'était offert la couronne. Déjà chassée d'Italie (la Lombardie avait été perdue en 1859, la Vénétie en 1866), maintenant évincée d'Allemagne, l'Autriche n'avait eu qu'à se replier sur ses bases danubiennes.

Contre Vienne, la Hongrie s'était révoltée en 1848. Pour maintenir la stabilité de ses États, François-Joseph avait dû conclure un accord avec les Magyars. Depuis le compromis austro-hongrois de 1867, la monarchie des Habsbourg se composait de deux entités*. Dans la partie autrichienne (Cisleithanie), la souveraineté de l'empereur s'étendait sur l'Autriche, la Bohême, la Moravie, la Silésie (le territoire de Teschen), la Galicie (habitée par des Polonais), la Bucovine (peuplée d'Ukrainiens), la Carniole (région slovène), l'Istrie et Trieste (de population italienne) et la Dalmatie (pays slave du Sud). La partie hongroise de la Double Monarchie (Transleithanie) — où le souverain était roi — était constituée de la Hongrie, et ses dépendances de Croatie et Slavonie. A cet ensemble, il fallait ajouter la Bosnie-Herzégovine, annexée en 1908. La partie autrichienne possédait son propre gouvernement et son Parlement, situés à Vienne, de même que la Hongrie, à Budapest. Trait d'union de l'Autriche-Hongrie ? L'empereur-roi, et trois ministères communs : Affaires étrangères, Défense et Finances. S'il existait une double centralisation politique à Vienne et à Budapest, ces territoires affichaient une surprenante disparité de statuts, de coutumes et d'institutions. Cinquante et un millions d'habitants peuplaient l'Autriche-Hongrie. Mosaïque bigarrée, ils parlaient une douzaine de langues (allemand, tchèque, polonais, ruthène, slovène, serbo-croate, italien, ladin, roumain, hongrois, slovaque), représentant autant de types nationaux et toutes les religions, inextricablement mêlées. De tous les grands pays européens, l'Autriche-Hongrie était le seul État multinational. Sur le plan des idées, de la civilisation, de la culture, c'était son charme, sa richesse. Sur le plan politique, à l'époque du droit des peuples à disposer d'eux-mêmes, c'était son talon d'Achille.

La haute noblesse, qui n'avait subi aucune rupture sociale, y bénéficiait (surtout en Hongrie) d'une condition qui n'était plus qu'un souvenir pour son homologue française. Dans ses rangs se recrutaient la chambre haute du Parlement, les diplomates et le haut clergé. A Vienne, elle formait le premier cercle de la société, reçu à la Cour, cercle qui ne se mélangeait pas aux deux autres, celui de la bourgeoisie et de la noblesse nouvelle (offi-

---

* Voir carte p. 304.

ciers ou fonctionnaires anoblis pour service de l'État), et celui des intellectuels. L'apparat de la Cour, si sophistiqué, avec ses dignités, ses uniformes et ses titulatures surgies du temps de Metternich, pouvait aussi donner l'impression d'un univers qui ne changeait pas. Mais ce n'était que la surface des choses.

Sous le règne de François-Joseph — farouche mainteneur des règles de la maison impériale, d'un indéniable tempérament conservateur — la Double Monarchie s'était transformée en une puissance moderne. Contrairement aux idées reçues, l'Autriche-Hongrie n'était pas un empire vermoulu, inéluctablement voué à l'explosion.

L'Église, dans cette société où le catholicisme était majoritaire, était un pilier de la dynastie. Et les forces d'ascension sociale étaient à l'œuvre. Sans critères de naissance, l'armée et la fonction publique y assuraient la promotion des élites.

L'armée ? Parce que telle était la volonté de son chef, l'empereur. Officiers (« mes patriotes à moi », disait François-Joseph) et officiers supérieurs se recrutaient dans les classes moyennes : en 1918, 75 p. cent des généraux seront des roturiers. Tous les anciens de l'académie militaire de Wiener Neustadt, le Saint-Cyr autrichien, se tutoyaient hors service, quel que fût leur grade. Le service militaire était obligatoire depuis 1866 : nulle distinction de rang social, de nationalité ou de religion n'entrait en compte dans les troupes austro-hongroises. Les seules au monde dotées d'un règlement imprimé en douze langues, et pourvues d'aumôniers de tous les rites, catholiques romains, uniates, protestants, orthodoxes, juifs et musulmans.

Les fonctionnaires ? Si caricaturale que fût la bureaucratie autrichienne, cette multitude laborieuse fournissait une pépinière d'hommes dévoués au bien public.

L'Autriche-Hongrie était un État de droit. En Cisleithanie, le suffrage universel avait été adopté par étapes, de 1867 à 1906 (en Hongrie, il s'imposait plus difficilement). La législation sociale y était avancée : les congés payés, que les Français ne connaîtront qu'en 1936, existaient dans l'empire de François-Joseph. La Constitution du 21 décembre 1867 garantissait les droits du citoyen : égalité devant la loi, droit d'accession de tous aux fonctions publiques, liberté de résidence et de circulation, droit de propriété, liberté de conscience et d'expression, droit d'association.

Le règne de François-Joseph — nonobstant le krach de 1873 — avait été une ère intense de croissance économique. La part de l'agriculture dans la production nationale s'étant réduite, l'Autriche-Hongrie était devenue une force industrielle, la quatrième d'Europe après l'Angleterre, l'Allemagne et la France. La bourgeoisie d'affaires qui avait accompagné cette expansion était protégée par l'empereur, et lui était d'autant plus fidèle, dans le cas des familles juives, que l'antisémitisme était étranger aux Habsbourg.

Vienne, creuset dynamique et concentré de cet empire multinational, avec ses deux millions d'habitants, était la cinquième métropole du monde, derrière Londres, New York, Paris et Berlin. Maire chrétien-social de 1897 à 1910, Karl Lueger, par ses travaux d'équipement et sa politique sociale, en avait fait une des villes les plus développées d'Europe. C'était aussi une capitale culturelle dont le génie — tout spécialement en sciences, médecine, architecture, peinture et musique — a laissé une œuvre versée au patrimoine de l'humanité.

C'est une adepte des idées libérales, Berthe Szeps Zuckerkandl, qui rendra plus tard cet hommage aux Habsbourg : « On a dit beaucoup de mal de cette monarchie, mais on ne peut nier une chose, c'est que sous son régime florissait cette liberté indispensable à l'épanouissement des personnalités. Des hommes pittoresques, des individus d'une originalité inimitable, des types géniaux qui n'avaient d'autre loi que la leur menaient une existence que non seulement on n'entravait jamais, mais que l'on favorisait. »

Cet univers, à bien des égards composite, se maintenait cependant parce qu'il était lié par le loyalisme dynastique. Il reposait sur le respect unanime inspiré par l'empereur, vieillard régnant maintenant depuis soixante-six ans ! Dans les lieux publics ou chez les plus humbles particuliers, son portrait figurait partout. Mais — c'était la question que Zita avait posée à Charles — qu'adviendrait-il après François-Joseph ?

*

L'avenir de l'Autriche-Hongrie résidait dans la capacité de la monarchie à s'adapter à l'avenir. Le compromis de 1867 avait stabilisé une situation qui ne pouvait durer éternellement. Du nord ou du sud, les Slaves estimaient leur spécificité non reconnue. François-Joseph était partisan de ne rien changer : il n'avait plus l'âge des réformes. Les réformes, François-Ferdinand, lui, les jugeait plus que nécessaires, indispensables : faute d'un autre équilibre entre les peuples des Habsbourg, était-il persuadé, la Double Monarchie était menacée.

Selon l'archiduc héritier, hostile au compromis de 1867, les Hongrois plaçaient leurs intérêts particuliers au-dessus du bien commun de la monarchie. Alors que les Magyars représentaient 50 p. cent de la population du royaume, ils occupaient 407 des 413 sièges du Parlement de Budapest. François-Ferdinand leur vouait une aversion viscérale : « Qu'ils aillent au diable avec leurs privilèges, s'écria-t-il un jour. Ils sont un peuple comme les autres ! Pourquoi auraient-ils plus de droits que les Tchèques, les Croates, les Roumains, les Polonais et les Slovènes ? »

De son château du Belvédère, l'ancienne résidence du prince Eugène de Savoie, il avait fait un pendant de la Hofburg et de Schönbrunn. Il possédait son propre état-major militaire (lié à ses fonctions, puisqu'il était inspecteur général des armées austro-hongroises), et son cabinet civil et militaire lui préparait notes et rapports de politique intérieure ou extérieure.

Aurel Popovici — un Roumain, auteur, en 1906, d'un livre qui suscita maints débats, *Les États-Unis de la Grande Autriche* — avait acquis François-Ferdinand au fédéralisme. Alexander Brosch, un autre de ses conseillers, avait élaboré un projet de réforme pour la Hongrie, prévoyant l'application du suffrage universel, l'égalité des droits pour tous les peuples du royaume, et la révision du compromis de 1867. L'archiduc, qui avait rêvé de substituer au dualisme austro-hongrois un trialisme austro-magyaro-slave, restait sceptique, cependant, sur la possibilité de le réaliser, comme le prouvent ses papiers secrets — ceux-là mêmes dont il avait parlé à Charles. S'il n'avait pas inventé de recette miracle, François-Ferdinand avait une certitude : le *statu quo* était condamné.

Charles ne fréquentait pas l'équipe du Belvédère. Mais il

avait eu de nombreuses discussions avec son oncle. Dès avril 1911, alors qu'ils étaient fiancés, il avait exposé à Zita la solution fédérative à laquelle il songeait, en partie inspirée — mais en partie seulement — par les idées de François-Ferdinand. Le jeune archiduc considérait le dualisme austro-hongrois comme porteur d'injustices à l'égard des autres nationalités. Des notes rédigées par lui en 1914 prouvent que ses réflexions allaient dans ce sens. Réorganiser l'empire était nécessaire, afin de faire contrepoids à la fois au pangermanisme (répandu chez les Autrichiens de langue allemande) et à l'influence de la Russie dans les Balkans.

François-Ferdinand disparu, Charles se retrouvait l'héritier des desseins de réforme de la monarchie.

*

Revenu à Vienne après le meurtre de François-Ferdinand, Charles accueillit l'empereur à la gare. En calèche, ils effectuèrent ensemble le trajet jusqu'à Schönbrunn. Alertée par les éditions spéciales des quotidiens (« L'archiduc héritier assassiné à Sarajevo »), la foule se pressait devant le palais. Inquiète.

François-Joseph n'avait jamais nourri d'affection pour François-Ferdinand. Il s'était défié de la violence de son caractère, manifestée par la frénésie chasseresse de cet homme qui avait tiré 274 889 pièces de gibier au cours de sa vie ! Il s'était méfié de ses idées, connaissait les intrigues nouées au Belvédère. Mais cet attentat venait clore une série de morts tragiques : son frère Maximilien, fusillé en 1867 ; son fils Rodolphe, qui s'était suicidé en 1889 ; son deuxième frère Charles-Louis, mort de maladie en 1896 ; sa femme Élisabeth, poignardée en 1898 ; son neveu Otto, décédé en 1906 ; et maintenant son autre neveu, François-Ferdinand. Et lui était toujours là, à tenir les rênes. Quand il fut seul avec Charles, ses yeux s'embuèrent. « Rien ne m'aura été épargné », soupira-t-il. Ajoutant, à l'adresse de Charles : « Au moins, je peux compter sur toi. »

Les jours suivants, il se murmurait dans Vienne que le grand chambellan de la Cour voulait tout mettre en œuvre, dans l'organisation des obsèques, pour marquer le rang inférieur de la duchesse de Hohenberg. L'animosité du prince

Montenuovo à l'égard du disparu était proverbiale. Au nom des amis de François-Ferdinand, Charles prit sur lui d'aller voir l'empereur. « Que veut-on encore de plus ? demanda tristement François-Joseph. J'ai ordonné la même étiquette que pour l'impératrice. Elle aussi a été assassinée. »

Et c'était vrai. A la cérémonie de funérailles qui se tint dans la chapelle de la Hofburg, le 3 juillet, la dépouille de la duchesse de Hohenberg reçut les honneurs dus à une altesse royale. François-Ferdinand avait pris des dispositions pour être inhumé non dans la crypte des Capucins, mais dans son château d'Artstetten, avec sa femme. Le transport des corps devait s'effectuer par train, l'escorte jusqu'à la gare de l'Ouest ne devant comprendre, selon les ordres de Montenuovo, qu'un détachement militaire. Charles méprisa le protocole en accompagnant lui-même les deux cercueils jusqu'à Artstetten. François-Ferdinand était respecté dans l'armée, qui avait apprécié son travail d'inspecteur général. A Charles, son geste valut d'emblée l'estime des officiers.

Le 7 juillet, le conseil de la Couronne se réunit sous la présidence de l'empereur. Léopold Berchtold, le ministre des Affaires étrangères, plaide pour une expédition militaire contre la Serbie, qui se cache derrière l'assassin de François-Ferdinand. (Serbe de Bosnie, Gavrilo Princip avait été arrêté dès son crime commis ; mineur, il sera condamné seulement à vingt ans de réclusion criminelle — preuve, s'il en fallait, que l'Autriche-Hongrie était bien un État de droit). A l'exception d'Istvan Tisza, le Premier ministre hongrois, tous les membres du conseil opinent en faveur d'une riposte.

François-Joseph hésite. Il ne peut laisser passer sans réagir le meurtre de l'archiduc héritier. Mais, punir Belgrade, sera-ce une simple promenade militaire ? Comment réagiront les Slaves du sud de l'empire ? La monarchie est-elle en état de conduire une guerre ? Le souverain est sensible aux arguments de Tisza : le risque est grand de voir la Russie se solidariser avec la Serbie. Comment empêcher l'extension du conflit ?

En 1879, l'Autriche avait été obligée de contracter une alliance avec l'Allemagne, accord étendu à l'Italie, en 1882 (la Triplice). Mais cette alliance répugne à l'empereur. Il avait naguère cherché à se rapprocher de la France, sans y parvenir. François-Joseph n'a jamais admis sa défaite de Sadowa, ses prestigieux régiments massacrés par les Prussiens. Au fond de lui, il regarde l'empire des Hohenzollern comme illégitime. L'empereur germanique, celui auquel rois et princes d'Allemagne devraient allégeance, c'est lui, descendant d'une maison souveraine depuis sept cents ans. Autant que Sadowa, c'est la fin du Saint Empire que le monarque regrette, sans pourtant l'avoir connu. Ce Guillaume, qui trône à Berlin, n'est qu'un parvenu — protestant, en plus. La Prusse, pense le vieux Habsbourg, était peuplée de sauvages quand Vienne, ville romaine, était déjà une place civilisée... C'est le douloureux paradoxe de François-Joseph : rien ne lui ferait plus plaisir que d'écraser son principal allié. Lors d'un dîner de gala à la Cour, en septembre 1913, il a dit à l'ambassadeur de France, Alfred Dumaine : « Ah ! votre gouvernement a rétabli le service de trois ans ; je l'en félicite. Comme vous avez bien fait. Avec ces Prussiens, on ne sait jamais ce qui peut arriver ! »

Le 19 juillet, le conseil de la Couronne décide à l'unanimité l'envoi d'un ultimatum à la Serbie, réclamant la fin des activités antiautrichiennes, et un droit de regard dans l'enquête sur l'attentat de Sarajevo. Cet ultimatum est remis le 23 juillet à Belgrade. Le 25 juillet, le gouvernement serbe accepte huit des dix exigences de l'ultimatum, mais rejette celles qui mettent en jeu sa souveraineté.

Ce refus vaut rupture. A contrecœur, François-Joseph signe l'ordre de mobilisation de huit corps d'armée. Le 28 juillet 1914, la déclaration de guerre est notifiée à la Serbie. La machine infernale, à la fois redoutée et provoquée par François-Joseph, se met en branle. Face à la Triplice, la Triple Entente réunit depuis 1907 la Grande-Bretagne, la Russie et la France : ce jeu des alliances enclenche l'engrenage fatal. Le 1er août, Guillaume II déclare la guerre à la Russie, le 3 août à la France. Le 4 août, la Grande-Bretagne déclare la guerre à l'Allemagne. Le 6 août, l'Autriche déclare la guerre à la Russie. Le 12 août, l'Angleterre et la France déclarent la guerre à l'Autriche-Hongrie.

A aucun moment Charles n'a été associé à ces délibérations. A telle enseigne que c'est par hasard, en téléphonant à sa banque, depuis la villa Wartholz, qu'il a appris l'ultimatum lancé à la Serbie. Zita, avec le recul du temps, l'interprétera comme une volonté délibérée de François-Joseph : tenir son neveu à l'écart de toute responsabilité dans le déclenchement du conflit. Pour l'avenir, l'héritier devait rester une page vierge.

*

« Nous étions persuadés de notre bon droit : nous combattions pour notre patrie attaquée », expliquera Zita. Autrichienne par son mariage, l'archiduchesse prend fait et cause pour l'empire. Mais, princesse d'origine française, cette déclaration de guerre la déchire. Et divise les siens.

Son frère Sixte, après son baccalauréat passé en Autriche, avait choisi de poursuivre ses études à Paris. Inscrit en décembre 1905 à la faculté catholique de droit, il avait obtenu sa licence en 1908. Puis avait entamé un doctorat. Le 26 mai 1914, il avait soutenu sa thèse, *Le Traité d'Utrecht et les lois fondamentales du royaume* : il entendait y démontrer que tous les descendants de Philippe V — Bourbons d'Espagne, des Deux-Siciles ou de Parme — demeuraient de droit princes de France. Sixte manifestait des sentiments français, de même que son cadet, Xavier. A Paris lui aussi, ce dernier avait suivi ses études d'agronomie. Les deux princes, toutefois, ne possédaient pas la nationalité française, et ne l'auront jamais (en revanche, plus tard, leurs enfants, nés en France de mère française, seront français).

Cet été 1914, les deux frères projetaient de conduire une expédition en Asie centrale. Du Caucase à la Perse, elle devait les mener au pied de l'Himalaya. Lors de l'attentat de Sarajevo, ils se trouvaient à Londres, préparant leur voyage vers les Indes. Ils étaient revenus en France, puis, fin juillet, avaient traversé l'Allemagne, parcourue de mouvements de troupes. Même si la crise semblait encore pouvoir être conjurée, leur projet devenait inopportun : ils y renoncèrent.

Arrivés à Vienne, ils apprennent de l'ambassadeur de

France que Paris mobilise à son tour. « Le pays est en danger », note Xavier dans son journal. Dès lors, les deux princes veulent rentrer s'engager en France. Avec l'archiduc Charles, très liés, ils parlent librement. Dans l'affrontement international qui se prépare, ils ne se rangeront pas dans le même camp. Leur analyse concorde cependant sur un point essentiel : l'Allemagne représente un danger pour la France comme pour l'Autriche. « Le prince Sixte considérait, rapporte Polzer-Hoditz, que la façon dont la monarchie faisait cause commune avec l'empire allemand renforçait considérablement les ambitions prussiennes. L'empereur Charles, de son côté, redoutait qu'en cas de victoire des empires centraux, l'alliance allemande n'eût pour résultat de faire des Habsbourg les vassaux des Hohenzollern, de placer l'Autriche sous la tutelle de l'Allemagne. Le prince Sixte était convaincu que le maintien d'une Autriche forte, et libre de tous liens avec l'Allemagne, était dans l'intérêt naturel de la France. »

Charles obtient en personne auprès de François-Joseph l'autorisation pour Sixte et Xavier de sortir d'Autriche. « Je comprends qu'ils veuillent faire leur devoir », dit l'empereur. Les deux frères partiront le 21 août, par la Suisse. En compagnie de don Jaime de Bourbon : celui-ci étant colonel de l'armée russe, les autorités lui ont proposé soit de rester prisonnier à Frohsdorf, soit de quitter le pays.

Auparavant, à Schwarzau, une ultime soirée réunit les Bourbons-Parme. Moments d'arrachement : René et Félix, eux, ont décidé de servir comme princes étrangers sous le drapeau des Habsbourg, tout comme leur demi-frère Élie. A leurs yeux, c'est un devoir de loyauté et de reconnaissance envers l'Autriche qui a généreusement hébergé leur famille. Ils n'ont posé qu'une condition, qui sera toujours respectée : ne jamais être engagés contre des troupes françaises. La duchesse Maria Antonia pleure. Son cœur à elle, fille d'une Allemande, bat pour les impériaux. Elle dit adieu à ses fils, qui eux-mêmes se souhaitent bonne chance et se dirigent vers des destins adverses.

Avec Zita, les adieux de Sixte et Xavier ont lieu à Hetzendorf. Charles part le même jour pour le front. « Adieux assez émus tous les quatre, note Xavier dans son journal. Mais Zita est très courageuse et ne laisse rien paraître devant nous. »

A Paris, les deux princes ne pourront se faire engager, en vertu de la loi de 1889 excluant les Bourbons, les Orléans et les Bonaparte de l'armée française. L'armée britannique les refoula également. Sur intervention de la reine Élisabeth, leur cousine, ils furent finalement incorporés, en août 1915, dans un régiment d'artillerie belge.

*

En Autriche et en Hongrie, comme sur tout le Vieux Continent, l'heure est à l'enthousiasme belliqueux. Le 28 juillet, revenant de Bad Ischl après sa proclamation « A mes peuples » rendant publique l'ouverture des hostilités, François-Joseph est follement acclamé, de la gare de Vienne à Schönbrunn. Charles, qui l'accompagne, confie à Zita : « Je me sens officier de corps et d'âme, mais je ne comprends pas comment les gens qui voient partir leurs proches pour la guerre puissent ainsi s'enthousiasmer. » Le 1er août, à l'Académie militaire de Wiener Neustadt, cent trente nouveaux officiers prêtent serment devant lui. Le 2 août, avec Zita, il effectue une visite officielle à Budapest. Dans toutes ces manifestations, il rencontre la même ferveur patriotique.

Août 1914 : de la Champagne aux plaines de Pologne, de l'Alsace aux Balkans, l'Europe s'entretue. L'Allemagne attaque sur deux fronts : à l'ouest, contre la France, la Belgique et la Grande-Bretagne ; à l'est, contre la Russie. Pour l'Autriche-Hongrie, le conflit se déroulera à l'est, contre la Russie et (à partir de 1916) contre la Roumanie ; dans les Balkans, contre la Serbie ; et au sud, contre l'Italie (à partir de 1915). Pour les armées austro-hongroises, les premières opérations sont des succès. En Galicie, les Russes sont bousculés. A la mi-août 1914, Zita félicite l'empereur :

« Oui, répond François-Joseph, mes guerres ont toujours commencé par des victoires et fini par des défaites. Et cette fois, ce sera pire encore, et on dira de moi : "Il est vieux, il ne maîtrise plus la situation." Alors éclateront des révolutions et ce sera la fin.

— Mais, Sire, dit Zita, ce n'est pas possible. Nous nous battons pour une juste cause. »

D'un sourire las, François-Joseph rétorque :

« Tu es encore très jeune pour croire à la victoire de la juste cause. Pourtant, cette fois, c'est la fin. »

A la demande du souverain, l'archiduchesse s'était installée à Schönbrunn. Au premier étage de l'aile orientale du château, François-Joseph avait mis à sa disposition les appartements qui avaient été ceux de ses parents. Invitée à la table impériale lors des déjeuners officiels, première dame d'Autriche, Zita est devenue un personnage public. Elle doit pallier son inexpérience : sa formation politique lui venait des leçons de son père et de ses lectures. Dans une Cour où les jeux d'influence ne manquent pas, la vigilance s'impose. Pour dignement représenter son mari, elle s'applique à son rôle futur d'impératrice. Et doit vaincre sa timidité naturelle.

Habiter Schönbrunn facilite cet apprentissage. François-Joseph, lui aussi, veut que Zita fasse bonne figure. Il l'aime sincèrement : la jeune archiduchesse apporte la touche féminine et maternelle qui manque cruellement sous son toit, depuis le mariage de ses deux filles, Gisela et Marie-Valérie, et la mort de l'impératrice Élisabeth. « Il m'avait accueillie comme sa fille », rapportera Zita. Chaque jour l'empereur la voit en tête à tête. Grand-père affectueux avec ses propres petits-enfants, il réserve toujours aux deux enfants de l'archiduchesse un sourire, une caresse. Il tint à se faire photographier avec son arrière-petit-neveu et successeur : cette célèbre image montre François-Joseph assis, Otto de Habsbourg — âgé de deux ans — agrippé à ses genoux.

Dans ce climat de confiance, le vieil homme dévoile à la jeune femme le fond de ses pensées. Inlassablement, il revient sur ses craintes. Il sait que les nationalités peuvent faire exploser l'empire, volcan endormi. Les hostilités contre la Serbie, à ses yeux, sont légitimes : menaçant la monarchie, le panslavisme ne pouvait rester impuni. Sur le front sud, il faut bien se défendre. Les Balkans et l'Italie constituent des zones vitales pour la sécurité de l'empire. Mais pourquoi être en guerre contre la France et l'Angleterre ? Avec elles, l'Autriche n'a aucun contentieux. Ce conflit absurde résulte de la navrante alliance allemande. François-Joseph refuse d'ailleurs que ses troupes soient engagées à l'ouest, contre les Français, les Anglais ou les Belges. Il continue même à porter ostensiblement la croix de Saint-Georges, que le tsar lui a remise.

« Dernier monarque de la vieille école », comme il se désigne lui-même, il pressent que cette conflagration d'un type nouveau, où la mort est organisée de façon industrielle, sonne le glas d'une certaine Europe, d'une certaine civilisation. Rien ne sera plus comme avant. François-Joseph avait voulu punir la Serbie : il n'avait pas voulu la guerre mondiale. Peu avant sa mort, en 1916, s'entretenant avec son ministre de la Défense, il lui affirme avec autorité : « J'attendrai encore trois mois, puis je déposerai les armes. »

*

« Les gens, ici, croient toujours qu'une grande bataille peut être terminée en quelques jours, comme autrefois à Sadowa, écrit Charles à Zita, en octobre 1914. Mais aujourd'hui, les batailles durent des semaines et des semaines, comme actuellement en France. »

Le 25 juillet 1914, Charles a été nommé colonel au 1er régiment de hussards, unité envoyée en Galicie. Archiduc héritier, il a reçu une mission itinérante : observer l'efficacité de la mobilisation, saluer les troupes au nom du souverain. Il sera ensuite attaché à l'état-major de l'archiduc Frédéric. Le 10 septembre 1914, près de Lemberg, il connaît le baptême du feu.

Il travaille de plus en plus avec l'empereur, à qui il livre des analyses sans fard sur l'état matériel et moral de l'armée. A telle enseigne que, devenu gênant, certains souhaitent le voir éloigné du front. Lorsqu'il est à Vienne, il est convoqué tous les jours chez François-Joseph. Un dossier lui est confié, son compte rendu étant attendu le lendemain.

Le souverain le charge de le représenter. Le 5 décembre 1914, Charles se rend auprès de Guillaume II. L'échec du plan Schlieffen est patent : la France n'a pas cédé devant l'offensive allemande, les combattants s'enterrent dans les tranchées. L'archiduc commence à s'interroger sur la guerre. En janvier 1915, nouvelle entrevue avec le Kaiser. Le Reich cherche alors à faire basculer Rome de son côté, conformément à l'accord de la Triplice. Du côté allemand, le chancelier Bethmann-Hollweg et le chef d'état-major, Falkenhayn, exigent l'abandon à l'Italie du Tyrol du Sud, territoire autrichien. François-Joseph a chargé Charles de déjouer cette manœuvre. Un vif échange éclate entre Falkenhayn et l'archiduc-héritier :

« Si on peut empêcher la guerre avec l'Italie en lui cédant le Tyrol, explique l'Allemand, il faudra bon gré mal gré se résoudre à ce sacrifice.

— Pourquoi vous autres, réplique Charles, n'avez-vous pas empêché la guerre en offrant depuis longtemps l'Alsace-Lorraine à la France ? »

Guillaume II se rendit aux arguments autrichiens. Au retour de sa première mission diplomatique, Charles eut droit aux félicitations de l'empereur.

Le 23 mai 1915, l'Italie déclare la guerre à l'Autriche. « Désormais, murmure François-Joseph à son aide de camp, il ne me reste plus qu'à mourir. » L'été suivant, Charles est nommé général de brigade et contre-amiral. En mars 1916, il deviendra général de division et vice-amiral. On lui confie un poste stratégique : la direction du XXe corps d'armée, au Tyrol. Auprès de ces troupes alpines qui barrent l'entrée de leurs montagnes aux Italiens, il se tient sur la brèche à chaque instant. Visitant les régiments, inspectant les positions, remettant des décorations, s'avançant jusqu'aux points les plus exposés. Consignes de son premier ordre du jour ? Épargner les vies humaines, secourir les blessés, respecter les prisonniers.

La souffrance des hommes, les blessures, la mort, Charles les côtoit de près. Il parle avec les soldats. Julius Deutsch, alors sous-lieutenant d'artillerie et future figure du socialisme autrichien, raconte dans ses Mémoires comment sa batterie reçut sa visite : « L'archiduc Charles était un homme jeune et svelte, l'air plaisant, qui savait se présenter aux officiers comme un de leurs camarades. Le ton libre qu'il adoptait lui valait beaucoup de sympathie. Un de mes supérieurs devait avoir attiré son attention sur moi, car il engagea plusieurs fois la conversation avec moi, et il m'interrogea un jour directement sur mes idées politiques. Je ne me cachai pas derrière mon mouchoir et lui dis que, depuis ma première jeunesse, j'étais social-démocrate. L'héritier du trône accueillit cette déclaration sans gêne apparente et poursuivit la conversation avec intérêt. C'était presque comme si deux camarades de guerre du même âge s'entretenaient ensemble. J'avais l'impression d'être en face d'un homme curieux de savoir, réceptif, qui manifestait la meilleure volonté pour s'instruire sur tout. Plongé dans notre discussion, nous n'avions pas fait attention que des officiers de la batterie nous photographiaient. Quelques jours plus tard, la photo fut affichée dans le mess des officiers, avec la mention : "Le social-démocrate J.D. accueille l'héritier du trône." Dans l'armée impériale et royale, une plaisanterie de cette sorte était sans risque pour ses auteurs, car on y avait de l'humour. »

En juillet 1916, Charles est muté. Général d'armée, il prend le commandement du XIIe corps d'armée, en Galicie. Parallèlement, il poursuit ses missions, au nom de François-Joseph.

A l'automne 1916, aucune issue militaire ne se dessine. A l'ouest, c'est la guerre de position. A l'est, Allemands et Autrichiens contiennent les Russes. Contre les Roumains, entrés en guerre en août aux côtés de l'Entente, les Austro-Allemands se battent en Moldavie. Dans les Balkans, le corps expéditionnaire français fait face aux Austro-Hongrois et à leurs alliés bulgares. Au sud, sur l'Isonzo, les Italiens piétinent devant les Autrichiens. Devant ce conflit qui s'éternise, Stefan Burian, nouveau ministre des Affaires étrangères de François-Joseph, a préparé à sa demande une proposition de paix. Mis au courant, le Kaiser a approuvé cette démarche et se déclare prêt à s'y associer. Le 9 octobre 1916, au grand quartier général allemand, il incombe à Charles, enjeu capital, d'en discuter avec Guillaume II. Ce dernier est accompagné de Hindenburg (qui a remplacé Falkenhayn) et de son adjoint Ludendorff, le duo qui dirigera l'armée allemande jusqu'en 1918. Arrivé plein d'espoir, Charles déchante. Au cours de la discussion, il mesure combien les buts de guerre allemands diffèrent des autrichiens. Et comprend que Guillaume II n'est en rien décidé à mettre fin aux hostilités.

*

Les femmes aussi sont mobilisées. Mais avec d'autres moyens. La duchesse de Parme a transformé une aile de Schwarzau en maison de santé. La mère de Charles, l'archiduchesse Maria Josefa, en a fait autant de sa demeure viennoise, le palais Augarten. Infirmière, elle y dispense elle-même des soins aux blessés.

Zita, systématiquement, inspecte maisons de repos et hôpitaux, d'abord dans la capitale, puis derrière les lignes du front. François-Joseph a mis à sa disposition le wagon-salon de l'impératrice Élisabeth. Sa venue est chaque fois annoncée : ce qu'elle découvre, elle s'en rend compte, ne correspond pas à l'état des lieux ordinaire. Au moins ces précautions amènent-elles une amélioration. Et l'archiduchesse apprend très vite à distinguer ce qui vient d'être installé pour sa visite. Ainsi est-elle renseignée sur les carences de l'équipement hospitalier. Dans les rapports qu'elle adresse à François-Joseph, elle le signale.

A Vienne, un service de collecte à domicile a été créé sous son patronage. Entre décembre 1914 et avril 1915, il réunit des vêtements à l'intention des nécessiteux pour une somme de 1,5 million de couronnes. Le 11 août 1915, pour son activité, la jeune femme recevra la médaille du mérite de la Croix-Rouge.

Mais Zita est d'abord mère. Elle l'est une troisième fois, le 8 mai 1915, avec la naissance de son deuxième fils, Robert. Baptisé à Schönbrunn en présence de l'empereur, l'archiduc a pour parrain l'archiduc Maximilien, le frère de Charles, et pour marraine l'archiduchesse Marie-Thérèse. Le 31 mai 1916, Otto, Adélaïde et Robert ont un nouveau frère, le quatrième enfant de Zita. Prénommé Félix, ce garçon fera entendre sa voix à son père au téléphone, car Charles est au front. Également baptisé à Schönbrunn en présence de François-Joseph, Félix a pour parrain le roi de Saxe, venu à Vienne pour la circonstance, et pour marraine la comtesse Beatrix Lucchesi-Palli, demi-sœur de Zita.

*

Les responsabilités de Charles et le contexte de la guerre ont profondément modifié les rapports entre l'empereur et son successeur, par rapport à l'époque de François-Ferdinand. Il n'y a plus d'intrigues, plus de cabinet fantôme autour de l'héritier, comme au Belvédère. Charles approfondit son instruction politique, avec un chef de section de la présidence du conseil pour les affaires intérieures, et avec un ancien ambassadeur pour la diplomatie. Il continue sa collaboration directe avec François-Joseph, qui lui envoie des affaires à traiter même lorsqu'il se trouve au front. L'empereur le consulte de plus en plus. Entre juin 1914 et novembre 1916, l'archiduc ne peut assister qu'à une seule des dix-huit séances du conseil de la Couronne. Au cours de ses brefs voyages à Vienne, Charles en profite cependant pour avoir des entretiens personnels avec les principaux ministres. Au cours de ses commandements, il a fait la connaissance d'un grand nombre d'officiers supérieurs — essentielle, pour un futur empereur, au regard de la fonction sociale exercée par l'armée dans l'empire des Habsbourg.

Le 11 novembre 1916, au quartier général de Transylvanie, Charles reçoit un télégramme du maréchal de la Cour. L'empereur étant gravement malade, sa présence est requise dans la capitale. Le lendemain, Zita l'accueille à la gare, l'air grave. A Schönbrunn, le couple a la surprise de découvrir un François-Joseph très fatigué, mais à son poste. Ils rentrent à la villa Wartholz, après que Zita eut recommandé au cardinal de Vienne, Mgr Piffl, de faire dire des prières publiques pour le souverain.

La nouvelle connue, l'empire retient son souffle. François-Joseph a pris froid, début novembre. Ses médecins ne sont pas optimistes. Le 18 novembre, ils diagnostiquent une pneumonie. Le 21, nouvelle visite de Charles et Zita. L'empereur se fait violence, mais cède à l'injonction de l'archiduchesse, le priant de ne pas se lever. François-Joseph assis devant une dame ? C'est vraiment la fin. « Je suis monté sur le trône dans des circonstances difficiles, murmure le souverain, et je l'abandonne dans un moment encore plus difficile. »

Le matin même, il a reçu la bénédiction de Benoît XV, et l'extrême-onction lui a été administrée. Toujours à son bureau, le vieillard de quatre-vingt-six ans se penche sur ses papiers. Grelottant de fièvre, il s'endort, la tête entre les mains. En fin de journée, pour sa prière du soir, il n'a pas la force de s'agenouiller. A son serviteur qui le couche, il commande de le réveiller à trois heures et demie du matin. Plus tôt encore que d'habitude : il a encore tant à faire, tant de rapports à lire, tant de décrets à signer. Mais à huit heures du soir, le changement de sa respiration alerte ceux qui le veillent. Charles et Zita sont rappelés. L'aumônier de la Cour vient de nouveau administrer les derniers sacrements. François-Joseph ne reprend pas conscience. La chambre se remplit de ses intimes. Marie-Valérie (sa fille chérie, sa confidente) arrive pour lui glisser un crucifix entre les mains. A neuf heures cinq, le Dr Kerzl annonce que l'agonie est terminée.

L'assistance se signe, passe dans l'antichambre. Nul ne dit mot. C'est l'aide de camp de Charles, le prince Lobkowicz, qui rompt le silence. Les larmes aux yeux, il s'approche de son maître, trace un signe de croix sur son front, et dit : « Dieu bénisse Votre Majesté. »

Charles et Zita pleurent. De chagrin : ils aimaient cet oncle disparu. D'émotion, aussi : sonne l'heure du rendez-vous fixé par le destin à l'empereur Charles Ier d'Autriche, quatrième roi de Hongrie de ce nom, et à Zita, impératrice d'Autriche et reine de Hongrie. Il a vingt-neuf ans. Elle en a vingt-quatre. Ils sont dorénavant les souverains d'une monarchie parmi les plus illustres du monde. Ils forment la tête couronnée de la principale puissance catholique d'Europe. A un tel vertige, nul n'est jamais vraiment préparé.

C'est à eux que les archiducs présentent leurs condoléances. Le lendemain, agenouillés au pied du catafalque, ils entendent la messe et reçoivent la communion. Otto dépose sur le cœur de son arrière-grand-oncle un bouquet de violettes : les fleurs préférées de l'impératrice Élisabeth.

Dans l'antichambre, une femme était abîmée dans la douleur. L'étiquette interdisait à Katharina Schratt, l'amie de cœur de François-Joseph, de pénétrer dans la chambre mortuaire. Charles va la chercher. Il lui donne le bras, la conduit jusqu'à la dépouille de celui qu'elle a aimé. Sur sa poitrine, elle dépose trois roses.

L'étiquette, Charles la bouscula tout autant pour l'organisation des obsèques. La règle voulait qu'il marche derrière le corbillard, suivi des archiducs, puis de l'impératrice. Le 30 novembre 1916, de la cathédrale Saint-Étienne à la crypte des Capucins, tête nue, en uniforme, Charles conduit le cortège funèbre en compagnie de Zita, qui tient Otto par la main.

L'empereur, l'impératrice et le prince héritier : l'Autriche-Hongrie possède de nouveau une famille impériale.

5

Impératrice d'Autriche

Le 22 novembre 1916, premier jour de son règne, Charles publie un manifeste. Ce texte (rédigé par un diplomate et supervisé par le Premier ministre) ne brille pas par son originalité :

Je veux être pour mes peuples un souverain juste et bienveillant ; je maintiendrai les libertés constitutionnelles et les autres droits, et je veillerai avec soin à l'égalité de tous devant la loi. Je m'efforcerai inlassablement d'assurer le bien-être moral et spirituel de mes peuples, de protéger la liberté et l'ordre dans mes États, d'assurer à tous les membres actifs de la société les fruits d'un juste labeur.

Un seul paragraphe, ajouté par Charles, laisse planer une intention :

Je veux tout faire pour bannir dans le plus bref délai les horreurs et les sacrifices de la guerre, pour rendre à mes peuples les bénédictions de la paix, dès que l'honneur de nos armes, les exigences vitales de mes États et de leurs fidèles alliés et l'acharnement de nos ennemis le permettront.

Archiduc héritier, Charles a été d'une loyauté sans faille à l'égard de François-Joseph ; officier, il a donné le meilleur de lui-même sur le terrain. Mais une double conviction l'habite. D'abord, la paix, pour lui, est indispensable : la population n'attend qu'elle, le pays ne peut plus supporter l'effort de guerre. Ensuite, l'empire ne survivra pas sans de profondes réformes. Mais ce double constat est un dilemme. L'historien

Gordon Brook-Shepherd l'a résumé en une formule expressive : « Charles avait besoin de réformes pour imposer la paix ; il avait besoin de la paix pour imposer des réformes. » Avant d'ajouter : « Le problème se révéla insoluble. » L'empereur avait besoin de réformes pour imposer la paix : la dislocation de la Double Monarchie, en 1918, sera provoquée par une crise des nationalités, que les Alliés pourront attiser parce que les réformes n'auront pas été faites à temps. L'empereur avait besoin de la paix pour imposer des réformes : l'état de belligérance, monopolisant toutes les énergies, fera obstacle à tout projet de renouveau intérieur.

Quand il prend le pouvoir, si décevante soit sa déclaration officielle, Charles possède un programme. *La paix* : amener les Allemands à négocier avec l'Entente (dès le 30 décembre 1916, l'empereur s'adresse au pape Benoît XV pour lui manifester sa volonté de sortir du conflit). *L'empire* : trouver une réponse à la question des nationalités, et s'atteler à une politique sociale.

L'homme qui prend les rênes de l'État austro-hongrois est jeune, mais il sait où aller. Inexpérimenté en de nombreux domaines, il a compris l'essentiel. C'est peu, c'est beaucoup.

*

Les Habsbourg ne se faisaient pas couronner à Vienne. Avant la dissolution du Saint Empire romain germanique, ils étaient élus puis sacrés empereurs à Francfort, étant, dans leurs domaines héréditaires, archiducs en Autriche, rois en Bohême et en Hongrie. La création de l'empire d'Autriche, en 1804, n'avait pas modifié cette titulature. En 1867, lors du compromis austro-hongrois, François-Joseph s'était fait couronner à Budapest, et avait ensuite renoncé à le faire à Prague.

Charles, lui, envisageait de ceindre une couronne en Bohême. Et il commanda à l'historien Richard Kralik une étude sur la possibilité d'inaugurer un sacre à Vienne, projet dont Zita s'entretint en février 1917 avec Kralik. Ces deux éventualités ne se réalisèrent pas. La seule couronne reçue solennellement par Charles fut celle de saint Étienne, qui fit de lui le roi Charles IV de Hongrie.

François-Joseph mort depuis quelques heures, Charles avait reçu Istvan Tisza, le Premier ministre hongrois. Ce dernier s'était précipité à Schönbrunn, avec le dessein de forcer le cours de l'histoire. On savait peu de choses du nouveau souverain. Les Magyars s'interrogeaient : partageait-il à leur égard les préventions de François-Ferdinand ? Arrivé à onze heures, parti à midi, Tisza sortit satisfait de son entretien. Le lendemain, Charles publiait une courte note :

Cher comte Tisza, animé par l'intention de me voir couronner aussitôt que possible roi de Hongrie, Croatie-Slavonie et Dalmatie, je vous commande, après consultation du Parlement, de me soumettre vos propositions en ce sens.

Les Hongrois firent diligence. La cérémonie fut fixée au 30 décembre 1916, et ses préparatifs aussitôt engagés. Dans le souvenir de Zita, cette journée resta parmi les plus belles. Par son faste, par les symboles qu'elle déployait, elle formait une somptueuse entrée en matière pour un règne. La fatalité voulut que ce fût la dernière grande fête de l'empire.

Tout se déroula selon le cérémonial codifié pour François-Joseph et Élisabeth. Le 27 décembre, les souverains arrivent à Budapest. Au palais royal, douze dames de la Cour remettent à Zita la robe du sacre, coupée d'après le costume national hongrois. Charles reçoit la charte du couronnement : préparée par le Parlement, elle définit les devoirs du monarque vis-à-vis de la nation. Après que le cardinal-primat de Hongrie, Mgr Czernoch, a demandé au roi puis à la reine s'ils acceptaient d'être couronnés, Charles signe cette charte.

Le lendemain, Zita coud au fil d'or une pièce de tissu dans le manteau du sacre, ornement millénaire dû à la femme de saint Étienne, le premier roi de Hongrie.

Le 29 décembre, dans la salle du trône, les dignitaires sont présentés aux monarques. Zita est pâle d'émotion. Mais, quand éclatent les vivats, elle rougit. A la suite de Charles, elle répond en hongrois à la harangue du cardinal-primat. A midi, les insignes de la Couronne, conservés dans les appartements royaux, sont conduits dans l'église Mathias : la couronne royale, le globe d'or, la masse de cristal et le manteau du sacre. Le coffre dans lequel ils sont rangés est emporté dans un carrosse attelé à six chevaux, entouré de porteurs de bannières et de gardes d'honneur. Pour les accueillir, l'aumônier de la Cour se tient à l'entrée du sanctuaire. Les précieux emblèmes sont conduits en procession à l'intérieur de l'édifice, et seront veillés toute la nuit.

Symbole national de la Hongrie, la couronne royale avait été offerte à saint Étienne par le pape Sylvestre II, en 1001. Double diadème (un latin, un byzantin) sommé d'une croix inclinée, sa partie métallique a été forgée avec un évangéliaire ayant appartenu à saint Étienne [1].

Le 30 décembre, Budapest pavoise : drapeaux aux couleurs magyares (rouge-blanc-vert), tapis et fleurs décorent rues et maisons. Citadins ou paysans en tenues régionales, une foule de deux cent mille personnes se presse dans les rucs. Pour éviter les abus, les autorités municipales ont réglementé les tarifs de location des fenêtres donnant sur le passage du cortège. En formations impeccables, leurs officiers en grand uniforme, les troupes ayant pu être retirées du front sont alignées sur le trajet. L'ensemble forme un somptueux chatoiement de couleurs. Il fait froid, mais le ciel est clair.

L'église Mathias doit son nom au roi Mathias Corvin, qui y fit célébrer ses deux mariages. Consacrée à Notre-Dame, elle date du Moyen Âge. De 1541 à 1686, lorsque les Turcs occupaient la Hongrie, elle fut transformée en mosquée. Charles d'Anjou y avait été sacré roi de Hongrie en 1309, et François-Joseph en 1867. En ce jour, les armoiries des Habsbourg et des Bourbons-Parme ornent l'édifice. La nef et le chœur ont été tendus de velours rouge. Une heure avant le début de la cérémonie y ont pris place l'archiduchesse Maria Josefa et la duchesse de Parme, le roi de Bulgarie (beau-frère de Zita), les Habsbourg de Hongrie (une lignée collatérale),

1. En 1945, lors de circonstances mystérieuses, la couronne de saint Étienne fut transférée de Hongrie en Autriche. Elle échoua aux mains des Américains, qui l'emmenèrent aux États-Unis. Après la guerre, les dirigeants hongrois ne cessèrent de la leur réclamer. En 1978, le président Carter fit sortir l'emblème royal de Fort Knox, pour le restituer au gouvernement communiste. Otto de Habsbourg et l'émigration magyare protestèrent violemment contre cette donation. Depuis, la couronne est conservée au Musée national hongrois, à Budapest.

les grands seigneurs, rutilants dans leur tenue de magnats, les députés, les délégués des provinces. Parmi les invités, le nonce du pape, les missions diplomatiques auprès de la cour de Vienne. Et la presse : journalistes autrichiens, allemands, suisses, américains. Il y a aussi les photographes, avec leurs appareils au magnésium, et, dehors, les cameramen.

Un escadron de hussards précède le carrosse tiré par huit chevaux blancs dans lequel sont montés Charles, Zita et Otto. La présence du petit prince, une fois de plus, n'est pas conforme à l'étiquette. Mais Charles l'a voulue pour manifester la continuité de la dynastie.

Sous le porche de l'église, Mgr Czernoch souhaite la bienvenue aux souverains. Charles porte l'uniforme de général hongrois, Zita la robe à longue traîne. Au fracas des trombones et tambours, ils sont conduits vers le transept, où les attend chacun un trône dressé sous un baldaquin. Le prince héritier dispose d'un fauteuil au premier rang. Puis deux évêques accompagnent le roi dans le chœur. En latin, Charles proclame : « Moi, Charles, de par la volonté de Dieu roi de Hongrie, je m'engage devant Dieu et ses anges à veiller à la loi, à la justice et à la paix pour le bien de l'Église de Dieu et du peuple qui m'est confié. » Il pose ensuite sa main sur l'Évangile, baise l'anneau de Mgr Czernoch, et s'agenouille devant le prélat. Au poignet droit, au coude et à l'épaule, le cardinal-primat oint le roi, sur les épaules de qui le manteau du sacre est jeté. Commence la messe. La chorale chante la *Messe du couronnement* de Liszt. Après le graduel, le primat tend l'épée au roi, qui la prend dans sa main droite, effleure avec elle son bras gauche, puis la brandit vers l'assemblée, en traçant un signe de croix. A genoux, des mains du primat, Charles reçoit la couronne et le sceptre.

Vient le sacre de la reine. Le roi se tourne vers le primat : « Éminence, nous vous prions de bénir l'épouse unie à nous devant Dieu, et de la toucher avec la couronne royale pour la louange et la glorification de Notre Sauveur Jésus-Christ. » Agenouillée, Zita bénéficie des mêmes onctions que Charles. L'évêque de Vezprem place sur sa tête la couronne fabriquée en 1867 pour la reine Élisabeth, pendant que le primat dépose la couronne de saint-Étienne sur son épaule droite, allégorie de l'union du roi et de la reine, en disant : « Reçois la couronne de la souveraineté, afin que tu saches que tu es l'épouse du roi et que tu dois toujours prendre soin du peuple de Dieu. Plus haut tu es placée, plus tu dois être humble et rester en Jésus-Christ. »

La messe terminée, au cours de laquelle Charles et Zita ont communié sous les deux espèces, les souverains sortent en procession sur la place de la Trinité. En plein air, Charles prononce le serment du sacre : « Nous, Charles Ier, par la grâce de Dieu empereur d'Autriche, roi de Bohême et quatrième roi de Hongrie de ce nom, jurons, devant Dieu, la Vierge Marie et tous les saints, de maintenir l'Église de Dieu, les communes de Hongrie, Croatie, Slavonie et Dalmatie et tous leurs habitants ecclésiastiques ou laïcs dans leur liberté, leurs privilèges, leurs lois, leurs antiques usages autorisés, d'agir avec justice envers tous, de veiller au maintien des lois, de la Constitution, de l'indépendance et de l'intégrité territoriale de la Hongrie, de la Croatie, de la Slavonie et de la Dalmatie. »

Charles enfourche un étalon blanc. Place Saint-Georges, il s'élance au galop sur la colline du sacre : un monticule dressé avec de la terre apportée de toutes les régions de Hongrie. Au sommet, il fait pivoter son cheval vers les quatre points cardinaux, en élevant son épée. D'un palais qui surplombe la place, Zita et Otto contemplent la scène. Ce qui donne lieu à une intervention non prévue par le protocole, mais qui fait hurler de joie la foule rassemblée sur la place : quand le petit archiduc voit son père sur sa monture, il crie spontanément à son adresse : « Papa, papa. » (Charles avouera à Zita n'avoir eu qu'une peur, lors de son galop : que la lourde couronne de saint Étienne roule par terre...).

Au palais royal, un banquet clôt les cérémonies. Le roi, la reine, le primat, un archevêque, le palatin et le nonce du pape sont réunis à ce déjeuner. Déjeuner symbolique, car les dix-huits plats présentés repartent à la cuisine. Selon les ordres de Charles, ils sont emportés à l'hôpital de guerre de Budapest pour être réellement servis. D'après la tradition, la journée aurait dû s'achever par un véritable dîner, suivi d'un bal.

Charles a jugé l'époque trop dramatique. Le soir même, Zita et lui rentrent à Vienne.

Chrétiens fervents, enfants soumis de l'Église, les deux souverains étaient pénétrés de la dimension mystique du sacre. Désormais, ils portaient devant Dieu la responsabilité de la Hongrie. Le couronnement, toutefois, constituait aussi un acte politique — lourd de conséquences. Tisza était calviniste : s'il avait si vite réagi pour que Charles fût sacré, ce n'était pas par goût du faste catholique. Le ministre avait prévu les implications du serment prêté par le roi. Maintenant, Charles était ligoté : sauf à manquer à sa parole, il était contraint de maintenir l'intégrité du royaume de Hongrie. Or la Constitution actuelle plaçait sous la tutelle des Magyars les Slaves du Sud — Croates, Bosniaques et Serbes — et la minorité roumaine de Transylvanie. Le souverain était conscient de cette contradiction avec ses projets fédéralistes, mais il avait jugé n'avoir pas le choix. En pleine guerre, la fidélité de la Hongrie, ses régiments, son blé lui étaient nécessaires. Tant que l'empire était engagé dans le conflit européen, Charles ne pouvait risquer de rallumer l'antagonisme latent entre Vienne et Budapest. Les Hongrois voulaient un roi couronné ? Ils l'avaient. Pour mener à bien ses réformes, celui-ci comptait sur la paix, sur le temps. Et sur son énergie.

*

A la Cour de l'empereur Charles, religieuses ou civiles, les solennités revêtirent toujours le ritualisme autrichien. Dans la marche quotidienne, le changement fut radical. Dès son entrée en fonction, le souverain simplifie l'étiquette. Les secrétaires de la Cour, les ministres, les officiers ne sont pas peu surpris quand l'empereur leur tend la main, les priant de s'asseoir : sous François-Joseph, ils effectuaient leur rapport debout, à distance. De même l'obligation du port de l'habit est-elle abolie. Dans ses Mémoires, le prince Ludwig Windischgraetz (ministre hongrois du Ravitaillement) raconte sa première entrevue avec Charles : « Il me regarda de la tête aux pieds et se mit à rire. J'avais endossé pour l'audience une redingote noire neuve. “Vous avez l'air d'un précepteur, me dit l'empereur et roi. Pourquoi tout ça ? Venez donc comme vous êtes." Il était réellement l'ennemi de tout cérémonial. Il avait en horreur tout le rituel de l'étiquette. Et il fallait souvent me ressaisir pour éviter d'employer involontairement le langage familier auquel nous incitait le ton même qu'il donnait à sa conversation. »

Avec François-Joseph, qui avait refusé le téléphone sur sa table de travail, tout se décidait par écrit. Charles, lui, se fait brancher plusieurs lignes. Le train impérial est équipé à sa demande d'un wagon télégraphique, doté de trois appareils Hughes. Le nouveau monarque gouverne au téléphone ou par télégrammes. Dans la capitale ou en voyage, homme du XXe siècle, il communique en permanence. Y compris avec sa famille : il appelle Zita trois ou quatre fois par jour, pour lui donner des nouvelles ou s'enquérir des enfants.

Le programme de François-Joseph était immuable, sa ponctualité sans faille. Charles, lui, modifie son emploi du temps en fonction des nécessités. Tant qu'il n'a pas remercié son interlocuteur, ses audiences se prolongent — audiences qui, à la belle saison, se déroulent dans le jardin. Revers de la médaille, ceux qui font antichambre sont contraints de s'armer de patience. Cette fantaisie horaire ne facilite pas le travail de ses collaborateurs. Le capitaine de frégate von Schonta en a témoigné : « Nous étions cinq à son service douze jours durant, par roulement. Les douze jours suivants, nous avions congé. Je peux avouer qu'après douze jours de service, nous étions exténués. Quand le souverain avait enfin terminé ses audiences, nous étions épuisés ; mais lui, après avoir écouté pendant cinq heures d'innombrables affaires, après avoir parlé, consolé, conseillé, discuté de sujets épineux, était encore dispos. Il recommençait son travail tout de suite après le déjeuner et continuait jusqu'au dîner. Tard dans la soirée, il recevait généralement son chef d'état-major qui présentait le compte rendu quotidien du grand quartier général et lui donnait les nouvelles de la journée. Puis il accueillait le chef de cabinet et d'autres fonctionnaires de la Cour pour signer les documents élaborés ce jour-là. Le travail était rarement terminé avant onze heures du soir, et le plus souvent après minuit. » Et le lendemain, à six heures, tout recommençait...

Alors que François-Joseph s'en tenait strictement à l'objet du rendez-vous, et parlait peu, Charles dialogue librement. « Le roi ne conduisait pas la conversation et ne pouvait pas, au sens propre, la terminer, raconte le ministre hongrois Mihaly Karolyi. On pouvait exprimer son point de vue de manière totalement libre. Le roi était un homme à qui chacun ouvrait vite son cœur. »

La spontanéité de Charles est sans bornes. En quête d'un nouveau Premier ministre, il demanda son avis à un obscur député, reçu pour quelque sujet secondaire ; celui-ci en fut stupéfait. Cette simplicité, ce caractère franc, sans apprêt, frappaient d'autant qu'ils contrastaient avec la personnalité du souverain précédent. Ils valurent à Charles une faveur immédiate et profonde.

Les critiques (car il y en eut, et de vives) vinrent en premier lieu de la vieille garde. « Il semblait qu'il pensât souvent après avoir parlé », tranche le général Margutti. L'ancien aide de camp de François-Joseph se fait un plaisir de rapporter le mot de Koerber, Premier ministre remercié en décembre 1916, trois semaines après l'accession au trône de Charles : « L'empereur a trente ans ; il en paraît vingt, et pense et parle comme un enfant de dix ans. » Joseph Redlich, député dont les carnets politiques constituent une mine d'observations utiles sur cette période, porte un jugement sévère : « Nature naïve, sans grand intérêt. Très "noble chevalier teutonique", mais bon cœur et bonne volonté. Il rappelle un peu Joseph II, avec son impatience de faire chaque jour quelque chose de nouveau. » Ce commentaire date du 29 décembre 1916 — Charles n'est même pas couronné. Moins de deux ans plus tard, Redlich aura changé d'avis : de cet empereur, il acceptera d'être ministre.

Les Allemands sont également déconcertés par le style du souverain autrichien. En juin 1917, en visite à Munich, il passe les troupes en revue. A l'oreille d'un aide de camp de Charles, le ministre bavarois de la Guerre susurre : « Ces histoires assomment votre empereur, c'est évident. Il aimerait mieux, cela se voit, être en veston de chasse et en pantoufles chez lui. » Karl Friedrich Nowak, un journaliste allemand, sourit, narquois : « Il aimait à afficher une ronde bonhomie quand il tapait sur l'épaule des soldats au front — et il tapait infatigablement sur l'épaule de milliers d'entre eux. Dans toute sa manière d'être, il y avait toujours quelque chose de l'officier de cavalerie qu'il avait été. » Mais Nowak ne peut dissimuler la popularité de Charles et Zita — remarque précieuse, puisqu'elle n'émane pas d'un thuriféraire : « Jamais monarque ne gagna aussi vite les suffrages enthousiastes du peuple. Il était naturel que la vague de popularité s'étendît de Charles à l'impératrice Zita. François-Joseph était vieux, était froid et solitaire. Maintenant, un couple jeune et rieur filait sur le Ring de Vienne, et non seulement sur le Ring, mais encore dans les faubourgs, où l'impératrice Zita goûtait les plats des soupes populaires. L'empereur du peuple était acclamé. Il était l'effroi de tous ceux qui touchaient au bien du peuple. »

En un mois, tout le personnel de la maison de l'empereur est changé. De nombreux collaborateurs de Charles, le comte Hunyady, le lieutenant Brougier, n'ont pas trente ans. Officiers, ils étaient ses camarades à l'armée : « Voici l'ère du 7e dragons », grommelle un vieux conseiller évincé. Exception avec le comte Arthur Polzer-Hoditz : ancien gouverneur de Styrie, de vingt ans l'aîné de Charles (qu'il a connu adolescent), celui-ci devient son directeur de cabinet.

*

Le 23 novembre 1916, deux jours après la mort de François-Joseph, l'armée austro-hongroise jure fidélité à l'empereur et roi. Du Tyrol au Banat, sur les champs de bataille ou dans les cours de caserne, à neuf heures précises, les régiments s'alignent au rapport. En allemand — la langue de commandement — les officiers prêtent serment : « Nous jurons solennellement, devant Dieu tout-puissant, fidélité et obéissance à Sa Majesté apostolique, notre Altesse sérénissime, notre prince et seigneur Charles, par la grâce de Dieu empereur d'Autriche, roi de Bohême, roi apostolique de

Hongrie. » Dans les douze langues de l'empire, les hommes prononcent la même promesse.

Dix jours plus tard, Charles prend lui-même la tête de ses troupes, reléguant à des fonctions honorifiques le commandant supérieur de l'armée. L'archiduc Frédéric, qui occupe ce poste depuis juillet 1914, possède un double lien familial avec lui : Habsbourg, il est aussi le beau-père d'Élie de Bourbon-Parme, demi-frère de Zita. Mais d'irrémédiables divergences de vue se sont manifestées entre les deux hommes. Car l'archiduc Frédéric et sa femme Isabelle, à Vienne, appartiennent au parti allemand. Un cercle d'influence — ministres, généraux, publicistes — pour qui l'alliance avec Berlin constitue un dogme intouchable. Après l'assassinat de François-Ferdinand, avec le ministre des Affaires étrangères Berchtold, ce groupe avait excité François-Joseph contre la Serbie. Le chef d'état-major de l'armée, le général Franz Conrad von Hötzendorf, est de la même école. Aristocrate autrichien, il n'aime guère les Prussiens. Mais, lié avec Ludendorff, il ne conçoit d'autre issue au conflit que la victoire totale. Cette mentalité ne lui appartient pas en propre : l'état-major et les généraux autrichiens, dans leur majorité, sont gagnés à ces idées.

Charles, avec sa longue mémoire dynastique, sait que d'autres choix sont possibles. Le 1er mars 1917, il limoge définitivement l'archiduc Frédéric, et destitue Conrad von Hötzendorf. Pour ce dernier, la piétaille était là pour se battre : sous son commandement, de 1914 à 1916, l'Autriche-Hongrie déplora un million de tués. De 1917 à 1918, sous le règne de Charles, on comptera cent mille morts. Baisse explicable par la fin de la guerre en Russie, mais aussi par un changement de méthodes sur le front. Pour Charles, les soldats ne sont pas de la chair à canon : il engage au combat le nombre d'hommes nécessaire, pas plus, réduisant les pertes de manière spectaculaire. Le nouvel empereur aspirant à la paix jusqu'à l'obsession, le renvoi de Conrad était inéluctable. Dans ses Mémoires, ce dernier en a fait l'aveu : « Plus l'action de l'empereur Charles se manifesta en politique intérieure et extérieure et dans les affaires militaires, mieux je compris la raison de ma mise à l'écart. Il savait trop bien que je faisais obstacle à la plupart de ses mesures, particulièrement en ce qui concerne notre attitude à l'égard de l'Allemagne, nos rapports avec la France, et la conduite molle et démoralisante au sein de la monarchie. Ces concepts de charité, de pitié, d'égalité entre les hommes, de bonheur par la paix, au moment d'un dur combat vital, pouvaient virer à la sensiblerie criminelle, et toutes les doctrines utilisant le facteur religieux auraient eu en moi un adversaire résolu, qui aurait exigé un combat impitoyable contre ce défaitisme. »

Ce que Conrad nomme « sensiblerie », c'est le type de commandement inculqué par Charles. Bien sûr, un autre chef d'état-major est nommé, le général Arz von Straussenburg. Ce bon soldat ne fera pas d'ombre au souverain : dorénavant, l'autorité militaire et la direction de la guerre relèvent de l'empereur, et de lui seul. Qu'on n'imagine aucun laxisme. Le monarque est officier : il apprécie les rigucurs de la discipline. Mais, comme le lui a appris son expérience, un chef est obéi et respecté s'il réclame des autres ce qu'il exige de lui-même. Au quartier général, Charles ordonne une réduction du train de vie. Les officiers supérieurs perçoivent désormais leurs repas d'une cantine. Finis le champagne, les visites galantes. Et les membres de l'état-major sont tenus d'aller par roulement servir au front.

Charles transmet ses consignes à l'aviation : pour épargner les civils, les bombardements ne doivent jamais viser les villes, et doivent aussi éviter les églises et les monuments artistiques. En avril et juin 1917, les dernières punitions corporelles en vigueur dans l'armée sont abolies. Le duel est également interdit — et sévèrement puni.

C'est dans son contact direct avec la troupe que la marque du nouveau souverain est tangible. Au printemps 1917, au Tyrol du Sud, Charles inspecte le front. Sur sa route, sa voiture croise une vieille paysanne en deuil, agenouillée, un papier à la main. L'empereur prie son chauffeur de stopper. Il descend, aide la femme à se relever, l'interroge sur sa requête. A la guerre, elle a perdu son mari et trois fils. Le dernier, dix-huit ans, est mobilisé. Elle supplie qu'il soit épargné : ce garçon est tout ce qui lui reste. Charles la rassure. Arrivé au commandement régional, il signe un ordre de démobilisation. Mais le soldat vient d'être blessé, au cours d'un accrochage où il s'est conduit avec héroïsme. A sa sortie d'hôpital, il rejoint son unité, où l'attend la nouvelle de sa libération. En guise d'adieu, il a droit à la visite du souverain, qui le décore de sa propre main. Le bataillon devant défiler devant lui, Charles appelle le jeune conscrit à ses côtés : « En votre honneur, lui dit-il, et en l'honneur de votre père et de vos frères. » Ainsi vit-on le glorieux 1er régiment de chasseurs tyroliens présenter les armes à l'empereur et à un soldat de seconde classe... Cette anecdote est loin d'être unique. Répercutés, de tels faits valurent à Charles des fidélités illimitées.

Au cours d'une inspection sur le front de la Piave, en novembre 1917, il manqua se noyer. En traversant un torrent gonflé par la pluie, le moteur de son automobile s'était enrayé. Deux soldats qui voulurent le tirer de là perdirent pied en le portant. Sauvé grâce à son beau-frère, Félix de Bourbon-Parme, il s'en sortit en riant.

*

François-Joseph, dans ses dernières années, ne quittait la capitale que pour sa résidence de Bad Ischl. Charles, lui, sillonne ses États, d'Innsbruck à la Bucovine, de Trieste à la Moravie. L'empire possède maintenant un souverain qui ne trône plus au loin, mais que l'on regarde en face, à qui l'on peut parler, que l'on touche. Nombreuses sont les photos où, dans un bourg des Dolomites ou un humble village juif de Galicie, on voit une femme baiser les mains de cet homme jeune, qui écoute, réconforte, promet secours. Et tient parole.

De 1916 à 1918, en deux ans de règne, Charles effectue cinquante-six déplacements en Autriche-Hongrie, dont trente au front. Son chambellan, le prince Lobkowicz, a calculé que cela représentait 110 000 kilomètres en train et 20 000 en voiture ou à cheval (et il faut imaginer le confort des moyens de locomotion et des routes de l'époque !). Zita suivit son mari quinze fois, dont quatre sur le front. Ces expéditions sont organisées à l'avance. Mais il arrive que Charles se décide au dernier moment : le prince Lobkowicz se rappelait avec effroi ce jour où, vers huit heures du soir, l'empereur lui intima de tout faire préparer pour un départ à six heures du matin. Le directeur des voyages de la Cour était en congé. Il ne put être joint qu'à onze heures. Dans la nuit, en téléphonant depuis son lieu de villégiature, le fonctionnaire parvint à mettre en branle sa mécanique, tant elle était huilée : prévenir la direction des chemins de fer et les gares situées sur l'itinéraire désigné, réunir, des chauffeurs aux cuisiniers, le personnel du train impérial... Dans ce train, Charles dormit des dizaines de nuits. Quand l'impératrice est là, deux voitures-salons sont accrochées, une pour chacun d'eux. Les souverains prennent leurs repas en tête à tête, précieux instants de détente lors de ces tournées où ils se doivent à leurs obligations publiques.

A partir de janvier 1917, le couple réside à Baden, où Charles a installé le grand quartier général. Sur la place principale de cette petite ville de cure s'élève une maison baroque, dite Kaiserhaus, acquise par François Ier en 1813. Charles habite et travaille dans cette demeure à deux étages, d'apparence assez modeste. Le prince Windischgraetz dépeint la simplicité de son mode de vie : « A Baden, le souverain occupait sur la grand-place un appartement composé de trois pièces. La première était une antichambre, ordinairement remplie de ministres, généraux, politiciens, fonctionnaires, officiers d'ordonnance, employés et laquais. La pièce du milieu était le cabinet de travail ; la troisième était une chambre à coucher où l'impératrice faisait ses couches. On ne pouvait pas être plus bourgeois. La cuisine était aussi simple que possible. Bien souvent, les officiers d'un grade élevé et de hauts dignitaires se trouvaient dans l'antichambre pendant que la sage-femme y passait avec les ustensiles de ses fonctions. »

Ce domicile s'avérant trop exigu, Charles loua un second toit à Baden, pour ses audiences. Au printemps 1917, il installa sa famille à Laxenburg : à dix kilomètres de Baden, un faux château médiéval, construit pour François Ier. Le matin, il se rendait à Baden pour suivre la situation militaire ; l'après-midi, il donnait ses audiences civiles à Laxenburg. L'été, pour fuir la chaleur viennoise, la famille séjournait à la villa Wartholz, où les contreforts des Alpes apportent la fraîcheur.

*

En 1916, quand Charles et Zita accèdent au trône, la Double Monarchie ne possède plus de souveraine depuis dix-huit ans. Au demeurant, l'impératrice Élisabeth était si souvent absente et si peu attentive aux affaires de l'État, que François-Joseph se trouvait depuis longtemps seul face à sa tâche. Le cas de Charles est différent. Il bénéficie de la présence d'une compagne, complice totale, qu'il aime et qui l'aime. Cette femme est intelligente. Tant par tradition familiale que par goût propre, elle s'intéresse à la politique. Il est dans l'ordre des choses, alors, que Zita joue un rôle auprès de son mari. Désormais, un couple trône à la tête de l'Autriche-Hongrie. Soudé non seulement par la passion mais par une foi profonde, ce couple considère ses devoirs souverains comme une exigence à soutenir sous le regard de Dieu. Tant par rapport aux traditions des Habsbourg que de la Constitution, toutefois, le monarque est seul à détenir sa responsabilité : au sens strict, l'impératrice n'exerce aucune fonction gouvernementale. Mais la connivence de Charles et Zita n'a-t-elle aucun effet sur les décisions de l'empereur ?

D'emblée, ministres ou hommes politiques demandent à être présentés à l'impératrice. Ils veulent la rencontrer, pour juger qui elle est. Ceux qui font sa connaissance sont frappés par sa personnalité. Là encore, le témoignage du général Margutti, homme de la génération de François-Joseph, volontiers critique à l'égard de Charles, est important. Reçu en audience par l'impératrice, fin janvier 1917, il note : « Je fus cette fois encore fasciné non seulement par le charme qui émanait de son auguste personne et par la grâce sans rivale de ses manières, mais encore par le tour d'esprit de sa conversation alerte et aimable, pétillante d'intelligence et de vivacité. » L'échange de propos roule sur le désir de paix de Charles, le jusqu'au-boutisme des Allemands, le risque d'entrée en guerre des États-Unis, le danger de voir les événements précipiter la chute de Nicolas II, et par ricochet celle de

Guillaume II et des Habsbourg : une véritable démonstration politique. Impressionné, Margutti poursuit, à propos de Charles : « Il ne se soustrayait à l'influence de son entourage que pour subir celle de l'impératrice. Je ne prétends pas du tout que cette influence lui était funeste ou simplement défavorable. Au contraire, ne fût-ce qu'à cause de la supériorité intellectuelle considérable que Zita possédait sur son époux, jointe à une culture d'esprit infiniment plus profonde et étendue. Cette femme avait, en plus de ces qualités, la conception prompte, le jugement clair et perspicace ; ce qui rendait sa collaboration d'un grand secours dans l'étude des problèmes devant lesquels Charles s'asseyait perplexe, voire même découragé. » Propos injuste pour l'empereur, mais révélateur de l'ascendant exercé par Zita sur ses interlocuteurs.

Très Auguste Souveraine, écrit à Zita le ministre des Affaires étrangères, Ottokar Czernin, le 17 février 1917. *Sa Majesté apostolique impériale et royale m'a commandé de faire chaque jour à Votre Majesté un rapport détaillé sur la situation extérieure, ordre que je m'empresserai de mettre à exécution dès demain.*

Selon le témoignage de Polzer-Hoditz, Charles avait prescrit que l'impératrice soit avisée des problèmes en instance avant chaque entrevue avec une personnalité. C'est Czernin qui proposa d'adresser à Zita des exposés réguliers. Redoutant de voir se répandre l'opinion selon laquelle l'impératrice se mêlerait des affaires politiques, Charles commença par s'y opposer. Le ministre insistant, il finit par y consentir.

Chaque soir, Zita assiste au compte rendu militaire effectué devant l'empereur. Polzer-Hoditz, le directeur du cabinet, fait ensuite le point. Il décrit Zita assistant à cette séance : « Elle était habituellement assise un peu à l'écart, lisant un livre, ou écrivant des lettres. Sa présence était purement passive. De temps à autre, il lui arrivait de me demander des renseignements sur tel ou tel événement, mais il ne s'agissait jamais d'affaires importantes. Il était très rare qu'elle se permît une remarque pendant que l'empereur discutait avec moi de questions politiques, mais lorsqu'elle le faisait, sa question était toujours judicieuse et ne passait jamais à côté du sujet. Au début, la présence de l'impératrice à nos réunions du soir me causait un certain malaise. Pourtant, je m'aperçus bien vite de l'intérêt bienveillant qu'elle prenait aux diverses affaires que j'exposais à l'empereur, et dont dépendaient parfois des milliers de vies humaines. »

Ce témoignage est capital. Il a été affirmé que Charles se laissait mener par sa femme : rien ne corrobore cette accusation. S'il est vrai qu'il la consulte, c'est qu'il estime son jugement. Mais l'empereur, c'est lui ; les grandes décisions du règne sont prises par lui seul. Les preuves existent de désaccords entre Zita et lui (ainsi, à propos de l'amnistie de juillet 1917), qui ne le firent en rien changer d'avis. « On ne manqua pas, bien entendu, complète Polzer-Hoditz, de critiquer la présence de l'impératrice aux rapports du soir, et l'on insinua qu'elle cherchait à s'immiscer dans les affaires gouvernementales. Si telle eût été son ambition, elle n'aurait pas manqué d'imposer sa présence en d'autres circonstances, et à d'autres heures du jour. Or jamais ce ne fut le cas. L'impératrice n'entrait dans le bureau de l'empereur que le soir, lorsque le travail de sa journée était achevé et que les enfants étaient au lit. »

S'il est un domaine où l'influence de Zita se fait sentir, c'est l'action sociale. Le député Joseph Baernreither, nommé ministre sans portefeuille en décembre 1916, est chargé d'une étude sur l'aide sociale à la jeunesse. Spécialiste des législations sociales des grands pays européens, il a tôt fait d'achever son travail. Le 6 janvier 1917, il remet son rapport. Quatre jours plus tard, il est convoqué chez l'impératrice. « Elle avait non seulement lu mon mémoire, note le ministre dans son journal, mais elle en a parlé avec moi pendant plus d'une demi-heure. Je lui expliquai les détails du plan. Elle ne faisait pas que suivre mes explications avec attention, elle exprimait des remarques qui prouvaient sa totale compréhension. » Et le ministre de conclure : « Un vent nouveau souffle à la Hofburg. »

L'action déjà conduite par Zita comme archiduchesse, elle la poursuit et l'approfondit, en usant de l'autorité de sa fonction. « Les devoirs d'une impératrice, confiera-t-elle à sa biographe Tamara Griesser-Pecar, étaient différents, en pleine guerre mondiale, de ce qu'ils auraient été en temps de paix. Les grandes réceptions et les obligations de représentation, pour l'essentiel, avaient disparu. Pour moi s'imposaient en priorité les visites aux blessés, dans les hôpitaux. Il y avait aussi les actions pour les veuves et les orphelins de guerre, qui m'occupaient beaucoup, et dont je me tenais sans cesse informée. »

Zita, dès son accession au trône, crée l'œuvre Pour l'enfant. Cet organisme procède à la collecte de fonds pour les déshérités. Le 26 décembre 1916, l'intendant de l'impératrice remet au président du Conseil autrichien un chèque de 650 000 couronnes, et la liste des marchandises récoltées : 15 tonnes de chocolat, 30 000 doses de lait condensé, un wagon de vêtements et 75 000 paires de chaussures. Deux semaines plus tard, donnant de nouveau audience à Baernreither, Zita s'inquiète auprès de lui de la distribution de ces produits, redoutant que « l'hiver ne soit déjà passé avant que les enfants aient reçu quelque chose ».

L'hiver 1916-1917 fut particulièrement cruel. Non seulement par le froid qui régna sur l'Europe, mais à cause de l'aggravation des restrictions alimentaires. Zita, d'accord avec Charles, juge que la Cour doit aussi se sacrifier. Déjà frugaux, les menus servis sont allégés, et certains aliments bannis — le pain blanc ou le chocolat. Et l'empereur décrète une mesure soufflée par Zita, geste qui en imposa aux Viennois. L'Autriche manquait de carburant, et la plupart des camions étaient mobilisés par les armées. Pour les mêmes raisons, les chevaux se faisaient rares. Comment transporter dans la capitale le charbon nécessaire au chauffage, charbon d'ailleurs rationné ? Les trois cent cinquante montures des écuries impériales furent placées à la disposition de la municipalité. Et c'est ainsi que le peuple de Vienne eut la surprise de voir défiler dans ses rues d'inattendus équipages : mecklembourgeois, hongrois ou lipizzans, chevaux au pedigree illustre, étaient attelés à des tombereaux de coke.

Inlassable, Zita parcourt les hôpitaux de la capitale, ou du front lorsqu'elle accompagne Charles. A chaque blessé, dans sa langue maternelle, elle dit quelques mots apaisants, offre un menu cadeau. Elle écoute les plaintes, tâche de satisfaire les suppliques. Les institutions pour orphelins, les soupes populaires reçoivent sa visite. Et maintenant, elle procède à l'improviste, bousculant la routine des responsables. L'impératrice préside l'œuvre des marraines de guerre ; elle crée aussi des centres d'assistance aux réfugiés de l'Est, une association d'entraide aux aveugles de guerre, des foyers du soldat, un hôpital orthopédique pour les mutilés.

Emmy Gehrig (assistante sociale à Floridsdorf et à Favoriten, quartiers populaires des faubourgs de Vienne) atteste la considération dont jouissent les souverains dans les familles ouvrières. En l'honneur de l'impératrice et du prince héritier, de nombreux enfants sont baptisés Zita ou Otto. Mgr Piffl, cardinal-archevêque de Vienne, qualifie Zita d'« ange gardien de tous ceux qui souffrent ».

*

Une photo d'époque montre Charles et Zita avec leurs quatre enfants, Otto, Adélaïde, Robert et Félix. Ce cliché fut répandu à des dizaines de milliers d'exemplaires. Une monarchie, c'est une famille placée à la tête de l'État. Mais les monarques ont-ils eux-mêmes l'occasion de mener une vie de famille ? Charles possède peu de loisirs à consacrer aux siens. Zita, dorénavant chargée de multiples tâches publiques, fait appel à une gouvernante pour la seconder. Entrée en fonction le 1er février 1917, la comtesse Korff-Schmising-Kerssenbrock restera au service de l'impératrice jusqu'à sa mort, en 1973 ! Le foyer impérial ne bénéficie que de brefs moments d'intimité, dans la soirée. Polzer-Hoditz dépeint une scène qui se déroule à la fin de l'été 1917, à la villa Wartholz. Le directeur du cabinet vient présenter son rapport quotidien : « L'empereur écrivait à sa table de travail, et, devant la cheminée où brûlait un feu de bois, l'impératrice, assise par terre et entourée de ses enfants, regardait un livre d'images qu'elle tenait à la main. C'était un ravissant tableau de famille. L'empereur me pria de prendre place à côté de lui, et je commençai mon rapport. Brusquement la porte s'ouvrit, et le prince impérial se précipita dans la chambre ; mais en un clin d'œil il comprit la situation et se dirigea vers sa mère, pour regarder les images. L'archiduchesse Adélaïde et l'archiduc Robert, appuyés contre leur père, écoutèrent mon rapport, visiblement impatients de me voir finir le plus rapidement possible, afin que l'empereur puisse de nouveau s'occuper d'eux. Les enfants, en effet, se sentaient forts de leur bon droit ; car l'empereur leur appartenait pendant la demi-heure qui précédait le coucher. »

Avec les leurs, les souverains ont entamé une éducation rigoureuse, où tout s'enracine dans la foi. Les princes, enseignent-ils, se doivent aux autres : ils ne sont pas nés pour eux-mêmes, mais pour servir l'Autriche et la Hongrie. Avant d'avoir des droits, l'homme a des devoirs.

6

L'empereur de la paix

Un nouveau souverain sur le trône des Habsbourg ? A Berlin, l'âge de Charles parut une aubaine : inexpérimenté, ce jeune homme devait être malléable : l'Autriche devra s'aligner. Les Allemands se trompaient. Pendant les deux années de son règne, l'empereur chercha à se soustraire à leur emprise.

Une semaine après la mort de François-Joseph, Guillaume II effectue une visite éclair à Vienne. Officiellement pour s'incliner devant le défunt. En réalité, pour faire sentir son autorité. Avant une réunion destinée à aplanir certains différends techniques avec l'Autriche, et en présence de son ambassadeur, le Kaiser s'emporte :

« Je veux voir les ministres autrichiens. Je veux expliquer ma position au Premier ministre et aux autres.

— Les ministres ne sont pas convoqués, Sire, répond le comte Wedel. Les Autrichiens considèrent votre venue comme une visite privée.

— Qu'est-ce que ça veut dire, "pas convoqués" ? Alors je les convoque tout de suite. »

Mais le gouvernement de Charles n'était pas aux ordres. Guillaume II repartit le soir même, sans avoir obtenu ce qu'il désirait. Mais non sans avoir laissé une directive à son représentant : « Ne vous laissez pas avoir par Charles. Répondez-lui toujours : "Maintenant, nous menons la guerre. Laissez faire Hindenburg." »

Hindenburg, un mois auparavant, s'était plaint auprès du chancelier Bethmann-Hollweg : « La non-immixtion dans les affaires intérieures de l'Autriche-Hongrie, avant le conflit et pendant celui-ci, a compliqué à chaque pas notre direction de la guerre. » Aveu sans fard : l'Allemagne doit se mêler des affaires intérieures austro-hongroises.

Hindenburg et Ludendorff en tête, le haut commandement du Reich éprouvait le plus grand mépris pour ses alliés. Le général Cramon, représentant allemand au grand quartier général autrichien, en a dévoilé la cause : « L'Autriche-Hongrie n'était pas un État allemand ; c'était un État composé de nationalités, auquel l'origine allemande de la maison régnante, le passé historique et la supériorité de culture de l'élément allemand donnaient un cachet extérieur allemand. » Charles régnait en effet sur un État où coexistaient nationalités et races, un empire dont le dénominateur commun n'était pas la germanité, mais la fidélité dynastique. Entre la conception raciste du nationalisme allemand et le génie autrichien, l'incompatibilité était rédhibitoire. Cette antinomie activa la tension entre Vienne et Berlin.

Depuis 1914, les mauvaises manières n'avaient cessé. Pour maintenir la Roumanie dans sa neutralité (le roi Ferdinand Ier, qui penchait pour les Alliés, n'entra dans la guerre aux côtés de ces derniers qu'en août 1916), les Allemands, sans en référer à François-Joseph, avaient promis à Bucarest des territoires austro-hongrois. De même avaient-ils prétendu céder à l'Italie le Tyrol du Sud autrichien. Dans les années 1930, tirant le bilan de l'alliance austro-allemande, l'ancien secrétaire de Charles, le capitaine Werkmann, revint sur cette ambiguïté : « Un Autrichien de 1917 et 1918 avait l'impression pénible que l'attitude de l'Allemagne, à cette époque, était d'une outrecuidance qui n'est même pas admissible quand on est le plus fort. Ludendorff et son entourage étaient bien résolus à n'appliquer, à leurs alliés comme à leurs ennemis, que le droit du plus fort. »

Rétrospectivement, Werkmann se livre à une critique des méthodes militaires de Berlin : « Le haut commandement allemand et, encore moins, le moyen et le bas commandement ne sont pas parvenus à provoquer notre admiration. Les relations entre l'officier et l'homme de troupe allemands ne nous paraissaient pas non plus dignes de constituer des exemples. Enfin, la très faible faculté d'adaptation aux hommes et aux circonstances de l'officier allemand en général nous a frappés. Ce qui nous frappa aussi très vivement chez nos alliés, c'est l'absence d'esprit critique, de psychologie et l'inorganisation de leurs services diplomatiques. »

Entre le militarisme prussien, fondé sur la discipline aveugle, et l'esprit autrichien, qui respectait le tempérament des hommes, la discordance était notoire. Un exemple symbolique, pour illustrer cette différence. Dans l'empire austro-hongrois, lorsqu'un combattant désobéissait aux ordres reçus, mais que son initiative aboutissait à un fait d'armes héroïque, on lui décernait la grand-croix de l'ordre de Marie-Thérèse — la plus haute décoration militaire des Habsbourg. En Allemagne, l'auteur d'un tel acte était sanctionné.

S'ajoutaient des dissentiments personnels. Charles éprouvait une profonde antipathie pour Ludendorff. « C'est une bête », s'écria-t-il à son sujet, au printemps 1918. Le premier de leurs désaccords intervint à propos de la guerre sous-marine. Depuis 1915, les Allemands tentaient de desserrer le blocus britannique en s'attaquant aux navires alliés. Mais à part le dramatique torpillage du *Lusitania*, cible civile d'ailleurs visée par erreur, il s'agissait encore d'escarmouches. Début 1917, l'Amirauté allemande brûle de passer à la vitesse supérieure. Le Reich dispose alors de cent vingt sous-marins. Le grand amiral Tirpitz et son chef d'état-major, l'amiral Holtzendorff, convainquent Ludendorff que leurs submersibles peuvent affamer l'Angleterre en six mois, la contraignant à déposer les armes.

Le 20 janvier 1917, le sous-secrétaire d'État allemand Zimmermann et l'amiral Holtzendorff se trouvent à Vienne. Ils sont venus convaincre les Autrichiens de la pertinence de leurs objectifs. Deux conférences ont lieu, l'une sous la présidence de l'empereur, l'autre sous celle de Czernin. Par principe, pour des raisons morales, couler des bateaux à l'aveugle répugne à Charles. Il est en outre persuadé que le temps joue contre les puissances centrales. L'Angleterre possède les ressources immenses de son empire : les raids sous-marins ne parviendront jamais à la couper de ses colonies. Surtout, ils provoqueront l'entrée en guerre des États-Unis. Au cours d'un entretien privé, Holtzendorff révèle à l'empereur que le

Reich a déjà lancé la guerre sous-marine à outrance. Mis devant le fait accompli, Charles est effondré. Czernin, lui aussi, est hostile à cette option stratégique. Le 26 janvier 1917, le monarque et son ministre des Affaires étrangères vont exposer leurs représentations au grand quartier général allemand. Peine perdue. Le 13 février suivant, c'est Guillaume II qui rend visite à Vienne : Charles n'est pas plus entendu.

L'empereur confie à Polzer-Hoditz : « Nous allons perdre la guerre, nous devons perdre la guerre si l'Amérique prend les armes. Entretenir notre peuple dans l'espérance de la victoire est une malhonnêteté que l'on commet à son encontre. J'ai donné l'ordre à la presse de ne pas entonner constamment des fanfares de triomphe ; mais cela ne sert à rien. Les ministres et les militaires ne veulent pas m'écouter. » Son directeur de cabinet lui objectant qu'il n'est pas souhaitable que l'Entente connaisse la situation de l'Autriche-Hongrie, Charles poursuit : « On n'a nullement besoin de dire que nous sommes à bout de forces ! Mais si le peuple entend constamment parler de notre brillante situation, il ne comprendra jamais qu'il faille faire des concessions pour obtenir la paix. Il ne suffit pas que je sois seul à vouloir la paix. Il faut que j'aie le peuple entier et tous les ministres à mes côtés. »

Le 2 mai 1917, Holtzendorff séjourne de nouveau à Vienne. A déjeuner, il est l'hôte du couple impérial. L'amiral allemand, avec morgue, défend son point de vue.

« Je le sais bien, lance-t-il à l'impératrice, vous êtes l'adversaire de la guerre sous-marine ; vous êtes contre la guerre, en général.

— Je suis contre la guerre, réplique Zita, comme toute autre femme qui aime mieux voir le genre humain dans la joie que dans les larmes.

— La douleur, la faim, eh bien quoi, clame, grossier, Holtzendorff, je ne travaille jamais mieux qu'avec le ventre vide ; il ne s'agit alors que de se serrer le ceinturon d'un cran, et de tenir le coup. »

Cinglante, l'impératrice coupe court à la discussion :

« Je n'aime pas entendre parler de tenir le coup, lorsqu'on est assis à une table garnie. »

La guerre sous-marine, comme l'avait prévu Charles, se

retourne contre ses auteurs : le 6 avril 1917, les États-Unis sont entrés dans la coalition contre l'Allemagne.

Charles et Zita étaient liés avec Charles Penfield, l'ambassadeur américain à Vienne. En 1915, celui-ci avait transmis en Autriche l'argent recueilli lors d'un concert de bienfaisance donné à New York en faveur des juifs de Galicie (devant l'offensive russe, craignant les pogroms, ceux-ci s'étaient placés sous la protection des troupes autrichiennes). Malgré tous les efforts du diplomate pour retarder l'inéluctable, Washington déclare la guerre à l'Autriche-Hongrie le 7 décembre 1917.

Entre Charles et le commandement allemand, une autre divergence naquit au sujet des révolutionnaires russes. Berlin s'opiniâtrait à les utiliser pour déstabiliser Moscou. Charles, lui, refusa de laisser traverser ses États par le célèbre wagon plombé dans lequel Lénine, lesté d'or allemand, regagna la Russie : pour toute l'Europe, il craignait la contagion communiste.

Le 12 décembre 1916, quelques jours après l'entrée en fonction de Charles, Guillaume II adresse à l'Entente une invitation à ouvrir des négociations. Il y a associé ses alliés autrichiens, bulgares et turcs. Mais il n'y avance aucune proposition de nature à débloquer la situation. La réponse, connue fin décembre, est négative. Cela ne décourage pas le souverain autrichien. En 1917, il rencontre six fois le Kaiser. Invariablement, il en sort déçu. « Bien qu'il parlât abondamment, soupire-t-il, il n'avait en fait rien à dire. » Est-ce bonté d'âme, Charles ne se résigne pas à croire que Guillaume II partage le bellicisme de ses généraux.

Le 12 avril 1917, il adresse au Kaiser un mémorandum signé par Czernin et dont il est, en fait, l'auteur. Il attaque par un bilan sans complaisance : « Notre force militaire touche à sa fin. Je renvoie seulement à l'amenuisement des matériaux nécessaires à la fabrication des munitions, à l'épuisement total des effectifs humains et avant tout au désespoir sourd qui a gagné toutes les couches de la population en raison de la sous-nutrition, et qui rend impossible de porter plus longtemps le poids de la guerre. » Les négociations, poursuit l'empereur, doivent être ouvertes avant l'été, avant que l'épuisement des puissances centrales soit perçu par l'Entente ; sinon, négocier ne sera plus possible. Charles montre ensuite que le phénomène révolutionnaire qui a emporté la monarchie russe (le 15 mars 1917, Nicolas II a abdiqué) peut se renouveler en Allemagne et en Autriche. Prophétique, l'analyse s'approfondit : « Cette guerre a ouvert une ère nouvelle de l'histoire du monde : elle n'a pas d'exemple, elle n'a pas de précédents. Le monde n'est plus le même qu'il y a trois ans, et on chercherait en vain dans l'histoire universelle des analogies pour tout ce qui se passe quotidiennement aujourd'hui. L'homme d'État qui n'est ni sourd ni aveugle doit s'apercevoir du désespoir accablant de la population qui grandit chaque jour. Si les souverains d'Europe centrale ne sont pas en mesure de conclure la paix dans les prochains mois, alors les peuples le feront par-dessus leurs têtes. »

Guillaume II accusa réception de ce mémoire. Mais sa réponse ignorait les objurgations de Charles. Annonçant fièrement les premiers résultats de la guerre sous-marine à outrance, le Kaiser, aveugle, pronostiquait l'asphyxie de l'Angleterre et l'impuissance des États-Unis. L'Allemagne faisait la guerre, elle irait jusqu'au bout, jusqu'à la victoire. Les Autrichiens n'avaient qu'à suivre : sinon... En juillet 1917, à l'ambassadeur d'Autriche à Berlin, Guillaume II lança qu'il envisageait d'occuper Prague. Et son état-major dressa un plan d'invasion de l'Autriche-Hongrie. Avec une variante au scénario : l'internement des Habsbourg.

*

Sur les dispositions générales de l'Allemagne à l'égard de l'Autriche, Charles est lucide. Le fond de sa pensée nous est connu par le projet d'une lettre qu'il a dictée à Werkmann, à l'intention de Czernin, le 14 mai 1917 :

Comme j'ai refusé de la façon la plus énergique toute convention militaire avec l'Allemagne, je dois également repousser tout accord commercial qui nous créerait des relations plus intimes avec l'Allemagne qu'avec tout autre État. Le but de cet accord est tout à fait clair : c'est une pierre apportée au grand édifice des Hohenzollern pour amener l'Autriche à une sujétion complète, comme la Bavière (...). Une victoire éclatante de l'Allemagne serait notre ruine. L'Allemagne a toujours l'idée derrière la tête qu'elle aura l'Autriche comme monnaie d'échange, au cas où cela irait mal.

Une paix à l'amiable avec le statu quo *serait pour nous ce qu'il y aurait de mieux, car alors l'Allemagne ne serait pas trop insolente, et nous n'aurions pas tout à fait gâté nos rapports avec les puissances occidentales, qui, au fond, ne sont pas du tout nos ennemies (...). En résumé, je crois que la seule possibilité pour l'Autriche de sortir de cette situation est une paix sans annexion, et, après la guerre, hors l'Allemagne, comme contrepoids, une alliance avec la France.*

Une alliance avec la France. Mesure-t-on le potentiel explosif d'une telle expression, employée en pleine guerre ? Elle traduit l'ampleur des vues géopolitiques de Charles Ier. Il rêve d'un véritable renversement des alliances. Contre Berlin, un axe Paris-Vienne : c'était l'intuition de l'impératrice Marie-Thérèse, au XVIIIe siècle, quand son chancelier Kaunitz s'était tourné vers Louis XV. Cet axe, François-Joseph avait envisagé de le reconstituer, mais Napoléon III n'avait pas donné suite ; et après Sadowa, les ambitions russes dans les Balkans avaient contraint Vienne à un accord contre nature avec les Prussiens. Charles, leur héritier, poursuit ce dessein. Résistant à ceux qui se satisfont d'une Mitteleuropa inféodée à l'Allemagne, l'empereur espère reprendre la grande politique des Habsbourg. L'Autriche-Hongrie, afin de poursuivre sa mission, doit être libre : aucun pacte exclusif ne doit entraver son indépendance. A l'ouest, l'Angleterre possède une vocation maritime. Sur le continent, un seul contrepoids à l'Allemagne existe : la France.

L'empereur d'Autriche, ami secret de la France ? Les Allemands l'ont pressenti. Il leur est difficile d'attaquer directement l'empereur. Ils prennent alors une autre cible : Zita. Ses ascendances françaises, dans les discours bellicistes des pangermanistes, vont servir de prétexte à une campagne de dénigrement à l'encontre de l'impératrice. Dans quelques mois, d'aucuns l'accuseront de trahison.

Au sein de son état-major, Ludendorff compte un officier spécialiste de la propagande, le colonel Max Bauer. De son bureau de la 2e section du commandement supérieur de l'armée, celui-ci fait répandre mille rumeurs sur Zita, en Allemagne comme en Autriche. En Allemagne, l'impératrice est surnommée « la Française ». En Autriche, « l'Italienne ». La famille de Zita a été chassée de Parme par le nationalisme italien ; quant à ses origines françaises, elles ne sont pas immédiates. Mais les slogans se moquent de la vérité historique.

Botho von Wedel, l'ambassadeur de Guillaume II à Vienne, joue sa partie dans ce concert de médisances. « L'impératrice, affirme-t-il le 25 avril 1917 dans un rapport à Berlin, est issue d'une maison princière italienne. Elle voit dans l'Italie sa deuxième patrie. La mère de l'impératrice est une Bragance, tout comme sa tante, l'archiduchesse Marie-Thérèse. A ces augustes dames d'origine latine, le caractère latin est sympathique et agréable ; le caractère allemand leur est étranger et difficile à comprendre. »

Contre Zita, Wedel, luthérien de stricte observance, a recours aux arguments antiromains et au mythe du complot jésuite, toujours porteur dans une Allemagne marquée par le Kulturkampf anticatholique de Bismarck. « Comme on le sait, mande-t-il le 4 mars 1917, le souverain accorde un grand rôle à son épouse. L'impératrice Zita est elle-même sous l'influence de sa mère, la duchesse de Parme, et plus encore de sa tante, l'archiduchesse Marie-Thérèse, qu'on peut regarder comme l'instigatrice du mariage impérial. Ces dames de haute naissance reçoivent toute la journée des ecclésiastiques, parmi lesquels des jésuites. Et dans ce petit milieu, on cherche tous les moyens qui peuvent conduire à la paix, n'hésitant pas à faire appel aux relations internationales. Les initiés savent même que ces augustes dames rêvent d'une réconciliation avec l'Italie, et que leurs conseillers spirituels tissent à cet effet leur toile en direction de Rome. C'est à ce type d'influences qu'on doit l'interdiction de bombarder Venise, et d'autres discrètes consignes du même ordre. »

« L'impératrice Zita et sa mère, accuse le général Cramon, délégué de Berlin au grand quartier général austro-hongrois, n'étaient allemandes ni par leur naissance ni par leur éducation. Parvenues à la puissance par le mariage de l'empereur, elles songeaient en premier lieu au bien de leur propre maison. » Cette imputation ne résiste pas à l'examen. La duchesse de Parme ne s'occupe pas de politique. Quant à Zita, Charles n'a pas besoin d'elle pour savoir quoi penser. Lorsqu'ils sont en désaccord (c'est rare), elle ne peut le faire fléchir. Mais cette image de l'impératrice s'impose dans les milieux pangermanistes : sabotant l'effort de guerre du peuple germanique, elle tirerait les ficelles d'une politique démobilisatrice.

Chez les Allemands, les attaques contre les Bourbons-Parme deviennent une rengaine. « Ils montent les Habsbourg contre les Hohenzollern » siffle Guillaume II. Le fait que les princes Sixte et Xavier servent dans les rangs de l'Entente fournit de l'eau à ce moulin. Même Josef Redlich, député autrichien à l'esprit modéré, s'en étonnait, avant la mort de François-Joseph. Le 20 juin 1916, il notait dans son journal : « Koerber me raconte qu'il a lu dans *Le Temps* et *Le Matin* que les frères de l'archiduchesse Zita ont combattu dans l'armée belge et qu'ils ont été décorés pour leur courage par Poincaré. Les frères de la future impératrice d'Autriche combattant contre l'Allemagne ! »

Qu'auraient dit les détracteurs de Zita s'ils avaient su qu'elle continuait à communiquer avec ses frères... Pendant toute la durée des hostilités, l'impératrice, Sixte et Xavier s'adressèrent des lettres par l'entremise de leur mère (la duchesse de Parme séjournant fréquemment en Suisse, à Wartegg) ou par celle de la famille royale de Belgique (réfugiée à La Panne, dans la seule parcelle de territoire belge non occupée). La valise diplomatique, avec de probables complicités vaticanes, permettait ce type d'échange. Même à la fin de sa vie, toutefois, l'impératrice ne fit aucun aveu à ce sujet.

Dès le 15 septembre 1914, Sixte avait écrit à sa sœur, alors archiduchesse. Dans la logique de son ultime discussion avec Charles, avant son départ de Vienne, il l'interrogeait sur ce qui pourrait dissocier l'Autriche de l'Allemagne. Son mari se trouvait dans les mêmes dispositions, avait répondu Zita, mais il ne pouvait agir. Autre trace de cette correspondance, dans le journal de Xavier. « Par voie détournée, consigne le prince à la date du 8 août 1915, nous recevons une lettre de l'archiduchesse Zita, dans laquelle elle nous demande des nouvelles de la cathédrale de Reims. Elle est intervenue, plusieurs fois, par l'entremise de Charles, au grand quartier général allemand, pour tâcher de sauver la cathédrale. »

De la part de Zita, nulle déloyauté dans ces échanges. Elle n'évoque jamais la situation intérieure de son pays. Qui plus est, elle ne partage pas toujours les sentiments de Sixte et Xavier. Ceux-ci épousent le point de vue de l'Entente. L'impératrice, elle, défend les intérêts de l'Autriche. Mais leur complicité maintenue par-delà les frontières du fer et du feu va permettre une page d'histoire : une tentative poussée de recherche d'un cessez-le-feu entre l'Autriche et les Alliés.

*

En France, Sixte de Bourbon-Parme entretenait des relations au niveau le plus élevé. Il proposait ses services. Frère de l'impératrice d'Autriche, ami de l'empereur, il pouvait, si Paris voulait entrer en liaison avec Vienne, remplir cette mission de bons offices. Successivement, il avait eu des entrevues avec William Martin, le directeur du protocole du ministère des Affaires étrangères, Charles-Louis de Freycinet, un ministre d'État, Aristide Briand, le président du Conseil, Jules Cambon, le secrétaire général du quai d'Orsay. Ses interlocuteurs l'avaient écouté avec intérêt. Mais jamais n'avaient estimé l'instant propice à un contact secret avec l'Autriche.

Le 25 mars 1915, Sixte avait également été reçu par Benoît XV. Rien n'a été révélé de cette audience. On sait seulement que le prince venait y plaider la cause d'une paix séparée avec Vienne.

L'accession de Charles au trône des Habsbourg allait fournir l'occurrence attendue par Sixte. Mais l'initiative ne viendrait pas de l'Entente. Dès la mort de François-Joseph, Zita avait adressé une lettre à son frère. Elle le sondait sur ses possibilités de prendre langue avec les autorités françaises. Fait capital — dont on ne possède malheureusement aucune preuve —, l'impératrice affirma à la fin de sa vie que c'est le vieil empereur lui-même qui l'avait engagée à cette démarche. Ce qui est certain, la suite le montre, c'est que l'impératrice n'a pas agi d'elle-même. Les « négociations Sixte » constituent une entreprise dirigée par l'empereur Charles. Elles s'inscrivent dans la stricte continuité de ses idées exprimées avant et pendant la guerre. Impossible d'en attribuer la paternité à Zita, comme cela s'écrit. Associée, complice, l'impératrice le fut, et pleinement. Affirmer que c'est elle qui aurait guidé son mari procède d'une méconnaissance et de Charles et de Zita.

La duchesse de Parme, elle aussi, avait écrit à son fils, exprimant le vœu de le rencontrer. Le 29 janvier 1917, à Neuchâtel, en Suisse, elle a rendez-vous avec Sixte et Xavier, à qui le roi Albert a accordé un congé. Maria Antonia leur apporte un message de Charles (la participation de la duchesse de Parme à cette affaire se borne là) : l'empereur, voulant ouvrir des discussions avec l'Entente, faisait appel à eux. Dans une lettre aussitôt remise à sa mère, Sixte formule les quatre conditions indispensables pour que les Alliés acceptent une négociation sérieuse : 1° retour de l'Alsace-Lorraine à la France, sans compensation coloniale ; 2° rétablissement de la Belgique ; 3° rétablissement de la Serbie, et son agrandissement par l'attribution de l'Albanie, en vue de lui donner l'accès à la mer ; 4° attribution de Constantinople à la Russie. Ces quatre clauses correspondaient à ce que Sixte connaissait des exigences de l'Entente, d'après les sondages qu'il avait effectués en 1915-1916.

Le 11 février, à Paris, Sixte rencontre William Martin et Jules Cambon. Il leur dévoile les dispositions autrichiennes. Le lendemain, Sixte et Xavier retournent à Neuchâtel. Les y attend un envoyé secret de Charles, son ami d'enfance le comte Tamas Erdödy. L'impératrice lui a donné pour consigne stricte de remettre des documents aux deux princes, mais de ne répondre à aucune question afférant à la situation intérieure — militaire, économique ou politique — de l'empire. Sixte prend connaissance de la réponse à sa lettre remise à la duchesse de Parme : l'empereur accepte trois des conditions posées, à l'exception de celle concernant la Serbie.

Charles a mis au courant son ministre des Affaires étrangères, Czernin. Le 17 février, ce dernier prie l'impératrice d'inviter ses frères à Vienne : conférer *de visu* sera plus efficace. Le ministre, toutefois, se méfie : il redoute que les princes ne veuillent imposer une « paix française ».

Le 21 février, à Neuchâtel, Sixte a de nouveau rendez-vous avec Erdödy. Qui lui confie une note de Czernin. Il y est affirmé que l'Autriche-Hongrie, ne poursuivant aucun but annexionniste, mène une guerre purement défensive. Cette note recèle une phrase inquiétante : « L'alliance entre l'Autriche-Hongrie, l'Allemagne, la Turquie et la Bulgarie est absolument indissoluble. » L'empereur, néanmoins, y a joint une lettre personnelle à l'intention de Sixte, soulignant : « Nous soutiendrons la France et exercerons une pression sur l'Allemagne avec tous les moyens dont nous disposons. » Pourquoi un tel hiatus entre les deux textes ? Contraint de manœuvrer avec prudence, l'empereur ménage son ministre : si Czernin, pour torpiller le projet, se laissait aller à une indiscrétion, non seulement celui-ci serait compromis, mais que seraient les réactions des Allemands, de l'état-major autrichien, et même des Hongrois ? Lors de la visite à Vienne de Guillaume II, le 13 février, Charles lui a avoué être en contact avec l'Entente ; il a cependant refusé de révéler la nature de ses pourparlers, comme le nom de son intermédiaire.

Le 5 mars, Sixte est reçu par Raymond Poincaré, à qui il rend compte de ses tractations. Le président de la République, déçu par la note de Czernin, est rassuré par la lettre de Charles (le prince l'a rapportée de mémoire : par précaution, il l'a détruite). A son tour, Poincaré informe Briand. Le président du Conseil avait déjà été alerté, le 28 janvier, par la duchesse d'Uzès — qui le tenait de source sûre : « Il existe entre l'Autriche et l'Allemagne, dans leur alliance même, une fissure qu'il ne tient qu'à vous d'augmenter. »

Le 8 mars, au cours d'un deuxième entretien avec Sixte, Poincaré lui fait part de l'opinion de Briand. L'Autriche doit accepter les quatre points initiaux pour que débutent de véritables discussions. Paris avertira à ce moment le roi d'Angleterre et le tsar. L'accord de l'Italie, Poincaré ne le cache pas, reste aléatoire.

Le 15 mars, le chancelier allemand Bethmann-Hollweg se trouve à Vienne. Sans en dire plus, Czernin lui divulgue l'ouverture de tractations avec Paris.

Le 18 mars, Sixte rédige à l'intention de l'empereur un mémoire résumant le point de vue français. Le lendemain, à Genève, en compagnie de son frère, il rencontre encore une fois Erdödy. L'envoyé autrichien est porteur d'un message de Zita, suppliant Sixte de se rendre à Vienne : « Pense à tous les malheureux qui doivent vivre dans l'enfer des tranchées, qui meurent par milliers tous les jours : viens ! »

Sixte et Xavier acceptent. Dans la voiture d'Erdödy, ils gagnent le Liechtenstein puis le Tyrol. De là, munis de faux passeports, ils prennent le train pour la capitale, où ils logent chez Erdödy. Le 22 mars, ce dernier annonce au monarque la présence des deux princes de Parme, et lui remet l'exposé de Sixte. Rendez-vous est pris pour le lendemain soir, au château de Laxenburg.

Le 23 mars, les deux émissaires secrets sont discrètement conduits jusqu'aux appartement impériaux. Moment d'émotion : pour Charles, Zita, Sixte et Xavier, qui ne se sont pas vus depuis août 1914, ce sont aussi des retrouvailles familiales. Mais il n'y a guère de temps pour les effusions. De huit heures à onze heures du soir se poursuit un débat serré. Zita n'assiste qu'au premier quart d'heure de cet entretien. Czernin se joint pendant une heure à la discussion. Le lendemain, chez Erdödy, le ministre délibère avec Sixte.

Le soir, les échanges continuent à Laxenburg. « La paix doit absolument être conclue. Je le veux à tout prix, martèle Charles. Nous avons tous connu des succès et des défaites, et nos forces s'équilibrent à peu près. Ce n'est pas toujours les grandes victoires totales qui conduisent à la meilleure paix. Il vaut mieux consentir à un arrangement supportable, et pour ma part, j'y suis prêt. »

L'empereur a passé cette journée du 24 mars à soupeser les termes d'une missive rédigée à l'intention de son beau-frère, en réalité destinée aux autorités françaises. Par téléphone, il a consulté Czernin. Charles écrit à la main, dans un français impeccable : tout porte à croire que Zita l'a aidé, au moins pour le style.

Mon cher Sixte,

La fin de cette troisième année de guerre, qui a apporté tant de deuils et douleurs dans le monde, approche. (...) Personne ne pourra contester les avantages militaires remportés par mes troupes, en particulier sur le théâtre balkanique. La France a montré, de son côté, une force de résistance et un élan magnifiques. Nous admirons tous, sans réserves, l'admirable bravoure traditionnelle de son armée et l'esprit de sacrifice de tout le peuple français. Aussi m'est-il particulièrement agréable de voir que, bien que momentanément adversaires, aucune divergence de vues ou d'aspirations ne sépare mon empire de la France, et que je suis en droit de pouvoir espérer que mes vives sympathies pour la France, jointes à celles qui règnent dans toute la monarchie, éviteront à tout jamais le retour d'un état de guerre pour lequel aucune responsabilité ne peut m'incomber.

A cet effet, et pour manifester d'une façon précise la réalité de ces sentiments, je te prie de transmettre secrètement et inofficiellement à M. Poincaré, président de la République française, que j'appuierai par tous les moyens et en usant de toute mon influence personnelle auprès de mes alliés, les justes revendications françaises relatives à l'Alsace-Lorraine (...)

L'empereur, poursuit cette lettre, s'engage à soutenir le rétablissement de la souveraineté belge et serbe. Sixte est invité à recueillir l'avis de la France et de l'Angleterre, pour déterminer le terrain des véritables discussions qui pourront alors commencer.

Le 3 avril, un sommet réunit Charles et Guillaume II en Allemagne. L'empereur d'Autriche offre de céder la Galicie et accepte la création d'un royaume de Pologne dépendant de l'Allemagne. En échange ? L'Alsace-Lorraine serait restituée à la France. Mais Charles se heurte à un mur. Il était venu à Bad Homburg avec l'impératrice, qui devait être présentée aux souverains allemands. Lors du dîner, Zita glisse à l'impératrice Augusta Victoria :

« Supposons qu'une bombe tombe sur cette maison : deux empereurs, des généraux, des ministres...

— Quelle horreur ! répond la femme du Kaiser.

— Mais je ne crois pas que les Français oseraient bombarder des femmes, ajoute Zita, préparant son effet ; bien sûr, certains pourraient le faire. De jeunes aviateurs, qui penseraient se distinguer ainsi. Comme ces pilotes allemands, qui ont attaqué la villa du roi Albert, et qui auraient pu tuer la reine des Belges. Sans doute par inadvertance... »

Augusta Victoria fait appeler Hindenburg, s'enquiert des tenants et aboutissants de cet incident. La résidence du couple royal belge ne fut jamais plus bombardée.

Sur le chemin du retour, Charles confie à Zita : « Il y a des terribles difficultés avec les Allemands. A la fin, nous devrons peut-être suivre notre propre chemin. Mais avant, nous devons essayer tout ce qui est possible. »

Le 31 mars, Sixte avait porté à Poincaré la lettre signée à Vienne par l'empereur. A Paris, le ministère Briand venait cependant d'être renversé. Le 20 mars, Alexandre Ribot lui avait succédé. Entré en fonction, le nouveau président du Conseil apprend la tenue de pourparlers avec l'Autriche. Mais Ribot est protestant, et s'inscrit dans cette filiation de politiciens français pour qui l'empire des Habsbourg constitue un État rétrograde, symbole d'obscurantisme. C'est avec réticence, et sur les instances du président de la République, qu'il accepte de recevoir Sixte et Xavier. Le premier, se proposant d'aller lui-même porter à George V la lettre de Charles, tombe sur un refus. Le 11 avril, en Angleterre, Ribot rencontre le Premier ministre anglais, David Lloyd George. « C'est la paix », s'exclame ce dernier, découvrant les propositions de l'empereur. Mais, exige Ribot, le problème doit être examiné avec l'Italie.

Le 19 avril, dans le bourg savoyard de Saint-Jean-de-Maurienne, se tient une conférence programmée depuis longtemps. Elle réunit Ribot, Lloyd George (qui, en chemin, a rencontré Sixte à Paris) et Sidney Sonnino, le ministre italien des Affaires étrangères. De l'aveu même de Ribot, la question des ouvertures autrichiennes ne fut « abordée qu'incidemment ». Sonnino ne cède rien des revendications de son pays, codifiées dans le traité de Londres : ce pacte secret, conclu en 1915 pour attirer l'Italie dans la guerre, adjugeait à Rome, en cas de victoire alliée, le Tyrol du Sud, le Trentin et la côte dalmate — territoires autrichiens. Ni Lloyd George ni Ribot n'insistèrent.

Le 22 avril, au prince Sixte, Jules Cambon fait part du blocage de la situation. Le 4 mai, en Suisse, Erdödy transmet au prince deux lettres, l'une de Charles, l'autre de Zita : elles l'incitaient à revenir les voir.

Le 8 mai, cette fois sans son frère, Sixte retourne à Vienne. De nouveaux entretiens ont lieu avec l'empereur et Czernin. C'est une belle journée de printemps. A Laxenburg, selon l'habitude du monarque, Sixte est reçu dans le parc. Charles reste optimiste. D'autant qu'il a par ailleurs reçu une offre de discussion venant d'un colonel italien (émanant sans doute du général Cadorna, chef des armées italiennes, agréée peut-être par le roi Victor-Emmanuel, mais à l'insu de Sonnino) : cette proposition n'aura pas de suite, mais l'empereur ne le sait pas encore. Le lendemain, 9 mai, Charles signe une seconde lettre adressée à Sixte, en fait aux dirigeants français : « La bonne entente entre la monarchie et la France et l'Angleterre sur un si grand nombre de points essentiels permettra, nous en sommes convaincus, de surmonter les dernières difficultés qui se présentent pour aboutir à une paix honorable. » Czernin a pris connaissance de cette lettre. Il y joint cependant une note autographe en allemand, stipulant que l'Autriche exige compensation de toute rectification de frontière et la garantie de l'intégrité de la monarchie. Oralement, à l'intention de son beau-frère, Charles ajoute : « Dans le cas d'une rupture entre l'Allemagne et nous, je dois pouvoir compter sur le soutien de l'Entente. »

Le 20 mai, Sixte rend compte à Poincaré et Ribot. Le 23 mai, à Londres, George V et Lloyd George lui accordent des audiences. Mais, la France refusant de passer outre au veto italien, l'Angleterre ne peut faire cavalier seul.

La seconde lettre de Charles aux Français ne reçut jamais de réponse. Dans ses Mémoires, Lloyd George se montre impitoyable à l'égard du gouvernement français : « Ignorer tous les avantages qui découleraient d'une paix séparée avec l'Autriche et être prêt à y renoncer peut être assimilé à de la démence. »

L'intransigeance de Sonnino et, plus encore, l'étroitesse de vues de Ribot avaient enlisé les efforts de Charles et Sixte. Le 25 juin 1917, après quatre mois d'inutiles tractations, le prince regagne son régiment.

Le succès de ces négociations aurait écourté le conflit, épargnant des dizaines de milliers de vies, changeant peut-être la face de l'Europe. Pouvaient-elles aboutir ? Il est de bon ton, chez certains historiens, de minimiser cette tentative ultime de diplomatie dynastique. Le prince Sixte est souvent incriminé de naïveté. Pas toujours à tort : Erdödy lui-même, dans ses Mémoires, parle de « l'amateurisme des princes de Parme ». Sixte n'était pas un diplomate professionnel. Il disposait certes d'un réseau d'influence appréciable, dont ses amis Charles Salomon et Georges de Manteyer étaient les chevilles ouvrières. Mais, comme le souligne François Fejtö, il a sous-estimé l'austrophobie des milieux républicains, fondée sur les réminiscences anticatholiques de l'époque révolutionnaire. Était-ce parce que le roué Briand (pourtant fort peu catholique et très républicain), avec qui Sixte s'entendait bien, ne versait pas dans ce sentiment ?

Là n'est pas l'essentiel. Oui ou non une paix séparée avec Vienne était-elle possible ? L'empereur Charles, de son côté, a négligé un élément cardinal : la France n'avait pas d'intérêt stratégique immédiat à la fin des hostilités avec l'Autriche. Car elle n'avait pas de front commun avec elle. Franchet d'Esperey et son armée d'Orient pèseront plus tard, dans les Balkans. En 1917, la guerre contre l'Autriche se jouait sur le front italien. Or ni Paris ni Londres ne voulaient risquer une dissension avec Rome. Pourtant, si la France y avait été déterminée, les moyens de pression sur Rome n'auraient pas manqué : pour l'Italie, d'autres compensations auraient pu être imaginées. Encore eût-il fallu une volonté politique. Elle n'existait pas.

Quelle aurait été la réaction allemande, si Vienne avait conclu une paix séparée ? « Comment l'Autriche, s'interrogeait justement Poincaré dans son journal, le 8 mars 1917, pourra-t-elle se passer du concours de l'Allemagne pour nous faire rendre l'Alsace-Lorraine ? Les intentions de l'empereur Charles peuvent être excellentes, mais l'Allemagne est encore maîtresse d'en faire des pavés infernaux. » Dans les zones de combat, divisions autrichiennes et allemandes étaient imbriquées : les unes ne pouvaient déposer les armes sans les autres. Charles aurait-il annoncé une trêve que, selon toute vraisemblance, l'Allemagne aurait envahi l'Autriche-Hongrie, y aurait exercé le pouvoir, peut-être arrêté la famille impériale. Quant à l'hypothèse d'un total renversement de situation, Vienne déclarant la guerre à l'Allemagne, elle était invraisemblable : en Autriche, nul n'y était prêt.

Charles ne l'ignorait pas. Il espérait faire pression sur son allié. Acculé à trouver une issue, il essayait toutes les portes de sortie. Désespérément : son pays s'épuisait. De quelque manière qu'elle vienne, il le savait, la paix s'imposerait. Solitaire dans son propre camp, il avait lancé un signe de détresse. L'Entente aurait pu lui rendre la pareille : elle l'a dédaigné. C'était le condamner, et avec lui, l'Autriche-Hongrie.

Infatigable apôtre de la paix, Charles ne se découragea jamais. Le 1er août 1917, Benoît XV rédige un appel « aux chefs des peuples belligérants », énumérant quelques conditions pour l'établissement de la paix. La réponse de l'empereur fut remise au Vatican à la mi-septembre : il acquiesçait aux propositions du pape. L'Angleterre avait demandé des précisions, la France louvoyé, l'Allemagne répondu négativement. Seul Charles, spontanément, avait dit « oui ». D'autres négociations eurent lieu. En août 1917, un officier français du 2e bureau, le commandant Armand, et le comte autrichien Nikolas Revertera poursuivirent des discussions en Suisse. De septembre 1917 au printemps 1918, le général sud-africain Smuts et le comte Mensdorff, ancien ambassadeur d'Autriche à Londres, firent de même à Genève. Ces tractations n'ont pas débouché. Mais tout avait été essayé.

Charles d'Autriche a cherché à secouer la fatalité de la guerre. Il a échoué. Que lui soit au moins reconnu cet honneur, à trente ans, d'avoir prétendu forcer le destin.

*

Même au cours de ces années de guerre, il existe une vie politique en Autriche. En octobre 1917, c'est très officiellement que le parti social-démocrate tient son congrès à Vienne. C'est tout aussi publiquement que professeurs, sociologues et parlementaires écrivent livres et articles dans lesquels ils exposent leurs idées sur l'avenir du pays.

Charles est conscient des tensions qui règnent au sein de l'empire. Une puissance moderne, c'est sa conviction, a besoin d'une représentation élue pour laisser s'exprimer les opinions. Depuis 1914, le Parlement de Hongrie avait continué son activité. Sa représentativité étant discutable, Charles désire modifier le système électoral. Le Premier ministre, Istvan Tisza, lui soumet un projet. Le souverain ambitionne d'aller plus loin, jusqu'au suffrage universel. En mai 1917, Tisza démissionne. Avec lui, la Hongrie perd une tête politique.

Le Parlement autrichien ne s'était plus réuni depuis 1914 : François-Joseph avait eu recours à l'article 14 de la Constitution de 1867, permettant à l'empereur de gouverner par décrets. Au printemps 1917, Charles convoque les deux chambres. Le 30 mai a lieu la séance solennelle de réouverture de la chambre basse : assemblée pleine, de nombreux députés (élus en 1911) portant leur uniforme d'officier. Le doyen d'âge rend hommage au souverain. « A lui et à la noble figure de femme qui, à ses côtés, partage tous ses soucis et qui agit partout, secourable, chaque fois qu'il faut soulager la misère, le besoin et le dénuement. » Les porte-parole des fractions nationales montent à la tribune. Les Slaves du Sud, annonce l'abbé Anton Korosec, un prêtre slovène, réclament la réunion des Croates, des Slovènes et des Serbes de la monarchie dans un État autonome, « sous le sceptre de la dynastie des Habsbourg ». Le Tchèque Stanek exige l'abolition du dualisme austro-hongrois, sa transformation en une fédération de peuples libres et égaux, où les Tchèques disposeraient de leur État. La conduite de la guerre, rétorquent les Allemands, nécessite un État unifié. Les positions sont tranchées, mais l'atmosphère reste sereine. Nul ne remet en cause l'existence de la monarchie.

Le lendemain, Charles tient son premier discours du trône.

Dans la grande salle de la Hofburg, devant les députés des deux chambres, il dévoile son intention de réformer les fondements constitutionnels et administratifs de l'empire. Soulignant les impératifs d'une politique sociale hardie, il rend hommage aux soldats du front, et renouvelle son vœu de voir prochainement s'établir la paix.

La politique sociale ? Un souci constant de l'empereur. Josef Baernreither évoque une audience à Baden, en février 1917, où Charles se préoccupait de l'après-guerre, sous l'angle socio-économique. « Selon certains experts, raisonnait le monarque, la capacité de travail d'un homme peut être diminuée du quart, du fait de la guerre ; il faudra donc s'attendre à ce que ce potentiel qui, avant la guerre, était estimé à quarante-cinq années, soit maintenant ramené à trente-cinq ans. »

Les premiers mois du règne égrènent une série de mesures sociales. En janvier 1917, loi impériale améliorant la législation sur l'assurance maladie de 1888 ; en février 1917, ordonnance sur la protection des locataires ; en mars 1917, décret organisant salaires et conditions de travail dans les entreprises de matériel pour les armées. Enfin, largement inspiré par les réflexions de Zita, un ministère de la Santé et de l'Assistance sociale est créé en juin 1917, un des premiers d'Europe.

Le 2 juillet 1917, Ernst von Seidler, depuis quinze jours Premier ministre d'Autriche, se présente devant la commission de justice du Parlement. Entre ses mains, un message de l'empereur, notifiant une décision qui suscita les débats les plus houleux : l'amnistie était prononcée à l'égard de tous les condamnés politiques. « A la politique de haine et de vengeance — alimentée par des circonstances obscures — qui a déclenché la guerre, proclamait l'empereur, devra absolument faire place une politique de réconciliation, sitôt la guerre terminée. » Étaient graciés ceux qui avaient été jugés pour haute trahison, insultes à la famille souveraine, trouble de l'ordre public, rébellion, agitation. En étaient exclus ceux qui s'étaient enfuis à l'étranger ou étaient passés à l'ennemi.

2 593 prisonniers furent libérés avant la fin du mois.

Le directeur du cabinet de l'empereur avait été étroitement

associé à la préparation de cette résolution. Le 1er juin 1917, Charles l'avait chargé d'étudier tous les procès de haute trahison. De l'examen des dossiers, Polzer-Hoditz avait conclu que certains verdicts, instruits de façon tendancieuse, constituaient de véritables dénis de justice. Prononcées par des tribunaux militaires influencés par l'esprit national-allemand, certaines peines avaient frappé l'expression d'idées fédéralistes. Conséquence : par dépit, le sort des victimes attisait le séparatisme. « Le problème autrichien, déclara l'empereur au prince Windischgraetz, ne peut être résolu que grâce à une entente entre Allemands et Slaves. Mais tant que nos pangermanistes recevront leurs directives de Berlin, on n'aura ni paix ni repos. »

L'amnistie fut accueillie avec un enthousiasme particulier par les Tchèques : ceux qui avaient milité pour l'autonomie de la Bohême, tel Karel Kramar, en bénéficièrent. L'armée fut réticente, mais se tut, obéissance oblige. Les nationaux-allemands furent ulcérés. Contre cette décision présumée affaiblir l'empire, ils lancèrent une violente campagne.

Zita (Polzer-Hoditz en a été témoin) commença par être hostile à l'amnistie. Au principe lui-même ? Non. Elle craignait que cet acte reçoive un soutien insuffisant parmi les relais d'opinion — ce qui était bien deviné — et ne soit pas compris. Le directeur du cabinet parvint à gagner l'impératrice à ses arguments. Le pour et le contre, expliqua-t-il, avaient longuement été évalués. L'avantage de cette mesure résidait dans sa faculté de couper l'herbe sous le pied des agitateurs. Masaryk, le nationaliste tchèque exilé aux États-Unis, le comprit. « Si cette amnistie réussit, s'exclama-t-il, nous sommes fichus, et la monarchie se maintiendra. »

A court terme, elle réussit : en Bohême ou en Croatie, le ton des revendications autonomistes baissa d'un cran. Mais il eût fallu simultanément une initiative corollaire : des réformes fédéralistes. Pris par la guerre, Charles n'eut pas le loisir de les engager. Quand il franchit le pas, à l'automne 1918, il était trop tard.

*

Fin 1917, à l'est, la guerre s'éteint. Après l'abdication du tsar, Kerenski a proclamé la République, avant d'être chassé par la révolution d'Octobre : pour les troupes russes, c'est la débandade. Dans les Balkans, la situation est stable. Pour les Austro-Hongrois, le front principal se situe désormais en Italie. Sur le flanc sud de la monarchie, l'armée des Habsbourg ne faiblit pas. Elle a contenu de multiples offensives italiennes. En octobre 1917, étonnant le monde par leur héroïsme, les régiments multinationaux d'un empire que d'aucuns croyaient à bout, gangrené par le nationalisme, prennent l'offensive. Avec un succès inespéré : en trois semaines, les Italiens perdent le terrain gagné en trois ans, et les combats se déroulent bientôt sur leur sol. Après le désastre de Caporetto, Rome fait ses comptes : 300 000 prisonniers, 30 000 blessés, 10 000 tués.

Cette offensive, conçue et menée par les Autrichiens, a été appuyée par des forces allemandes (rapatriées ensuite sur le front ouest). Le 11 novembre 1917, à Trieste, Charles et Guillaume II ont une entrevue, où l'empereur d'Autriche remercie son allié. Paradoxe, quand on sait ses sentiments intimes...

Si peu qu'il aime la guerre, la gloire de ses armes réjouit l'empereur Charles : à ses yeux, la lutte en Italie relève de la légitime défense. Cette campagne triomphale va cependant exercer un effet pervers : en Autriche, la foi en la victoire finale connaît un brusque regain. Moins que jamais le monarque partage cette illusion. Mais une fois de plus, il est isolé.

Le 6 décembre 1917, à Vienne, devant le Parlement, Czernin se lance dans une envolée lyrique : « Nous combattons pour la défense de l'Allemagne, comme l'Allemagne combat pour notre défense. Si l'on me demande si nous combattons pour l'Alsace-Lorraine, je réponds oui ; nous nous battons pour l'Alsace-Lorraine, tout comme l'Allemagne s'est battue pour nous à Lemberg et à Trieste. Je n'établis aucune distinction entre Strasbourg et Trieste. »

Strasbourg ? Charles, lui, considérait que la capitale alsacienne devait revenir à la France. La fin du conflit s'éloignait un peu plus. Sombre perspective pour l'empereur et Zita, attachés au même degré à la paix.

7

Clemenceau contre l'Autriche

Printemps 1918. Un an s'est écoulé depuis les tractations entre Charles et les Français. Sur le front ouest, Ludendorff lance la « bataille de l'empereur » : *Kaiserschlacht.* Bousculant les troupes alliées, il atteint Noyon en quatre jours. Comme en 1914, Paris est menacé. Foch parvient à contenir l'assaut allemand, mais rien n'est joué. A l'est, la Russie a signé la paix à Brest-Litovsk ; l'Ukraine s'apprête à en faire autant. Dans les Balkans, Franchet d'Esperey ramasse ses forces pour une offensive prochaine

Ottokar Czernin, plus que jamais, tient à l'alliance austro-allemande. Le 2 avril 1918, à l'hôtel de ville de Vienne, il prononce un discours. Le ministre des Affaires étrangères commence par louer la coopération entre Berlin et Vienne. Puis continue : « Monsieur Clemenceau, peu avant le début de l'offensive sur le front ouest, m'a fait demander si j'étais prêt à entamer des négociations, et sur quelles bases. D'accord avec Berlin, je répondis aussitôt que j'étais prêt à ces discussions, et que je ne voyais aucun obstacle à la paix avec la France, à l'exception des revendications de celle-ci sur l'Alsace-Lorraine. Paris me répondit qu'aucune négociation n'était possible dans ces conditions. Dès lors, nous n'avions plus le choix. »

C'est aux contacts poursuivis d'août à décembre 1917 par l'Autrichien Revertera avec le Français Armand que fait allusion Czernin. Mais il vient de provoquer Clemenceau. Président du Conseil depuis novembre 1917, celui-ci connaît d'assez loin les discussions Armand-Revertera, dont il n'a jamais été responsable. Le 4 avril, alors que le Tigre inspecte le front, son chef de cabinet lui lit au téléphone le texte de l'allocution de Czernin. La réaction fuse, immédiate : « Le comte Czernin ment. » Cette réplique, transmise à l'agence Havas, court sur les téléscripteurs du monde entier.

Elle allait déclencher une tempête. Qui coûterait sa place à Czernin, plongerait l'empereur Charles dans une situation inextricable, et sonnerait le glas de la fin pour la monarchie des Habsbourg.

Czernin, expliquera Zita, avait remis à l'empereur, la veille de son discours de Vienne, le manuscrit de son intervention. Charles en avait pris connaissance avant la nuit, et comptait prier le ministre d'y apporter des modifications. Le lendemain, il était trop tard. A cette époque, écrasé de labeur, le monarque était exténué. La famille impériale s'était de nouveau installée à Baden (c'est là, le 10 mars 1918, qu'était né le cinquième enfant, l'archiduc Charles-Louis). Charles se levait à 6 heures. Avec Zita, il assistait à la messe, puis ils prenaient leur petit déjeuner ensemble. Dès 7 heures, il se tenait à son bureau. Trois quarts d'heure suffisaient au repas de midi. Le travail reprenait jusqu'à 19 ou 20 heures du soir. Après un bref dîner, nouvelles audiences jusqu'à minuit. Un rythme infernal. Le médecin de l'empereur, le Dr Delug, lui avait prescrit six semaines de repos : Charles n'en tenait pas compte.

A Paris, rentré du front, Clemenceau se fait apporter les pièces des discussions Armand-Revertera. Mais on lui apporte aussi un dossier dont il ne soupçonnait pas l'existence : celui des négociations Sixte. Il contient les deux lettres de l'empereur à son beau-frère, dont copie avait été dressée pour Briand. Dans la guerre de communiqués qui s'amorce entre Vienne et Paris, Clemenceau trouve là des munitions. Le 5 avril, il envoie une note à l'agence Havas : « Le comte Czernin ne pourrait-il pas retrouver dans sa mémoire le souvenir d'une autre tentative du même ordre, faite à Paris et à Londres, deux mois seulement avant l'entreprise Revertera, par un personnage d'un rang fort au-dessus du sien ? Là encore, il subsiste, comme dans le cas précédent, une preuve authentique, mais beaucoup plus significative. »

Le prince Sixte séjourne alors au Maroc, chez Lyautey. Il a vu le danger pour Charles. A Clemenceau, il envoie son homme de confiance, Georges de Manteyer. « On m'attaque, je me défends, explique le président du Conseil. Quant à l'empereur, c'est un avis que je lui donne. S'il fait taire son ministre, cela va bien. Sinon, eh bien, nous verrons. »

Le 7 avril, sans en référer à Baden, Czernin publie une réponse à Clemenceau. Reconnaissant l'existence de pourparlers antérieurs aux échanges Armand-Revertera, il ajoute : « Cette tentative s'était aussi soldée par un échec. » Le 8 avril, réplique du Tigre, qui pousse son avantage : « C'est bien l'empereur Charles qui, dans une lettre du mois de mars 1917, a, de sa main, consigné son adhésion aux justes revendications françaises relatives à l'Alsace-Lorraine. Une seconde lettre impériale constate que l'empereur était d'accord avec son ministre. »

Czernin se trouve à Bucarest. Par le téléphone Hughes, il appelle enfin l'empereur. Charles lui annonce n'avoir pas l'intention de polémiquer avec Clemenceau. Mais Czernin est intrigué par les insinuations du président du Conseil français : il y a un an, l'empereur l'avait consulté pour la rédaction du premier message aux autorités françaises, mais lui, Czernin, ne l'avait pas lu. Il ignore donc que Charles s'est déterminé par écrit pour la restitution de l'Alsace-Lorraine à la France. Le ministre interroge : le souverain oublierait-il une note postérieure à sa lettre de mars à Sixte ? Non, répond Charles. Czernin s'inquiète, non pour l'empereur, qu'il devrait protéger, mais pour lui. Le 10, il lance un autre communiqué : « Les allégations de M. Clemenceau au sujet des déclarations écrites de l'empereur Charles sont mensongères d'un bout à l'autre. » Le 11 avril, la riposte de Clemenceau est radicale : il confie à l'agence Havas la lettre de Charles du 24 mars 1917, soutien explicite aux exigences françaises quant à l'Alsace-Lorraine.

A la Cour, c'est la consternation. Les négociations de l'année précédente devaient d'autant plus rester secrètes qu'elles avaient échoué. Que faire ? Démentir serait s'enfermer dans le mensonge. Se taire équivaudrait à avouer — et comment réagiraient alors l'armée et les Allemands ?

Le 12 avril, après le déjeuner, Czernin se présente à Baden. Jusqu'à 17 heures, il confère avec Charles, qui est ensuite retenu par d'autres audiences. A 19 h 30, le souverain téléphone à son ministre. Leur conversation dure jusqu'à 22 heures. Pourquoi ces palabres ? Czernin cherchait à extorquer à l'empereur une déclaration selon laquelle il aurait écrit une seule lettre à son beau-frère, missive strictement privée, sans allusion à la Belgique ni à l'Alsace-Lorraine. Le ministre suggérait même que Charles, pour raisons de santé, renonce temporairement au pouvoir, et nomme un régent.

Tard dans la soirée, Charles expose les faits à Zita, soulignant l'excitation anormale de Czernin. Le 13 avril, au réveil, l'empereur ne se sent pas bien. Dans la nuit, il a eu un malaise cardiaque. Le surmenage, la tension nerveuse de ces mois de guerre et, pour finir, le bras de fer de la veille l'ont épuisé. Nouvel appel téléphonique de Czernin : dans sa fureur, il promet le peloton d'exécution à Sixte et Xavier de Bourbon-Parme, si l'empereur persiste à refuser de signer la déclaration proposée. Les princes combattant dans les Flandres, cette fulmination ne prête pas à conséquence ; mais elle prouve *a posteriori* combien, au fond de lui, le ministre avait été hostile aux négociations du printemps 1917.

A dix heures, Czernin arrive à Baden. Charles prie Zita de le recevoir, pendant que lui-même se repose. Un tête-à-tête d'une heure réunit l'impératrice et le ministre, qui insiste pour obtenir la déclaration de l'empereur. « Czernin se conduisit véritablement comme un dément », racontera Zita.

« Évidemment, je sais ce qui s'est réellement passé. Je sais qu'il s'agit d'un faux serment, mais cette déclaration m'est indispensable, autant pour moi que pour l'honneur de ma famille.

— Mais, comte Czernin, rétorque Zita, vous rendez-vous compte de ce que vous demandez ? Vous ne pouvez pas vous attendre à ce que l'empereur signe ce document, et ce serait davantage à votre honneur et à celui de votre famille de vous abstenir de le lui demander. »

Perdant tout contrôle, Czernin hurle : « L'empereur peut signer ou ne pas signer, mais je vous préviens que, s'il refuse, je me rendrai immédiatement à Berlin, et ce sera la fin de l'Autriche. Je connais, et Votre Majesté aussi, les plans que les Allemands ont préparés pour nous envahir ; ils seront mis à exécution, je prendrai le commandement, et je serai alors le chancelier de fer ! »

Zita tente de le raisonner. Mais le ministre explose : « Si l'empereur ne signe pas, il ne nous restera qu'une solution : nous suicider tous les trois, vous, l'empereur et moi. »

Charles apparaît. Czernin réitère ses menaces. L'empereur n'a qu'une peur : que le ministre aille réellement à Berlin. L'Allemagne, le souverain en est persuadé, envahirait l'Autriche. Charles est harassé, sa clairvoyance diminuée. Alors, fatale faiblesse, il signe. Et il confie le document à Czernin, sous la promesse de le conserver à titre privé et de n'en faire aucun usage. Le ministre sitôt le dos tourné, Charles éprouve un remords, et donne l'ordre aux sentinelles d'arrêter sa voiture. Trop tard. Czernin confie à une agence de presse viennoise le texte signé par l'empereur. Un démenti embrouillé, accusant la lettre produite par Clemenceau d'être un faux.

Le 14 avril au matin, le cabinet tient séance. La réunion est houleuse : Czernin est acculé à la démission. Deux jours plus tard, Charles rappelle Stefan Burian aux Affaires étrangères. En décembre 1916, il l'avait révoqué, en disant : « Ce type est vraiment stupide. » Voilà où en est le souverain, au printemps 1918, si rares sont autour de lui les compétences politiques.

*

« L'empereur, commente Polzer-Hoditz, avait perdu sa lucidité et sa confiance en soi-même, lorsqu'il signa la déclaration exigée par Czernin. » Les conséquences en seront terribles. Car les dénégations de Charles n'ont convaincu personne, ni en Autriche, ni en Allemagne : il est avéré que, en pleine guerre, l'empereur a eu des contacts avec son beau-frère Sixte de Bourbon-Parme, officier dans une armée ennemie. En premier lieu, Charles veut sauver les apparences vis-à-vis de ses alliés. Le 14 avril 1918, il envoie un télégramme à Guillaume II : « Les accusations que Clemenceau a portées contre moi sont si basses que je n'ai plus l'intention de discuter cette affaire avec la France. Ce sont mes canons qui lui répondront sur le front occidental. » Charles avait prévenu

Sixte, en mars 1917 : au cas où leurs entretiens seraient révélés, il serait obligé de les démentir, et de réaffirmer publiquement son attachement à l'alliance allemande. Ce à quoi il se livre, en effet, mais dans la pire des circonstances : personne ne le croit, et il passe pour un menteur.

« L'envoi de ce télégramme, commente Polzer-Hoditz, marqua un tournant décisif dans notre histoire. Il déçut tous ceux qui avaient approuvé les démarches pacifiques de l'empereur, et enleva tout terrain d'action aux derniers défenseurs de l'empire des Habsbourg, tant chez les neutres qu'en pays ennemi. »

Achevant de brouiller la situation, Charles publie un bulletin (œuvre de quel conseiller ?) dans lequel il rend hommage à Czernin. N'aurait-il pas pu faire face, avouer avoir tenté de négocier en vue de la paix ? Derrière lui, il aurait eu l'immense majorité de son peuple. Mais il s'est senti seul.

L'impératrice, elle, le soutenait. Elle connaissait de trop près les horreurs de la guerre. Toute sa vie elle se rappellera une visite effectuée à cette époque sur le front du Karst. Les Autrichiens venaient de repousser un assaut italien. Une puanteur effroyable régnait sur le champ de bataille : le sol était jonché de cadavres. Et grouillait de rats : « Des rats, raconte Zita, des rats, de grands rats horribles qui s'attaquaient aux morts. Ils vinrent jusqu'à notre voiture, grimpaient sur les roues. Un cauchemar. » Ces images collaient à sa mémoire. Et le dénuement des soldats, la faim, la détresse, les gémissements des mutilés dans les hôpitaux. Et ce blessé, tout jeune, presque un enfant, à qui elle avait demandé ce qu'il souhaitait, et qui lui avait répondu, comme à une mère : « S'il vous plaît, un jouet. »

C'est à cette folie des hommes que Charles voulait mettre fin. Et c'est ce qu'on lui reprochait. A Vienne, à Budapest, la presse proallemande (soutenue financièrement par Berlin, comme les archives l'ont prouvé) tempêtait contre l'empereur, demandait réparation. Le 23 avril 1918, Wedel, l'ambassadeur d'Allemagne, avertit Burian : « Étant donné que la confiance de l'Allemagne dans son allié vient d'être sévèrement ébranlée, mon pays doit maintenant exiger un engagement clair et ayant force d'obligation. » Burian, le nouveau ministre des Affaires étrangères, et Arz, le chef d'état-major des armées austro-hongroises, obtinrent de Charles qu'il eût une entrevue avec Guillaume II. La rencontre se tint en Belgique, le 11 mai 1918, à Spa, siège du grand quartier général allemand. Charles fut obligé de s'expliquer : Sixte était bien cet intermédiaire avec l'Entente qu'il n'avait pu dévoiler, un an auparavant. (A vrai dire, Guillaume II le savait : en dépit des précautions adoptées, les déplacements du prince à Vienne n'avaient pas échappé aux services de renseignement allemands ; peut-être Czernin avait-il aussi divulgué les faits.)

L'état-major allemand attendait les excuses de Charles. Elles ne vinrent pas. Guillaume II essaya bien de critiquer l'influence de Zita. « Tu es une fois de plus mal informé », coupa Charles. Cette altercation mise à part, l'entretien fut courtois, comme toujours entre les deux monarques. A titre personnel, le souverain autrichien n'eut pas l'impression d'aller à Canossa. Mais de puissance à puissance...

Au cours d'une séance plénière entre délégations, les Allemands avaient proposé un pacte entre les deux pays. Les Autrichiens regimbaient. « Qu'est-ce qui vous déplaît dans ce traité ? s'exclama Guillaume II : la Bavière a déjà signé la même convention avec nous, et elle ne se plaint pas ! » L'Autriche comparée à la Bavière, vassalisée par les Hohenzollern au sein de l'empire d'Allemagne ! C'était crûment exprimer l'état d'esprit de Berlin. Si le traité projeté par les Allemands fut évité, un accord fut néanmoins conclu. Il distinguait trois objectifs : 1° un protocole politique entre les deux États ; 2° une alliance militaire ; 3° un espace économique unifié entre l'Autriche et l'Allemagne.

Charles et ses négociateurs parvinrent à rejeter le premier et le troisième points dans un futur incertain. Mais le deuxième, l'alliance militaire, prit effet immédiatement. Signé par Hindenburg et Arz, il enchaînait l'armée austro-hongroise aux forces allemandes : synchronisation du déploiement des divisions ; normalisation des armements : échanges systématiques d'officiers. Dans leurs tombes, les vaincus de Sadowa mouraient une seconde fois.

Échanger des officiers était une revendication exprimée par Berlin depuis 1914, à laquelle Charles, alors archiduc, avait fait obstacle en août 1916. Pour les Allemands, cette clause constituait une victoire lourde de sens : elle autorisait des officiers prussiens à commander des régiments slaves. Quand on sait que Berlin considérait la guerre, à l'est, comme la « lutte sans merci entre les Allemands et les Slaves » (selon le mot du chancelier Bethmann-Hollweg, un homme pourtant pondéré), on imagine l'effet désastreux de cette mesure sur les Tchèques, Croates ou Slovènes qui se battaient sous les étendards des Habsbourg.

Autre incidence de cette convention militaire : alors que Charles avait toujours refusé d'envoyer des troupes sur le front ouest, quatre divisions austro-hongroises — vingt-mille hommes — furent dépêchées entre Verdun et l'Alsace. Au grand désespoir de l'empereur. Et à celui, tout aussi impuissant, de Zita.

Aux yeux de l'Entente, dès lors, l'Autriche apparut comme un second de l'Allemagne. Depuis les années 1920, les vrais sentiments de Charles à ce propos nous sont connus. Mais en 1918, à Paris, Londres et Washington, rien ne permettait de les deviner, et la nouvelle orientation laissait au contraire augurer d'une complicité profonde entre Guillaume II et Charles. Ceux qui savaient la vérité — comme Poincaré, Briand, Lloyd George ou les princes Sixte et Xavier — se taisaient, découragés.

Les puissances occidentales pratiquaient une politique à courte vue. Une chose était de gagner la guerre, autre chose était de prévoir l'équilibre du continent, la paix revenue. En ayant dévoilé les contacts entre Charles et la France, Clemenceau porte une responsabilité écrasante : il a privé l'empereur de toute marge de manœuvre vis-à-vis de l'Allemagne. Aveuglé par sa passion idéologique teintée d'anticléricalisme (« l'Autriche ? Une monarchie papiste », accusait le Tigre), il a porté le coup de grâce à l'empire des Habsbourg. Le 31 octobre 1918, dans son journal, Poincaré le déplore : « Clemenceau se contredit perpétuellement. Il veut toujours fortement, mais il veut des choses successives et opposées. (...) Il ne veut pas que l'Autriche du Sud se rallie à l'Allemagne ; mais il a outragé l'empereur Charles et il n'a aucune vue sur l'Europe centrale. »

Rares furent les Français qui en eurent conscience. De la gauche à la droite, quelques exceptions méritent d'être signalées. Le 12 avril 1918, Aristide Briand écrivait dans son journal : « Clemenceau, après avoir divulgué la note autrichienne relative à la paix, vient, fait inouï, incroyable, de publier la lettre adressée par l'empereur Charles à son beau-frère Sixte. Voilà une impulsion qui nous coûtera cher. Elle rejette l'Autriche dans les bras de l'Allemagne. Et pourquoi ? Dans quel but ? Pour quel intérêt ? » Anatole France, quant à lui, conclut : « L'empereur Charles a offert la paix ; c'est le seul honnête homme qui ait paru au cours de la guerre, on ne l'a pas écouté. L'empereur Charles veut sincèrement la paix, tout le monde le déteste. » *L'Action française*, de son côté, tout en affirmant la nécessité de la guerre contre l'Autriche, insistait sur l'indispensable rôle des Habsbourg, le conflit terminé : servir de contrepoids à l'Allemagne. « Un incident aussi favorable que la mort de François-Joseph, déplorait Charles Maurras dans le quotidien royaliste, et l'avènement d'une impératrice de souche française ne nous aura servi de rien. Quelques difficultés matérielles et morales qu'eût le jeune empereur à se dépêtrer de l'Allemagne, nous ne l'avons aidé en rien, nous avons redouté ses offres, nous les avons subordonnées au bon vouloir et au plaisir d'autrui. »

*

En ce printemps 1918, Charles et Zita connurent une éclaircie, comme si le ciel n'avait pas été chargé de menaces : un voyage officiel à Constantinople. L'empire ottoman était allié aux puissances centrales. Guillaume II s'y était lui-même rendu, en octobre 1917. Demi-échec : entre la magnificence orientale et la rigueur prussienne, le courant n'était pas passé. Les Habsbourg (dont l'empire, en Bosnie, comptait des musulmans) bénéficiaient, eux, d'une longue habitude de contacts avec l'Orient, et avaient toujours mené une politique dans la région — champ d'influences rivales, russes ou anglaises. Parmi ses titres, l'empereur, comme jadis le roi de France, portait celui de roi de Jérusalem. En Syrie et en Palestine, l'Autriche aidait les communautés chrétiennes.

Préparée par un savant orientaliste qui possédait ses entrées à Constantinople, l'abbé Alois Musil (frère de l'écrivain Robert Musil), la visite de Charles et Zita avait été précédée d'une tournée de l'Opéra-Comique de Vienne, et, pour la haute société, d'un défilé de mode viennoise.

Le couple impérial arrive à Constantinople le 19 mai 1918. Dès l'entrée en gare, c'est un festival de couleurs. Charles a revêtu son grand uniforme hongrois, rouge et blanc, celui du couronnement à Budapest (aigrette de diamants sur le kolback). Au milieu des tapis précieux, sous une pluie de pétales de fleurs, l'empereur salue ses hôtes en turc : le ton est donné. Les dignitaires ottomans arborent des uniformes tout aussi chamarrés, déployant les fastes d'un empire qui, lui aussi, n'a plus que quelques mois à vivre.

Le soir, une réception réunit un millier d'invités autour des souverains autrichiens. Zita porte un diadème superbe. Dans la chambre du Trésor, elle fume le narguilé. Le compte rendu paru le lendemain dans un journal turc, derrière son style ampoulé, laisse transparaître la séduction de l'impératrice : « Un sourire naturel illumine son visage ; les grosses perles de son collier ne peuvent être comparées qu'à la blancheur de ses dents découverte par son sourire. Sa toilette est noble, simple comme toujours ; seul un diadème de pierres brillantes comme des étoiles scintille sur ses cheveux. La majestueuse souveraine tend la main d'un noble geste, elle laisse les dignitaires turcs baiser ses doigts délicats, sa voix est d'une douceur harmonieuse. »

Le lendemain, pendant que Zita visite le harem, Charles poursuit des entretiens politiques. Ici, aussi, il est venu parler de son premier souci : la paix.

*

Le 16 juillet 1918, à Presbourg, en Hongrie (aujourd'hui Bratislava, en Slovaquie), c'est la fête des récoltes. L'empereur a répondu à l'invitation qui lui a été transmise. Avec Zita et Otto, il arrive en bateau, par le Danube. L'accueil est enthousiaste. Clergé, notables, officiers et soldats, délégations paysannes saluent le roi, la reine et le prince héritier. La ferveur populaire est intacte, comme au bon vieux temps. Mais, Zita le pressent, ce sont les derniers feux de l'empire.

Charles et Guillaume II eurent encore une entrevue à Spa, le 14 août 1918. Chez les Allemands, l'atmosphère avait changé. Sur le front ouest, l'offensive de printemps avait échoué. Entrés dans la guerre, les États-Unis étalaient leur force : plus d'un million d'Américains avaient débarqué. Depuis le 8 août, les troupes du Kaiser reculaient sous les coups de boutoir de Foch et de Pétain. A Salonique, Franchet d'Esperey s'apprêtait à partir à l'assaut des Balkans. Au grand quartier général allemand, Ludendorff lui-même estimait la partie perdue.

L'Autriche est à bout, explique Charles aux Allemands : elle ne supportera pas un nouvel hiver de guerre. L'empereur réclame un armistice. Burian, son ministre des Affaires étrangères, a préparé un plan de paix. Mais le Kaiser fait la sourde oreille. Il espère un renversement de la situation. Les Austro-Hongrois dépendent du bon vouloir de leurs alliés : ils devront attendre.

Le 17 août, une petite réception à l'occasion des trente et un ans de Charles est donnée à la villa Wartholz : il aime ce cadre intime. Généraux, amiraux, simples soldats et membres de la famille se côtoient dans la bonhomie. Charles reçoit un bâton de maréchal. Mais la fête est un peu triste.

*

Le 1er juillet 1918, l'hôtel de ville de Vienne fut le théâtre d'une manifestation patriotique. Une réunion organisée par l'Union populaire catholique. A la tribune, Mgr Piffl, cardinal-archevêque de Vienne ; Friedrich Funder, rédacteur en chef du *Reichspost*, le quotidien chrétien-social ; l'abbé Ignaz Seipel, professeur de théologie et futur chancelier d'Autriche. « Qui défend la couronne défend l'Autriche, proclame Funder ; qui attaque la couronne attaque l'Autriche ; qui serait capable de détruire l'amour et la confiance envers la dynastie en Autriche détruirait l'Autriche. » Mgr Piffl devait porter aux souverains la résolution finale de cette soirée : « Le peuple chrétien de Vienne, réuni par l'Union populaire, prie

Leurs Majestés de l'autoriser à déposer à leurs pieds ses sentiments de fidélité immuable et de dévouement, à l'heure où des puissances ennemies sont visiblement à l'œuvre pour saper avec une hâte tenace la fidélité dynastique héréditaire des peuples autrichiens. »

Pour que des meetings soient organisés en signe de solidarité avec la dynastie, il fallait que la situation soit grave ! La révélation de l'affaire Sixte avait suscité une campagne furieuse contre le couple impérial. Ou, plus exactement, avait aggravé brutalement les attaques émanant des mêmes milieux : l'état-major de Ludendorff, l'ambassade d'Allemagne et les milieux pangermanistes autrichiens. Y allaient de leur couplet le maréchal Conrad von Hötzendorff et l'archiduc Frédéric (déposés de leur commandement, ils avaient conservé leurs amitiés à la Cour et leur réseau d'influence). Fraîchement remercié, Czernin y était aussi pour quelque chose.

C'était toujours la même argumentation qui ressortait de ces articles parus dans la presse allemande ou les journaux autrichiens pro-allemands, réunis en brochure et diffusés dans l'empire. Toujours les mêmes bruits qui couraient le Parlement ou les mess des officiers. Ils pouvaient se résumer à un sophisme : Charles était sous la coupe de sa femme ; Zita obéissait à sa famille, d'origine franco-italienne ; donc l'empereur subissait l'ascendant des ennemis, français et italiens. Sa volonté de conclure la paix à tout prix et ses contacts avec l'Entente, professaient ses détracteurs, traduisaient au mieux sa faiblesse, au pire sa trahison.

La vie familiale de l'impératrice était intouchable. Les services de l'ambassadeur Wedel répandaient alors des médisances sur sa supposée bigoterie, son cléricalisme. Contre Charles, les ragots fleurissaient : on lui prêtait des aventures, un penchant pour l'alcool. Toutes imputations absurdes, mais qui (« calomniez, calomniez... ») laissaient des traces.

« Le peuple demande l'abdication », note Josef Baernreither dans son journal. Le peuple ? Dans l'aristocratie et la bourgeoisie, en tout cas, beaucoup se détachèrent des souverains à ce moment. A la chambre haute du Parlement, on vit l'incroyable : il fut envisagé, hypothèse naguère inconcevable, d'adresser un blâme à l'empereur ; à la tribune, certains prononcèrent même le mot « déposition ». La haute société grinçait contre le couple impérial. Au jockey-club de Vienne, l'animosité à l'égard de l'impératrice s'affichait ouvertement. Les universités avaient été contaminées par les idées nationales-allemandes : beaucoup de ceux qui en étaient issus, médecins, avocats ou industriels, réagissaient sous cette influence. Que ce fût pour de mauvaises raisons ne changeait rien : quelque chose s'était brisé entre la dynastie et une part de la classe dirigeante autrichienne.

Le 9 mai 1918, à la cathédrale Saint-Étienne, une messe devait être célébrée pour l'anniversaire de l'impératrice. Fait révélateur, le maire de Vienne déconseilla le trajet par la commerçante Mariahilferstrasse, craignant les manifestations d'hostilité. Les monarques redoublaient de visites d'hôpitaux ou de soupes populaires. La foule étant moins nombreuse à les acclamer, policiers et officiers en civil furent embauchés pour faire la claque. Dérisoire stratagème, dont Charles et Zita n'étaient pas au courant.

Témoin de l'air du temps, le journal de Josef Redlich, à la date du 4 juillet 1918 : « Aujourd'hui, dans Vienne (tramways, cafés, dans la rue), on raconte que Zita aurait assisté aux conférences de décision de l'état-major, aurait trahi le plan de guerre des Italiens, aurait été sur ordre de Guillaume II internée dans un couvent avec sa mère ; auparavant, la voiture dans laquelle elle aurait été transportée aurait été lapidée par la foule, et elle aurait été blessée. L'empereur serait sans volonté ; il aurait été déposé. L'Autriche serait annexée par l'Allemagne. »

Malgré cette campagne, Charles et Zita pouvaient compter sur des fidélités. Sur le front, sans doute, les désertions se faisaient plus nombreuses, notamment chez les Tchèques. La mutinerie des marins de Kotor, en février 1918, avait été un rude coup pour le prestige de la marine impériale. Mais dans l'ensemble, et tout spécialement en Italie, l'armée tenait bon. Chez les officiers, le serment à l'empereur n'était pas oublié. Chez les soldats, l'image de bonté des souverains ne s'était pas effacée.

Zita en fit l'expérience, à la fin de l'été 1918. Elle devait assister à un gala de bienfaisance en faveur des blessés de guerre. Certains la mirent en garde : elle serait sifflée, le scandale serait énorme. L'impératrice décida de faire face. Elle irait. Charles l'accompagna. Tendus, ils se présentèrent au Konzerthaus de Vienne. Dans la salle bondée, pour les saluer, il n'y eut qu'un profond silence. Puis éclatèrent... des applaudissements frénétiques. Après la représentation, les souverains se mêlèrent à l'assistance. De nombreux soldats se pressèrent autour d'eux. Des aveugles : « Ils nous tinrent longuement les mains, racontera Zita dans sa vieillesse. Aujourd'hui encore, je sens leurs doigts tâtonnant sur mon visage. »

Dans toutes les provinces de l'empire, dans l'État, l'Église, dans toutes les couches de la population, des forces vives demeuraient fidèles à la monarchie. Mais on n'entendait pas la voix de cette majorité silencieuse : aucun effort n'était entrepris pour la faire parler.

En janvier 1917, l'empereur avait nommé le capitaine Karl Werkmann responsable d'un bureau de presse. Si dévoué que fût celui-ci, les moyens qui lui étaient alloués ne suffisaient pas à l'ampleur de sa tâche. Charles, héritier d'une dynastie ancienne, était persuadé que sa bonne foi, sa volonté et son action suffisaient. Lui qui, à sa manière, était un moderne, n'avait pas compris qu'au XXe siècle, en présence de l'opinion publique, exercer le pouvoir ne suffit pas à asseoir une légitimité : il faut encore expliquer le sens de ses actes. Werkmann, sans expérience, quasiment seul, devait effectuer un travail colossal : diffuser des communiqués, entretenir des relations avec les journaux, démonter les arguments des adversaires. A la même époque, l'Allemagne, la France ou l'Angleterre disposaient de considérables services de propagande. Affichistes ou cinéastes, l'Autriche ne manquait pourtant pas de talents. Mais il n'était pas fait appel à eux.

La fin de la guerre avec la Russie ramenait les prisonniers par milliers dans leurs foyers. L'empereur redoutait la contagion révolutionnaire. Autant pour contrer la propagande alliée que pour enrayer le développement des idées nationalistes ou bolcheviques, un office de contre-propagande fut enfin créé, au grand quartier général austro-hongrois, en avril 1918. Ses officiers apprenaient à présenter la Double Monarchie comme un État de droit, démocratique. Causes du conflit mondial et de la révolution russe, point de vue des Alliés, revendications italiennes étaient commentés, tout comme les fondements politiques, économiques et sociaux de l'empire, et le rôle historique des Habsbourg. Les succès de ce service furent médiocres : il venait trop tard.

*

Dernier contrecoup de l'affaire Sixte, et non le moins grave : l'amorce d'une rupture entre certaines nationalités et la dynastie. Au début de la guerre, au sein de la monarchie, Tchèques, Polonais, Croates, Slovènes ou Roumains avaient montré un patriotisme sans faille. Les Serbes des Habsbourg combattaient les Serbes de Pierre Ier, les Roumains de Transylvanie affrontaient les Roumains du roi Ferdinand. La rigueur des tribunaux militaires avait mis ce loyalisme à l'épreuve, mais l'amnistie de juillet 1917 avait restauré la confiance. Après l'entrevue de Charles et Guillaume II à Spa, ces peuples se sentent piégés : ils ont l'impression que l'Autriche se place à la remorque de l'Allemagne. Les thèses séparatistes vont rencontrer alors une audience renouvelée.

« L'Autriche est dégénérée, c'est une Turquie catholique. Elle a perdu sa raison d'être. » Tomas Masaryk avait écrit ces mots abrupts dans un mémorandum remis à Londres, en avril 1915. Professeur à l'université de Prague, il avait quitté la Bohême en 1914. Rejoint par son disciple Edvard Beneš, en France, en Angleterre, aux États-Unis, il se faisait depuis le zélateur de l'indépendance tchèque. Tous deux mettaient à profit leur appartenance à la franc-maçonnerie pour nouer des relations au plus haut niveau. Associés à un autre compagnon, Milan Stefanik, officier d'origine slovaque qui servait comme aviateur dans l'armée française, Masaryk et Beneš, à Paris, bénéficiaient du soutien actif d'Ernest Denis. Professeur d'études slaves à la Sorbonne, ce dernier militait pour le démembrement de l'Autriche-Hongrie, éditant un bimensuel, *L'Indépendance tchèque*, dans lequel ces idées étaient défendues. Cette action porta ses fruits. En février 1916, à Paris, un Conseil national tchécoslovaque fut fondé sous la présidence de Masaryk et Beneš. En mai 1917, en Russie, Masaryk recruta une légion tchèque parmi les prisonniers de guerre. En décembre 1917, en France, une armée nationale tchèque fut constituée.

Les Slaves du Sud possédaient également leurs instances dans le camp de l'Entente. En mai 1915, à Londres, le Croate Ante Trumbic créa un Comité yougoslave. Il s'efforça de s'imposer auprès des Alliés en évinçant le gouvernement serbe de Nicolas Pasic, replié à Corfou. En juillet 1917, à Corfou, un compromis intervint finalement entre le comité de Londres et Pasic : l'accord prévoyait l'union des Serbes, des Croates et des Slovènes au sein d'un royaume indépendant, sous la dynastie serbe.

L'Angleterre formait une plaque tournante pour les exilés austro-hongrois. Ici aussi, ils jouissaient de l'appui d'un efficace groupe de pression. Autour de lord Northcliffe (propriétaire du *Times)*, ce groupe associait Henry Wickham Steed (journaliste au *Times*, auteur d'un livre réquisitoire sur la monarchie des Habsbourg) et l'historien Hugh Seton-Watson, lui aussi farouche adversaire de la monarchie danubienne.

« Nous avions fort à faire pour convaincre les Alliés de la nécessité de détruire l'Autriche », avoue Masaryk dans ses Mémoires. En décembre 1917, le Premier ministre britannique, Lloyd George, avait déclaré : « Nous ne souhaitons pas affaiblir ni transformer la monarchie austro-hongroise ; seulement la délivrer de l'influence allemande. » En janvier 1918, le dixième paragraphe des célèbres quatorze points du président des États-Unis, Thomas Woodrow Wilson, énonçait seulement : « Aux peuples de l'Autriche-Hongrie, dont nous voulons voir sauvegarder et assurer la place parmi les nations, devra être accordée au plus tôt la possibilité d'un développement autonome. » Encore s'agissait-il d'un programme conçu par les Américains, qui n'avait pas été accepté par tous les Alliés. Disloquer l'empire des Habsbourg ? Les puissances occidentales se rallièrent peu à peu à cette perspective, au cours de l'année 1918.

Après avoir pris connaissance des quatorze points Wilson, Charles avait écrit à Washington, en février 1918, par l'intermédiaire d'Alphonse XIII. La réponse était parvenue à Vienne au mois de mars : le président des États-Unis priait l'empereur de lui exposer ses propositions détaillées pour satisfaire les aspirations slaves, celles des populations du Trentin et de la côte adriatique. Fin mars, Charles avait répondu à son tour, exprimant le vœu d'une rencontre personnelle pour débattre des questions posées. Czernin, Zita en témoignera, avait inspiré cette lettre dilatoire que le roi Alphonse XIII avait bloquée tant elle lui paraissait inopportune.

En février 1918, Northcliffe avait remis au Foreign Office un mémoire dans lequel il prônait l'éclatement par nationalités de l'empire des Habsbourg, et la réunion de l'Autriche proprement dite à l'Allemagne. En mars, Steed avait été autorisé à larguer des tracts derrière les lignes autrichiennes, promettant leur indépendance aux peuples de la Double Monarchie. A la fin de l'été 1918, il s'en imprimait plus d'un million par jour.

En avril 1918, à Rome, s'était tenu un « congrès des nationalités opprimées ». Les Anglais Steed et Seton-Watson, le socialiste français Albert Thomas, le Tchèque Beneš, le Slovaque Stefanik, le Croate Trumbic, un délégué polonais et un Roumain de Transylvanie réclamèrent l'inscription parmi les buts de guerre alliés de la destruction de l'Autriche-Hongrie.

En mai 1918, Masaryk s'était rendu aux États-Unis, où il avait eu de nombreux entretiens avec Wilson. En juillet, il avait signé l'accord de Pittsburgh, réalisant l'union des Tchèques et des Slovaques (qui n'avaient aucun lien historique) en vue de la création d'un État commun. A Prague, le même mois, Karel Kramar avait fondé un Conseil national tchèque. En juin, les Alliés avaient reconnu le Conseil national polonais. En août, le Conseil national tchèque fut reconnu à son tour, avec rang de cobelligérant, par la France, la Grande-Bretagne et les États-Unis.

*

Les agents de renseignement de l'empereur ne lui dissimulent rien. « Plus grande est la faim, plus grande est l'aspiration à la paix », souligne un rapport du 31 mai 1918. Et le service de censure insiste : cet état d'esprit règne dans toutes les couches de la population. De nombreuses correspondances incriminent les Allemands, qui font durer le conflit. « On a faim, écrit un Viennois, on soupire après le repos et la paix, et pourtant le cours de l'État va dans le sens de la Prusse. » Guerre, privations, famine : la lassitude est immense.

L'impératrice, inlassable, poursuit son action. Hôpitaux, foyers sociaux, elle est partout. De nouvelles œuvres pour les démunis sont fondées à son initiative. Mais il y a tant à faire...

L'automne 1918 affichait les couleurs de la mélancolie pour Charles et Zita. Werkmann se souvient les avoir vus accueillir, le 26 septembre, une colonie d'enfants viennois, envoyés réparer leurs forces en Hongrie : « Je n'oublierai jamais l'aspect qu'offraient l'empereur et l'impératrice à leur descente de voiture. Le souverain était assombri et exténué par les soucis et les longues veilles ; l'impératrice, sous le sourire de commande destiné à la foule, avait les lèvres serrées par le chagrin. »

Le 12 octobre 1918, vingt-trois députés et chefs des groupes nationaux du Parlement autrichien sont convoqués à Baden. Quand ils débarquent à la gare, ils ont la surprise de n'y découvrir aucun comité d'accueil : les voitures prévues sont en retard. A pied, sous une pluie battante, ils se rendent à la résidence impériale. Charles leur annonce un coup de théâtre : dans quelques jours, il publie un manifeste transformant l'empire en une fédération d'États.

Depuis son accession au trône, l'empereur avait songé à cette réforme. En avril 1917, il avait commandé un projet à Polzer-Hoditz. Celui-ci avait suggéré de substituer à la traditionnelle division de l'Autriche par provinces (Kronländer) une partition par nations. Chaque nation, subdivisée en départements (Kreise), aurait été dotée d'une Diète — un Parlement central élaborant les lois de l'empire. La guerre avait empêché de mettre en chantier un dessein aussi ambitieux. L'idée, toutefois, n'avait pas quitté l'empereur. Qui envisageait même, Zita l'a raconté, la constitution de certains peuples en républiques au sein de l'empire. Si Charles s'y résout maintenant, c'est pressé par les événements. Il veut conclure la paix tant que l'Autriche-Hongrie tient encore. Pour répondre à Wilson et au dixième de ses quatorze points, pour allumer un contre-feu à la reconnaissance des conseils nationaux par les Alliés, il doit frapper un grand coup.

Mais il n'est plus temps. Les cinq heures de discussion avec les délégués réunis à Baden suffiraient à le prouver. Allemands, Tchèques ou Slaves du Sud manifestent tous des réticences, chacun pour des motifs concernant sa nationalité. Ce qui est en train de se dissoudre, c'est la conscience d'un intérêt commun à la Double Monarchie. L'empereur est décidé à passer outre. Mais le président du Conseil hongrois, Wekerle, fait connaître son opposition : le projet viole le dualisme de 1867. Le ministre exerce un chantage : si on attente aux droits de la Hongrie sur la Croatie et la Transylvanie, le pays fermera sa frontière à l'Autriche. Vienne est affamée, et ne vit que du blé des plaines magyares : Charles cède. Max Hussarek, Premier ministre autrichien, est chargé d'élaborer le texte final. Il en sera cosignataire avec l'empereur. Signé le 16 octobre 1918, ce manifeste, adressé à « mes chers peuples autrichiens », commence par rappeler le désir de paix de Charles Ier, puis sa volonté de réorganiser l'empire.

Suivant la volonté de ses peuples, l'Autriche deviendra un État fédéral dans lequel chaque groupe ethnique formera sur son territoire sa propre communauté politique (...). Cette transformation, qui n'attentera en aucune manière à l'intégrité des terres de la couronne sacrée de Hongrie, doit garantir à chaque nationalité son indépendance (...). J'adresse à ces peuples, dont le libre droit d'autodétermination servira de fondement au nouvel empire, un appel pour qu'ils contribuent à cette grande œuvre par le truchement de conseils nationaux, formés par les députés de chaque nationalité, qui représenteront les intérêts de leur peuple sur leur territoire et devant mon gouvernement.

Polzer-Hoditz avait attendu cette réforme avec impatience. Depuis quelques mois, il ne dirige plus le cabinet de Charles. C'est, comme tout le monde, par la presse qu'il découvre le manifeste : il est catastrophé. « On avait eu cinquante ans, déplore-t-il, pour transformer l'Autriche en fédération. Aujourd'hui, le moment favorable est passé. Une telle mesure, promulguée dans les circonstances actuelles, ne servira qu'à donner le coup de grâce à la monarchie. »

Il a raison. Dans trois semaines, Charles n'exercera plus le pouvoir.

8

La fin d'un empire

Octobre 1918. L'Autriche-Hongrie est à bout de souffle. Civils ou militaires sont obsédés par le ravitaillement. Au début de l'année, après les mauvaises récoltes de l'été 1917 et un hiver rigoureux, il a fallu réduire les rations. Dans la partie autrichienne de l'empire, l'attribution de farine est passée de 200 à 165 grammes par jour. En janvier, un mouvement de grève, parti de l'usine Daimler de Wiener Neustadt, s'est répandu comme une traînée de poudre : Vienne, Styrie, Haute et Basse-Autriche, Tyrol. Il s'est étendu à la Hongrie, puis à la Moravie. Revendications : le pain, la paix. Sept cent mille ouvriers ont participé à cette vague populaire, à laquelle les sociaux-démocrates ont donné sa coloration politique. Politique, mais non révolutionnaire : son aile extrémiste exceptée, le parti social-démocrate autrichien, fondé en 1889 par Victor Adler, s'accommode très bien de la monarchie. Usant à la fois de concessions et de force, le gouvernement a fait retomber la fièvre. Le mécontentement, cependant, reste latent. Pour des affaires de marché noir, quatorze condamnations à mort ont été prononcées. Charles a exercé une seule fois son droit de grâce.

Pas de pain : on a faim. Pas de charbon : on a froid. La population grelotte dans ses habits devenus trop amples. L'épidémie de grippe espagnole provoque des milliers de victimes.

Malgré la disette et les petites misères quotidiennes, les Viennois demeurent égaux à eux-mêmes. Ils aiment se quereller sur les sujets vraiment importants : qui succédera au directeur du Burgtheater ? A l'Opéra, cette saison, *La Flûte enchantée* sera-t-elle mieux mise en scène que l'an passé ?

Un mot circule : « En Allemagne, la situation est sérieuse, mais non désespérée. En Autriche, elle est désespérée, mais non sérieuse. »

Au front, ce genre de plaisanterie ne fait plus rire. Le 15 juin, en Italie, l'armée impériale a lancé une ultime offensive. Elle a échoué au bout de quatre jours. Depuis, c'est la guerre de position : sans issue. Les rations alimentaires sont dérisoires. La malaria fait des ravages. Le froid ? Comment s'en protéger, quand on n'a même plus un uniforme complet — ce qui est le cas de la moitié des troupes ? Dans les montagnes du Tyrol, là où la température des nuits d'automne chute au-dessous de zéro, ceux qui sont relevés laissent un pantalon ou une veste à ceux qui montent en ligne, pour se retrouver parfois en sous-vêtements. « Nous ne sommes plus des héros, murmurent les hommes, mais des mendiants. »

Avec ou sans l'Allemagne, l'Autriche doit en finir. Le 14 septembre, Burian a rendu publique une proposition de paix mise au point avec l'empereur. Adressée à tous les belligérants, elle demandait l'ouverture de négociations dans un pays neutre. Charles en avait auparavant informé Guillaume II. Le Kaiser lui a fait savoir « sa surprise et son regret ». Mais ni Paris, ni Londres, ni Washington ne se manifestent.

Le 25 septembre, un coup dur est survenu pour Vienne. La Bulgarie a déposé les armes, ployant devant l'attaque lancée par Franchet d'Esperey. Coupant l'Autriche de la Turquie, cette défection a découvert le flanc sud-est de la monarchie. A l'ouest, les Alliés progressent. Le 26 septembre, Foch a engagé toutes ses divisions ; à la mi-novembre, elles auront presque libéré le territoire français et celui de la Belgique. Le 29 septembre, Hindenburg et Ludendorff ont averti Guillaume II : il n'y a plus d'espoir militaire.

Le 4 octobre, l'Allemagne, l'Autriche et la Turquie, en parallèle, adressent au président américain une offre d'armistice. Les quatorze points de Wilson et ses déclarations postérieures, précise Vienne, constituent une base de négociation valable. Le 9 octobre, Washington répond à Berlin que l'évacuation immédiate de la France et de la Belgique forment un préalable à toute discussion.

Vienne attend une réponse américaine. En promulguant la fédéralisation de l'empire, le 16 octobre, Charles prétend hâter la réaction de Wilson. Le verdict tombe le 18 octobre, par une dépêche Reuter : « Certains événements de la plus haute importance, qui se sont produits depuis la déclaration du 8 janvier, ont nécessairement amené les États-Unis à changer d'attitude. » Le communiqué poursuit : la reconnaissance du Conseil national tchécoslovaque et des aspirations yougoslaves signifient pour ces peuples plus que l'autonomie : l'indépendance. « La réponse de Wilson agit comme une bombe », écrit Burian dans ses Mémoires. L'Amérique passait l'Autriche-Hongrie par pertes et profits.

Se battre est désormais absurde. Sur le théâtre d'opérations sud, les régiments tyroliens s'accrochent, car ils défendent leur sol. Mais les unités tchèques, serbo-croates ou bosniaques refusent de marcher. Leurs foyers menacés à l'est par les Français de Franchet d'Esperey et par les Roumains, les Hongrois aspirent à rentrer chez eux. Le seul front austro-hongrois solide est en train de céder.

Le 26 octobre, Charles télégraphie à Guillaume II. Il réclamera le lendemain un armistice immédiat, et une paix séparée. Via Stockholm, la note est expédiée à Washington. Le 29 octobre, en Italie, un officier d'état-major autrichien se présente devant les lignes adverses. Il est accompagné de deux clairons. Et d'un drapeau blanc.

*

L'Autriche-Hongrie s'effondre sur le plan militaire. Sur le plan politique aussi. Le 23 octobre, le couple impérial part pour la Hongrie avec ses enfants. Raison officielle : l'inauguration de l'université de Debrecen. Discours, musique, applaudissements. Zita se remet à espérer. Lucide, Charles la détrompe : « Non. Désormais, aucune ovation ne peut plus arrêter le cours du destin. » Wekerle, le Premier ministre magyar, est démissionnaire ; pour lui trouver un remplaçant, Charles doit consulter sur place. La Hongrie, croit-il en outre, offrira un refuge plus sûr pour les petits archiducs, si les événements se gâtent. C'est l'autre raison, officieuse, de ce voyage.

Au soir du 23 octobre, les souverains quittent Debrecen pour Gödöllö, le Schönbrunn hongrois, situé à une trentaine de kilomètres au nord-est de Budapest. Dans le train, Charles discute avec le prince Ludwig Windischgraetz, ministre du Ravitaillement. Celui-ci le met en garde : à Budapest, une révolution se prépare. Elle sera antidynastique.

« Comment la révolution, s'exclame Charles, pourrait-elle se tourner contre moi ? Moi aussi, je voulais un changement ; moi aussi, je voulais me séparer de l'Allemagne, mais plus honnêtement. Qui m'a soutenu, alors ? Ne voulais-je pas satisfaire les Tchèques, les Yougoslaves ? Je ne suis pas un magicien. Si je n'en suis pas venu plus tôt aux réformes les plus radicales, cela prouve que je n'ai pas voulu régner en autocrate. Je ne puis pas sortir de la légalité. Je ne puis pas chasser des ministres qui ont une majorité. »

Windischgraetz, qui a rapporté la scène, se souvient : « Il était maintenant très agité et très nerveux. La reine Zita entra, venant du coupé voisin. Elle le calma. Puis elle écouta notre conversation, sans s'y mêler même d'une parole. »

A Gödöllö, pendant quarante-huit heures, les hommes politiques défilent. « Il est toujours difficile de trouver un équipage pour un bateau en train de couler », confie Charles à Zita. Pour remplacer Wekerle, aucun volontaire. A l'exception de Mihaly Karolyi, qui cultive des idées ultralibérales (en Hongrie, il est surnommé « le comte rouge »), bien qu'il soit le riche héritier d'une vieille famille patricienne. Âme tourmentée, Karolyi confiera dans ses Mémoires que, depuis l'enfance, son vœu le plus cher avait été de vivre une révolution. Aujourd'hui, son rêve est de prendre la tête du gouvernement. Le 25 octobre, à Budapest, il institue un Conseil national hongrois.

Mais Charles ajourne la nomination du Premier ministre, car, pendant qu'il séjourne en Hongrie, tout se précipite en Autriche. A Vienne, le 24 octobre, Burian a remis son portefeuille des Affaires étrangères. Et Hussarek, le Premier ministre autrichien, présente à son tour sa démission. De Gödöllö, l'empereur a réglé le problème par téléphone. Il a tenté de confier la présidence du Conseil à un social-démocrate. Discrètement contacté, Karl Renner avait presque accepté, puis s'était ravisé, obéissant à son parti. Heinrich Lammasch, estimé professeur de droit international, a dit oui. Le monarque retourne en Autriche, pour la prestation de serment du nouveau cabinet. Il nomme auparavant un représentant à Budapest, l'archiduc Joseph (de la branche hongroise des Habsbourg).

Dormant trois ou quatre heures par nuit, Charles est exténué. Zita ne veut pas le laisser seul. Dans la nuit du 26 au 27 octobre, le train les ramène à Vienne — sans les enfants. Karolyi les accompagne, persuadé qu'il va être nommé Premier ministre. Le comte Gyula Andrassy vient cependant de remplacer Burian aux Affaires étrangères. Or Andrassy est le beau-père de Karolyi, qu'il tient lui-même pour dangereux. Il a averti le roi : si son gendre dirige le cabinet hongrois, c'est lui qui renoncera à ses fonctions. Débarqué à Vienne, Karolyi apprend que Charles a désigné le comte Hadik. Dépité, il reprend aussitôt le train pour Budapest. A l'arrivée, il est acclamé par une foule enthousiaste. La voilà, la révolution après laquelle il soupirait, celle à laquelle Charles ne croyait pas. Le 30 octobre, des conseils de soldats — formés sur le modèle bolchevique — plébiscitent Karolyi. Le 31, capitulant devant la pression de la rue, l'archiduc Joseph le nomme chef du gouvernement. Le même jour, Istvan Tisza, l'ancien Premier ministre, est assassiné par les émeutiers. Le 1er novembre, au téléphone, Charles reçoit le serment de Karolyi. Mais tout cela n'est que fiction. Car les coutures de la monarchie craquent de toutes parts.

Charles et Zita se trouvent à Schönbrunn. Avant l'aube du 31 octobre, le téléphone sonne dans les appartements impériaux. Zita prend la communication. Le commandant militaire de Budapest doit parler à l'empereur. Zita le réveille. En ville, prévient l'officier, l'insurrection a éclaté. Charles lui commande de rétablir l'ordre. Atterré, le militaire confesse ne pas disposer des troupes nécessaires.

Que vont devenir les enfants, restés à Gödöllö ? L'empereur téléphone aussitôt, ordonnant qu'ils soient rapatriés à Vienne. Le chambellan de l'impératrice avait déjà étudié l'itinéraire à suivre en cas de fuite précipitée. Sur les automobiles, les armoiries impériales sont effacées. Les chauffeurs échangent leur livrée de Cour pour des uniformes de simples soldats. La comtesse Kerssenbrock réveille les archiducs. Dans un premier véhicule embarquent le chambellan et un officier, dans un second René de Bourbon-Parme, les enfants et leur gouvernante. Sur ses genoux, le frère de Zita cale une paire de revolvers. Le prince a également chargé des bidons d'essence, dont il compte faire un mur de feu en cas d'accrochage. Plus de quatre cents kilomètres sont à parcourir au milieu d'un pays sombrant dans l'anarchie. La première voiture, par précaution, roule un kilomètre en avant. Elle est arrêtée par un barrage de soldats dépenaillés, qui demandent aux occupants pourquoi ils n'ont pas arraché la couronne royale de leur casquette. Le conducteur parlemente, et rebrousse chemin : le convoi fera un détour. A Presbourg, envoyé par Charles, le comte Hunyady va à sa rencontre.

Folle d'inquiétude, Zita était restée toute la journée sans nouvelles. Une image rôdait dans sa tête : la famille de Nicolas II, massacrée quelques mois plus tôt. Nerveuse, elle trépignait, incapable de rester en place. Ce fut une des rares fois où elle ne se contrôla pas devant les autres. A onze heures du soir, l'impératrice poussa un soupir de soulagement : les enfants grimpaient les escaliers de Schönbrunn. Sains et saufs.

*

La révolution à Budapest ? C'est partout qu'elle éclate. Le 28 octobre, à Prague, deux membres du Conseil national se présentent au siège du gouvernement impérial. Désormais, annoncent-ils, ils assumeront l'administration du pays. Le soir même, le Conseil proclame la création de l'État tchécoslovaque. Le commandant de la garnison reconnaît le fait accompli : quatre siècles de souveraineté des Habsbourg sur la Bohême prennent fin, sans une goutte de sang versée. Le 14 novembre, Masaryk, qui se trouvait encore aux États-Unis, sera élu président de la République, et Karel Kramar nommé président du Conseil.

Le 29 octobre, à Zagreb, la Diète de Croatie coupe les ponts avec Vienne et Budapest : la Croatie, la Slavonie et la Dalmatie se déclarent membres de l'État souverain des Serbes, Croates et Slovènes. Le 31 octobre, à Ljubljana, l'Assemblée nationale des Slovènes ratifie cette décision. Le 28 octobre, le Conseil national de Bucovine décide le rattachement de la province à la Roumanie. Le 31, les Roumains de Transylvanie en font autant. Le Comité national polonais prend en main le contrôle de la Galicie. La Double Monarchie tombe en lambeaux.

Et le cœur de l'empire ? Les Hongrois forment une nation. Mais les Autrichiens proprement dits ? Se trouve brutalement posée, au cours de ces journées fiévreuses, une question qui, pendant trente ans, va peser sur le destin de Vienne : qu'est-ce que l'Autriche ? Historiquement, c'est un domaine héréditaire des Habsbourg. Mais sa population, par son fond ethnique, sa langue, sa culture, est germanique. Il existe, ô combien, un esprit autrichien, un type autrichien, une individualité autrichienne, fruits d'une longue histoire. Mais, politiquement, ce qui a conféré aux Autrichiens — c'est-à-dire aux Allemands d'Autriche — leur existence et leur raison commune, c'est la dynastie. Qu'est-ce qui les réunit, à partir du moment où la couronne vacille ? Doivent-ils — l'interrogation est la même pour les Sudètes de Tchécoslovaquie — rejoindre la vaste communauté des Allemands ? Ou leur différence justifie-t-elle qu'ils disposent d'un État propre ? Peut-il exister une nation autrichienne, concept inconnu en 1918 ?

Le 21 octobre, les députés allemands du Parlement autrichien se baptisent « Assemblée nationale provisoire de l'État indépendant d'Autriche allemande », entendant représenter aussi les Allemands de Bohême et de Moravie. Cette Assemblée désigne un comité exécutif de vingt membres, le Conseil d'État — recruté dans tous les partis. A cette date, ce comité ne prétend pas au pouvoir : il n'est pas encore à prendre.

Le 28 octobre, à la Hofburg, Charles reçoit enfin le serment du cabinet Lammasch. En apparence, l'empereur règne. Il se tient à Schönbrunn, la Cour existe encore, avec tout l'appareil de la monarchie. Le 30, les passants acclament Charles se rendant à la Hofburg. Une autre foule, il est vrai, manifeste au même moment sur le Ring. Elle a été ameutée par le parti social-démocrate, dont l'aile gauche commence à dominer. Le cri de « vive la République » s'entend pour la première fois. Ce même jour, cependant, Zita visite un hôpital : un accueil chaleureux lui est réservé.

Mais l'effondrement du front et la sécession de Prague et Budapest, comme un fleuve en crue, emportent tout. Le 31, Charles délie les officiers de leur serment : ils sont libres de se mettre à la disposition des Conseils nationaux. Rompu, le lien multiséculaire entre l'empereur et l'armée ? C'est le symbole de la dissolution de la monarchie.

Le 1er novembre, à Padoue, ont débuté les négociations d'armistice. Le porte-parole de l'empereur a pour consigne d'accepter « tous les termes qui ne porteraient pas atteinte à l'honneur de l'armée et qui n'exigeraient pas une capitulation pure et simple ». Le soir même, Schönbrunn connaît les conditions posées : démobilisation des troupes austro-hongroises, retrait au-delà du Brenner (entraînant l'abandon du Trentin et du Tyrol du Sud à l'Italie), droit de libre circulation des troupes alliées sur le territoire austro-hongrois (ce qui revient, Berlin n'ayant pas déposé les armes, à laisser attaquer l'Allemagne par la Bavière).

Un tel acte engage l'avenir du pays. Aussi Charles invite-t-il les représentants de « l'Autriche allemande » à en discuter avec lui. *Ipso facto*, c'est attribuer une légitimité aux cinq membres du Conseil d'État qui se présentent à Schönbrunn le 2 novembre.

Dans l'escalier du palais, Victor Adler, père du socialisme autrichien, éprouve un malaise cardiaque (il mourra d'ailleurs quelques jours plus tard). « Vous voulez me tuer », s'exclame-t-il à l'adresse de Zita, qui réclamait pour lui un verre de cognac. Son indisposition surmontée, les discussions commencent. Nous ne portons, arguent les délégués, aucune responsabilité dans la déclaration de guerre. L'empereur doit seul régler le problème de l'armistice. « Pas plus que vous, réplique Charles, je n'ai commencé cette guerre. Mais j'ai toujours essayé d'y mettre fin. Et vous, messieurs, ne m'avez jamais soutenu dans mes efforts en faveur de la paix. »

Dans la soirée, le cabinet délibère avec le souverain. Les

rapports de l'état-major s'accumulent. Ils signalent la décomposition de l'armée : les Conseils nationaux de Budapest, Prague ou Zagreb rapatrient leurs troupes.

L'empereur n'a plus le choix. Les larmes aux yeux, dans la nuit du 2 novembre, il donne l'ordre d'accepter les conditions d'armistice. Consigne est télégraphiée aux négociateurs autrichiens de réduire les effets de la dernière clause, qui permet aux Alliés d'attaquer l'Allemagne à revers : au nom de l'honneur militaire, Charles s'y refuse. Il envoie ensuite Lammasch et le général Arz prévenir le Conseil d'État. Ils ne trouveront personne ; à l'heure où se jouait une partie critique, les députés de « l'Autriche allemande » étaient allés se coucher.

Le 3 novembre, les Italiens prennent acte de l'agrément autrichien, et font savoir que les hostilités prendront fin le 4 novembre à quinze heures. Mais l'armée impériale, obéissant aux ordres, a déjà cessé le feu. Pendant vingt-quatre heures, les Italiens envoient des corps de troupes à travers les lignes autrichiennes, inertes, désorganisées. Conquête facile d'un territoire qu'ils n'avaient pu gagner en douze campagnes, depuis 1915. Trois cent cinquante mille Austro-Hongrois sont faits prisonniers — dont des régiments d'élite, comme les chasseurs tyroliens, qui, pendant la guerre, n'avaient jamais reculé.

Quand il apprit ce désastre, Charles pâlit un peu plus. Mais Zita l'entendit murmurer : « Au moins, il n'y aura plus de soldats qui mourront sur le front. »

L'armistice est conclu au nom de l'Autriche-Hongrie et de toutes les puissances en guerre contre Vienne. Un autre cessez-le-feu sera cependant signé sur le front balkanique, le 7 novembre. Karolyi s'était rendu au quartier général de Franchet d'Esperey, accompagné de représentants des conseils de soldats, vêtus de tenues fort peu militaires. Les dévisageant, le général français, cinglant, jeta au « comte rouge » : « Vous êtes tombés si bas ? »

Le 4 novembre, Charles avait écrit à Guillaume II : « J'ai dû, sous la pression des événements, demander un armistice et accepter des conditions que j'aurais considérées il y a peu de temps encore comme inacceptables. » Ultime courtoisie qui ne recevra jamais réponse. Jusqu'à leur mort, les deux hommes n'auront plus aucun contact [1].

*

Pendant que se déroulaient les négociations d'armistice, la confusion s'était installée à Vienne. Dans la nuit du 2 au 3 novembre, le préfet de police avait averti le monarque : il ne pouvait plus garantir la sécurité de Schönbrunn ; la famille impériale devait trouver refuge ailleurs.

Le 69e régiment d'infanterie hongrois assurait alors la protection du palais. La veille, il était parti, obéissant aux ordres de Budapest. A l'exception de ses officiers, la garde impériale avait ensuite disparu. Ces deux cents hommes à l'uniforme rutilant paradaient naguère lors de toutes les cérémonies et, au moment où ils auraient dû mériter leur nom, eux aussi flanchaient. Zita vit même une hallebarde posée contre un mur : son propriétaire avait déserté. Aux principales entrées du château ne veillent même plus de sentinelles. Bientôt, outre la famille impériale, Schönbrunn n'est plus habité que par les aides de camp de l'empereur, les dames d'honneur de l'impératrice, les officiers de la garde, quelques employés et domestiques.

Un réconfort surgit. Les élèves officiers de l'Académie militaire de Wiener Neustadt, sous les ordres de Walter von Schuschnigg, cousin du futur chancelier d'Autriche, vinrent spontanément assurer la sécurité de l'empereur. Ils furent rejoints par les cadets de l'Académie militaire technique de Mödling et par ceux de l'École d'artillerie de Traiskirchen. « Un des plus beaux exemples de fidélité que j'ai vus dans ma vie », dira Zita. Quand tout s'écroulait dans l'empire, des garçons de dix-huit ans tenaient bon.

Dans le palais vide de Schönbrunn errent quelques fantômes. La vieille princesse Pauline Metternich (âgée de plus de quatre-vingt-dix ans) rend visite à l'impératrice. Comme

1. Curieusement, Charles et Zita seront toujours enclins à l'indulgence envers Guillaume II, même après la guerre. Les souverains autrichiens le croyaient victime de son état-major. Depuis, la recherche historique a montré que le Kaiser partageait le bellicisme de ses généraux.

surgie du passé, la dernière fille du chancelier de la Sainte-Alliance rassure Zita : « Ne perdez pas courage. Les révolutions sont comme les inondations, elles viennent puis repartent. L'eau redescendra, Majesté. » Une autre fois survient le comte Waldendorff, naguère camarade de Charles au 7e dragons. Blessé de guerre, il avait quitté son hôpital, vêtu en civil, et venait offrir ses services, un fusil sous sa cape de chasse. Il y en eut d'autres, mais Charles et Zita ne le surent pas. Prestigieux meneur d'hommes, le maréchal Boroevic ramène intact son corps d'armée, du front d'Italie jusqu'en Carinthie. Il envoie deux télégrammes à l'empereur, lui proposant de foncer jusqu'à Vienne. De même pour le colonel Meraviglia-Crivelli, à la tête du 5e uhlans. La désorganisation est telle que Charles ne reçut jamais leurs messages. A Salzbourg, à Innsbruck, des commandants d'unité se proposent aussi de gagner la capitale. Mais c'est le chaos : les trains ne roulent plus, et les régiments s'évanouissent dans la nature.

Vienne est parcourue de manifestations. Pour maintenir un semblant d'ordre, les sociaux-démocrates ont formé une milice armée, la Volkswehr. Les extrémistes soutiennent les éléments plus radicaux de la Garde rouge, d'orientation bolchevique. Dans la capitale s'instaure un pouvoir parallèle. La maigre garnison de la Hofburg, elle aussi, s'est dispersée. Ceux qui restent, officiers et cadets, barricadent le palais, mitrailleuses en batterie. Dans sa princière demeure — située Favoritenstrasse, à côté du Theresianum, l'académie des Cadets — l'archiduchesse Marie-Thérèse fait les cent pas. Le fusil à la main.

En dépit des menaces, Charles refuse de quitter Schönbrunn. Son départ, il en est persuadé, ne ferait qu'aggraver la situation, plongerait l'État dans l'abîme. De Budapest, l'archiduc Joseph le supplie d'abandonner le trône de Hongrie. En vain. Timorés, d'autres membres de la famille leur conseillent de se cacher, Zita et lui.

Dimanche 4 novembre, fête de la Saint-Charles. Dans la cathédrale Saint-Étienne, le cardinal Piffl célèbre la grand-messe aux intentions de l'empereur. Le nonce apostolique prend part à la cérémonie, comme tous les membres du nouveau cabinet ministériel. Mais un seul général est là, en uniforme. L'assistance se sépare aux accents du *Gott erhalte* : c'est la dernière fois que l'hymne impérial résonne sous les voûtes de Stefansdom. Avant le 1er avril 1989, pour les obsèques de Zita...

Au service dit en son honneur dans la chapelle de Schönbrunn, ce 4 novembre, Charles apparaît sans l'impératrice. Mais ses deux aînés l'accompagnent : Otto et Adelaïde. Depuis que la crise a éclaté, l'empereur ne dort pratiquement pas. Des rides sont apparues sur son front, des cernes sous ses yeux. Sur son visage, fatigue, tristesse. Mais Vienne reste Vienne. Dans cette ville, tous les contraires sont possibles. L'après-midi, Charles et Zita déambulent avec leurs enfants, sous l'œil vigilant des cadets, dans les jardins privés du palais. Depuis la partie publique du parc, les promencurs les applaudissent.

Le gouvernement impérial ne gouverne plus rien. Le 8 novembre parvient enfin la réponse de Wilson à la lettre envoyée par Charles le 27 octobre. Mais elle est adressée à Karl Seitz, le président du Conseil d'État. Les Conseils nationaux de Prague et Budapest recevront un message identique, se félicitant que « les divers peuples aient rejeté le joug de l'empire austro-hongrois ».

Le 6 novembre, le Premier ministre, Heinrich Lammasch, présente sa démission. Charles lui enjoint de rester en fonction. Il compte au moins sur lui pour servir d'intermédiaire avec le Conseil d'État de « l'Autriche allemande ». Depuis une semaine, dans ce conseil, les débats portent sur la forme future de l'État. Dorénavant, tous les sociaux-démocrates réclament la République. Les chrétiens-sociaux, eux, défendent la monarchie. L'Assemblée s'est fixé un rendez-vous décisif : le 12 novembre, elle tranchera l'alternative république ou monarchie.

Par le biais du capitaine Werkmann, Charles prie le cardinal Piffl de sonder discrètement le chef des chrétiens-sociaux, Mgr Hauser. Le 9 novembre, ce dernier assure au prélat : « Je maintiendrai le parti autour du drapeau impérial, et si tous l'abandonnent, j'y demeurerai seul quand même. » En rendant compte de sa mission à Werkmann, le cardinal Piffl ajoute une recommandation : les chefs des chrétiens-sociaux, d'après lui, seraient plus déterminés si Charles voulait bien « faire passer ses droits au second plan, et confier au peuple la mission de se prononcer sur la forme à donner à l'État ». En d'autres termes, il est demandé à l'empereur de se retirer temporairement, en l'attente d'une confirmation de ses pouvoirs par l'Assemblée.

Cette proposition, en réalité, a déjà été examinée entre eux par les ministres. Car le vent tourne. Le 8 novembre, les membres du cabinet impérial ont fait leurs comptes : pour le scrutin du 12 novembre, les prévisions offrent une chance croissante à la République. Les ministres s'interrogent non seulement sur l'utilité de leur fonction, mais sur le maintien de l'empereur. Mais quand ils se sont présentés à Schönbrunn, aucun d'eux n'a osé évoquer cette expectative. De retour chez lui, mélancolique, Josef Redlich, ministre des Finances depuis douze jours, consigne dans son journal : « Au fond de la salle se tenait la charmante comtesse Bellegarde [une dame d'honneur de Zita] ; autour d'elle se pressaient d'élégants officiers de la garde, tandis que planait alentour un souffle de désagrégation auquel se mêlaient les relents d'une culture exquise, bien qu'évanescente. Ceux qui nous succéderont et délasseront leurs jambes dans cette même salle comprendront-ils notre civilisation et se montreront-ils capables d'y apporter un fleuron ? »

Charles est sans illusion. Tout ce qui se passe, il l'avait prévu. Conscient de vivre l'écroulement de la monarchie, il sait qu'il ne pourra pas inverser le courant. Mais par principe, il ne veut pas abdiquer. Il est l'héritier de la couronne : il n'en est pas le propriétaire. Il n'a pas le droit de mettre fin à la chaîne multiséculaire des Habsbourg.

Les nouvelles venues d'Allemagne confirment ce qu'il pressentait : si les souverains ne font pas la paix, les peuples la feront pour eux, et eux seront balayés. Après d'ultimes combats désespérés en Lorraine et dans le Nord, Berlin a sollicité un armistice le 8 novembre. Guillaume II vient d'abdiquer. Le Kaiser est parti en Hollande, vers un exil préparé à l'avance. Vestiges de la vieille Allemagne d'avant Bismarck, le roi de Saxe et le roi de Bavière, eux aussi, abandonnent leurs trônes.

Charles tient cependant à préserver le principe qu'il incarne : « L'exemple donné par la révolution allemande, confie-t-il à Werkmann et à Hunyady, causera l'effondrement de l'Autriche. On imposera la république, on ne défendra pas la monarchie. On m'a déjà menacé de lancer les masses ouvrières sur Schönbrunn, si je ne renonçais pas à la couronne... Je n'abdiquerai pas, ni ne fuirai. La déposition ne m'enlève aucun de mes droits, puisque je ne renonce à aucun de ceux que je détiens. »

Le 10 novembre, le cabinet impérial se réunit deux fois. L'annonce de la révolution en Allemagne, la pression exercée par la Volkswehr dans les rues de Vienne ont fait monter la pression. La proclamation de la République apparaît inéluctable. Le ministre de l'Intérieur met en garde : la Garde rouge prépare un coup de force contre le souverain. L'ombre tragique des Romanov passe dans les esprits. L'empereur doit se retirer, pensent maintenant les ministres. Mais comment lui faire prendre cette décision ?

Le 11 novembre au matin, le cabinet examine un projet d'abdication émanant du Conseil d'État de l'« Autriche allemande », rédigé par Karl Renner. Ce texte est rejeté. L'abbé Seipel, ministre de la Prévoyance sociale, propose cependant la rédaction d'une déclaration par laquelle l'empereur s'engagerait seulement à renoncer aux affaires du gouvernement. Cet acte aussitôt libellé, à onze heures du matin, Lammasch et Gayer, le ministre de l'Intérieur, se présentent à Schönbrunn. Le premier, se souvient Werkmann, « agité, défait, nerveux, n'arrivant pas à achever ses phrases » ; le second « fort ému ».

Charles et Zita n'ont pas dormi. Que faire, si l'abdication est exigée ? Ils ont longuement tourné les termes de ce problème dans leur tête. Et prié.

Les deux représentants du gouvernement informent l'empereur de la décision du Conseil des ministres. Ils lui présentent la déclaration proposée. Charles la lit lentement.

« C'est une abdication, s'exclame-t-il. Je n'abdique pas. »

Il ne s'agit pas d'une abdication, répliquent les ministres, mais d'une renonciation temporaire, ne préjugeant pas des droits futurs de la Couronne. Ils supplient l'empereur de signer, insistant sur les dangers courus par la famille impériale. « Il nous faut ce manifeste tout de suite, à l'instant même, insiste Gayer. Il faut encore qu'il passe par l'imprimerie d'État, et il importe qu'il soit publié à trois heures. Seule cette publication pourra encore arrêter ceux qui ne reculent plus devant rien. »

Charles refuse de céder à l'affolement. Il prie Lammasch et Gayer de le laisser seul, mais retient Werkmann, qui assistait à l'audience. Sur la foi des assurances que lui a données le cardinal Piffl, ce dernier croit que le retrait de l'empereur permettra aux chrétiens-sociaux de voter en faveur de la monarchie. A son tour, il insiste :

« Je supplie Votre Majesté de signer.

— Dans ce cas, rétorque Charles, je veux que Sa Majesté l'impératrice vous entende aussi. »

On va chercher Zita. Charles lui tend le papier. A peine l'a-t-elle parcouru qu'éclate son indignation :

« Jamais ! Tu ne peux pas abdiquer.

— Ce n'est pas une abdication », répond Charles.

Zita n'écoute pas. Véhémente, elle continue :

« Un souverain ne peut jamais abdiquer. Il peut être déposé, déchu de ses droits de souverain. Ça, c'est la force. Elle ne l'oblige pas à reconnaître qu'il a perdu ses droits. Il peut les revendiquer avec le temps et selon les circonstances. Mais abdiquer, jamais, jamais, jamais ! J'aime mieux mourir avec toi ici. Dans ce cas, Otto succéderait. Et si nous devions tous tomber, il reste encore d'autres Habsbourg. »

L'aide de camp de l'empereur frappe à la porte :

« Majesté, les ministres demandent instamment une réponse.

— Qu'ils attendent encore un peu », jette Charles, excédé.

Quelques minutes plus tard, l'aide de camp paraît de nouveau. Puis le ministre Gayer. Charles et Zita, entraînant Werkmann, se réfugient dans le salon des Porcelaines. Sur un ton plus posé, la discussion se poursuit. L'impératrice prend le temps de lire le texte à fond. Au sens strict, convient-elle, ce n'est pas une abdication. Mais Charles brandit d'ultimes raisons de ne pas signer.

« La raison, la saine réflexion ne jouent aucun rôle en ce

moment, argumente Werkmann ; l'heure appartient, au contraire, à la passion, à la trahison, à la force. Dès l'instant que les partisans les plus fidèles de Votre Majesté lui conseillent cette résolution, on peut se fier à ce conseil.

— N'y a-t-il donc aucune force, si petite soit-elle, qui serait disposée à défendre la monarchie ?

— On pourrait peut-être parvenir à trouver ces quelques centaines de personnes dont on aurait besoin pour tenir tête à la multitude. Elles pourront empêcher qu'on se livre à des voies de fait contre Votre Majesté. Mais elles ne pourront obtenir que les machines se remettent à tourner dans les usines, ni que les chemins de fer apportent des vivres aux citadins affamés. »

Il est midi. De guerre lasse, avec un simple crayon sorti de sa poche, Charles appose sa signature sur ce qui sera l'acte final de la monarchie autrichienne. Werkmann communique la proclamation aux émissaires, qui repartent aussitôt en ville.

Ce 11 novembre 1918, le manifeste est publié au journal officiel — le dernier portant les armoiries des Habsbourg :

Depuis mon arrivée au trône, je me suis efforcé sans cesse de faire échapper mes peuples aux horreurs de la guerre, à la déclaration de laquelle je ne porte aucune responsabilité. Je n'ai pas hésité à rétablir la vie constitutionnelle, et j'ai ouvert à mes peuples le chemin de leur évolution constitutionnelle indépendante. Toujours rempli, avant comme après, d'un amour immuable pour mes peuples, je ne veux pas que ma personne soit un obstacle à leur libre développement. Je reconnais par avance les décisions que prendra l'Autriche allemande au sujet de sa forme constitutionnelle future.

Le peuple a pris le pouvoir par l'intermédiaire de ses représentants. Je renonce à la part qui me revient dans la conduite des affaires de l'État. Je relève en même temps mon gouvernement autrichien de ses fonctions. Puisse le peuple autrichien établir et consolider ce nouvel ordre des choses dans un esprit de concorde et de conciliation. Le bonheur de mes peuples a toujours été l'objet de mes souhaits les plus ardents. Seule la paix intérieure peut guérir les blessures de cette guerre.

A quatorze heures, Lammasch et ses ministres sont de retour. Ultime cérémonie : les adieux du dernier cabinet impérial. Dans un château de Schönbrunn désert, le gouvernement remet officiellement sa démission. En pleurs, Lammasch articule avec difficulté un bref discours. Conformément à l'usage, le souverain décerne décorations et pensions à ceux qui l'ont servi. Dérisoire épilogue ? En tout cas, tellement autrichien...

*

« Il faut montrer aux gens, avait dit Zita, que nous sommes là où le commande notre devoir. » Tout au long de cette crise, l'impératrice aura fait preuve d'un rare courage. En public, jamais elle ne laissait percer son inquiétude. « J'ai si peur », avait-elle pourtant confié au journaliste Friedrich Funder. Peur ? Moins pour elle que pour son mari, ses enfants. Son sang Bourbon lui rappelait à quelle violence peuvent conduire les révolutions. Mais jamais elle ne le dévoila.

Charles, lui aussi, avait montré son caractère. Sans doute sortait-il vaincu de l'épreuve, mais qui ne l'aurait été ? Cet homme de trente ans, placé à la tête d'un vieil empire, avait dû, pratiquement seul, faire face à sa dissolution. Lui qui n'était pour rien dans la guerre qui avait ensanglanté l'Europe, on lui en faisait porter le fardeau. A ses côtés, nul ministre de la veine d'un Kaunitz ou d'un Metternich, nul maréchal de la trempe d'un Eugène de Savoie ou d'un Radetzky. L'Autriche, dans son histoire, a connu beaucoup de grands hommes. En 1918, on les cherchait.

Demeure une question, qui est le mystère de toute révolution. Pourquoi la monarchie s'est-elle effondrée si vite ? Elle avait certes été condamnée à mort par les Alliés. Mais les souffrances de la guerre, la faim, la misère avaient usé la population. L'anarchie de la défaite avait disloqué l'armée, pilier du régime. L'éclatement de l'empire avait désorganisé l'administration, autre soutien des Habsbourg. Les campagnes antidynastiques des milieux pangermanistes avaient également exercé un effet négatif. C'était la durée du conflit mondial, le désarroi de la défaite qui provoquaient l'avènement d'un nouveau régime, plus qu'une volonté politique réelle, plus que l'adhésion de la population. Au sens purement démocratique, la représentativité de l'Assemblée nationale provisoire était d'ailleurs contestable, puisqu'elle était formée de députés élus en 1911, dans un contexte constitutionnel différent.

Les ministres de Charles avaient majoré le danger révolutionnaire — la suite le montrera. Dans l'anarchie généralisée, chacun se souciait de son salut individuel, plus que du salut de l'État. Cette démission des élites permit en quelques jours la disparition d'une institution vieille de sept siècles.

*

Divers asiles pour les souverains avaient été envisagés. On avait d'abord pensé au Tyrol. En 1848, fuyant la révolution viennoise, l'empereur Ferdinand s'était déjà réfugié à Innsbruck. Mais les troupes qui refluaient en désordre du front italien rendaient les vallées alpines peu sûres. Presbourg ou Brandeis ? La proximité de Prague ne rendait pas la Bohême plus tranquille.

Dans l'après-midi du 11 novembre, Charles est prévenu : la police vient d'ordonner l'occupation de Schönbrunn et de la Hofburg par les forces du nouveau régime. L'empereur prend alors sa décision. Il s'installera au château d'Eckartsau, trente kilomètres à l'est de Vienne.

En fin de journée, dans la chapelle du palais, une dernière prière réunit la famille impériale. Dans la salle de cérémonie, Charles et Zita saluent un à un leurs collaborateurs et leurs serviteurs. Eux sont restés jusqu'au bout. Tous pleurent, hommes ou femmes. A huit heures du soir, les cadets et leur colonel se présentent devant l'empereur. Avant de se disperser, ils renouvellent leur serment de fidélité. Déjà la cour du château est envahie par un bataillon de la Volkswehr. Vingt-quatre membres de la garde — les seuls à n'avoir pas déserté — montent dans un camion. L'empereur, l'impératrice, leurs enfants et une suite restreinte montent en voiture.

A neuf heures, dans l'obscurité, les Habsbourg quittent Schönbrunn. Ils n'y reviendront plus.

Le lendemain, 12 novembre, le Conseil d'État adopte la « Loi fondamentale de l'Autriche allemande ». A l'exception de trois députés, les chrétiens-sociaux ont voté pour la République...

9

Après sept cents ans, l'exil

Bâti au Moyen Âge, le château d'Eckartsau avait été transformé à l'époque baroque, puis remanié pour François-Ferdinand. L'archiduc héritier en avait fait un de ses relais de chasse : la demeure n'était nullement destinée à accueillir la famille impériale. Zita se rappellera longtemps l'arrivée nocturne dans cette maison vide et glacée, sans électricité ni chauffage, ni même de draps pour les lits.

Pendant leur séjour, ces contraintes matérielles pèseront cruellement. Charles et Zita ont des goûts sobres : personnellement, les privations ne les affectent pas. Mais il y a les enfants, l'archiduchesse Maria Josefa (la mère de l'empereur) et l'archiduchesse Marie-Thérèse, la suite, les gardes, les domestiques. Cinquante à cent personnes à entretenir.

Les hectares de bois et de prairies forment un vaste domaine de chasse. Charles lui-même part en battue, par nécessité, pour ramener du gibier. Le ravitaillement, cependant, reste insuffisant. De la capitale, les camions arrivent irrégulièrement, quand ils ne sont pas pillés en cours de route. Le savon et les allumettes font défaut. Un groupe électrogène donne un peu de lumière, mais l'essence manque pour le faire fonctionner. Dès la tombée du jour, la grande bâtisse n'est éclairée que par de rares bougies, qu'on prend soin d'économiser.

Le 15 décembre, l'empereur tremble de fièvre. C'est la grippe espagnole. La fatigue accumulée, les carences de l'alimentation ont affaibli son organisme : il restera alité neuf semaines. L'épidémie frappera les enfants tour à tour, et l'on craindra même pour la vie du petit Charles-Louis, âgé de huit mois.

Le 24 décembre 1918 est une triste veillée de Noël. Zita a organisé le traditionnel sapin. Elle a vérifié que, jusqu'au dernier des serviteurs, chacun reçoive un cadeau. Présents symboliques : une tablette de chocolat, quelque babiole tirée d'une malle dénichée dans le grenier. Charles a tenu à être là, assis sur une chaise. Après la cérémonie, il doit être recouché.

Peu après le départ de Schönbrunn, le Conseil d'État avait dissous la garde impériale — mesure prenant effet le 22 novembre. Au jour dit, le colonel Wolff obtint des souverains une dernière audience. A ses hommes, le commandant de la garde exprima la gratitude du couple impérial, puis il les délia de leur serment. Le plus vieux, un adjudant, prit la parole : « Mon colonel, nous demandons à servir encore. Sans solde. » Le maintien de la garde aurait provoqué l'intervention de la Volkswehr ; la mort dans l'âme, l'officier dut refuser.

Le lendemain, dix hommes de la police viennoise assurèrent la sécurité d'Eckartsau. Resté en poste depuis la proclamation de la République, le préfet de police, Johannes Schober, était un fidèle. Le danger ? Il ne provenait pas de la population, mais de ces déserteurs et démobilisés qui, dans toute l'Autriche, traînaient par bandes, vivant de rapines. La Garde rouge hantait la région. Un matin, ces fanatiques accrochèrent une affiche manuscrite à la grille du parc. Un avertissement : tous les habitants du château allaient être pendus.

Deux aides de camp avaient suivi l'empereur, le colonel Ledochowski et le capitaine de frégate von Schonta. Toutes les semaines, le grand chambellan de la cour, le comte Hunyady, et le chef de son bureau militaire, le baron Zeidler, venaient aux consignes. Werkmann, qui rendit visite à Charles dix jours après son installation, a témoigné de son état d'esprit : « Il était de bonne humeur. Le sentiment d'avoir épargné la guerre civile à l'Autriche et la conviction que son peuple lui reviendrait un jour soutinrent longtemps encore son moral. Son unique souci en ces jours était la misère du peuple. »

Le 13 novembre était apparue une délégation magyare, conduite par le primat de Hongrie et le président de la Chambre des magnats. Envoyés par Mihaly Karolyi, ils venaient obtenir l'abdication du roi. Après trois heures de discussion, Charles n'avait pas fléchi. Il avait seulement accepté une brève formule de compromis (rédigée au crayon, car ni plume ni encre ne furent trouvées), analogue à celle signée à Vienne : « Je ne veux pas faire obstacle à l'évolution de la nation hongroise, pour laquelle je ressens toujours le même et constant amour. En conséquence, je me démets de ma participation aux affaires de l'État, et j'accepte la décision relative à la nouvelle forme de gouvernement en Hongrie. » Le 16 novembre 1918, la République fut proclamée à Budapest.

Quatre jours auparavant, le 12 novembre, l'Autriche était elle-même devenue une républiquc. Une république paradoxale : de l'aveu du social-démocrate Karl Renner, une « république sans républicains ». Cette révolution à l'autrichienne, en fin de compte, avait suscité des désordres limités : ni Schönbrunn ni la Hofburg ne furent pillés. Charles résidait à une heure de Vienne. Certains fonctionnaires continuaient à entretenir des relations avec lui. Il inquiétait donc les dignitaires du nouveau régime. Toute muette qu'elle fût, sa présence constituait une menace potentielle pour une république née du hasard. « Si l'empereur s'avise de nommer des ministres, s'écria le social-démocrate Otto Bauer, et que l'Entente les reconnaît, nous n'aurons plus qu'à quitter nos bureaux. » La solution s'imposait alors. L'*Arbeiter Zeitung*, le quotidien socialiste, l'exprima le 17 novembre 1918 : « La dynastie doit émigrer. »

Le 23 décembre, l'Assemblée nationale provisoire tint séance à huis clos. Huissiers et greffiers avaient été priés de sortir. A l'issue des débats, les députés exigèrent l'abdication de l'empereur. Comment l'obtenir ? Renner, nommé chancelier, se chargea de la démarche. Sans s'être annoncé, il se présenta au château d'Eckartsau, début janvier 1919. Charles refusa de le voir. Le capitaine de frégate von Schonta le reçut, et le retint à déjeuner. Placide, poli, mais narquois, l'aide de camp repoussa toutes les suggestions embarrassées de son commensal. Non, l'air humide de la région n'était pas mauvais pour l'empereur. Non, la sécurité ne posait pas de problèmes : avec trente fusils, la maison pouvait se défendre ; la sûreté de la résidence impériale, au demeurant, relevait du gouvernement. Non, nul n'était contraint d'appeler l'empereur « Sa Majesté », pas plus que lui, Schonta, n'était obligé de donner à son vis-à-vis son titre universitaire de docteur... Renner repartit, piteux.

La réalité était tout autre que la fierté de Schonta n'osait le confesser. Au château, la situation était sinistre. La malnutrition, la maladie, l'insécurité, l'isolement, le sentiment de déchéance plombaient l'atmosphère. Zita, une fois de plus, résistait le mieux. Bien qu'enceinte, elle avait maigri, et son visage avait pâli à force de tension intérieure. Infatigable, elle veillait à tout.

*

La seule note d'espoir, en cette relégation forcée, vint d'un personnage exceptionnel. Un Britannique, qui allait accomplir pour les Habsbourg ce qu'aucun Autrichien n'aurait pu faire.

Début février 1919, de sa propre initiative, Sixte de Bourbon-Parme était intervenu auprès de Poincaré puis de George V, les alertant sur les dangers menaçant la famille impériale. Le président français avait avoué son impuissance. Le roi d'Angleterre, qui se sentira toujours coupable de n'avoir pas secouru son cousin Nicolas II, avait quant à lui promis son aide.

Le 15 février 1919, la mission alliée à Vienne reçut l'ordre d'envoyer un officier à Eckartsau. Objectif ? Améliorer les conditions de vie des habitants du domaine ; apporter aux anciens souverains le soutien moral du gouvernement de Sa Majesté britannique. Le colonel Summerhayes, un médecin militaire, fut dépêché au château le 20 février. A George V, Charles adressa une lettre de remerciement — en français :

Majesté, je suis heureux de pouvoir venir remercier Votre Majesté de la si délicate attention de m'avoir envoyé le colonel Summerhayes. Je suis fort touché de cet acte si courtois et en même temps j'en suis très reconnaissant. (...) La situation dans le monde entier est très difficile, surtout pour nous souverains. Que Dieu ait pitié de l'humanité souffrante et lui rende bientôt le repos dont elle a si besoin. De Votre Majesté le bon frère et cousin, Charles.

Mais la mission alliée, tenant aux bonnes relations avec la république d'Autriche, ne pouvait sans contradiction assurer une ambassade auprès de l'empereur. Revenu à Vienne, Summerhayes apprit avoir été déchargé de sa tâche, confiée à un lieutenant-colonel de l'armée d'Orient.

C'est peu dire que sir Edward Lisle Strutt fut l'homme *ad hoc* pour la mission qui lui était confiée : il semblait avoir été prédestiné pour celle-ci. Aristocrate, catholique, il avait reçu la meilleure éducation. Il était polyglotte ; étudiant à Oxford, il avait perfectionné son allemand à l'université d'Innsbruck. Avant-guerre, il entretenait de multiples relations mondaines en Europe centralc. Détaché du régiment royal d'Écosse, il servait depuis quelques mois comme officier de liaison auprès de Franchet d'Esperey. Sur sa vareuse, il pouvait épingler une impressionnante brochette de décorations : Companion of the Order of the British Empire, Distinguished Service Order, croix de guerre française à quatre palmes, officier de la Légion d'honneur, chevalier de l'ordre de Saint-Léopold, croix de guerre belge avec palme, ordre de l'Étoile de Roumanie.

En permission à Venise, Strutt goûtait les charmes de l'hôtel Danieli quand il fut informé de son mandat. Le 25 février, il est à Vienne (où il descend au Bristol, autre palace). Dans la rue, il tombe par hasard sur Czernin. L'ancien ministre de l'empereur se trouve être une vieille connaissance. Les temps sont durs pour tout le monde : ils déjeunent de boîtes de corned-beef et de confiture.

A Eckartsau, le 27 février, Strutt est accueilli par Schonta. Dans la chambre qui lui est réservée, des photos de chasse sont accrochées sur un paravent. Sur l'une d'elles, prise à Saint-Moritz — cela paraît trop beau pour être vrai — le lieutenant-colonel se reconnaît, posant à côté de l'archiduc François-Ferdinand.

Il est présenté à Charles : « Je m'adresse toujours en français à l'empereur, qui me répond en allemand. Il m'apprend que son anglais est très élémentaire ; en revanche, son français est excellent en ce qui concerne la prononciation, quoiqu'un peu déficient sur le plan du vocabulaire. Le physique de l'empereur est conforme à son caractère. Il serait difficile de ne pas éprouver une immense sympathie à son endroit. C'est un homme éminemment attachant, un peu faible peut-être, intelligent, et prêt à affronter sa fin avec le même courage que son ancêtre Marie-Antoinette. »

Strutt est ensuite invité chez l'impératrice : « Elle est très simplement vêtue de noir et porte ses splendides perles. Elle est pâle et paraît souffrante. De taille moyenne, sa silhouette mince la fait paraître plus jeune que son âge, vingt-six ans. Ma première impression est qu'il émane d'elle une extraordinaire force de caractère que tempère son charme étonnant. La détermination s'inscrit dans les lignes de son petit menton carré ; l'intelligence pétille dans ses yeux bruns ; l'intellectualisme se devine dans son front large, à demi caché par une masse de cheveux sombres. Jamais je ne l'ai entendue émettre une seule plainte. »

Compétent, efficace, l'officier se met au travail : ravitaillement (il mobilise des camions militaires anglais), sécurité, il a l'œil à tout. Fine gâchette, il chasse avec Charles, et se promène avec lui dans le parc. Le soir, au salon, il tient compagnie à la famille impériale. Au whist, l'excellent joueur de cartes tâche de ne pas manifester sa supériorité. En quinze jours, parfait gentleman, Strutt est devenu un ami.

*

Le 16 février 1919 s'étaient déroulées les premières élections législatives de la nouvelle Autriche. Arrivés en tête, les sociaux-démocrates avaient formé un gouvernement de coalition avec les chrétiens-sociaux. Karl Renner avait été reconduit chancelier d'un gouvernement qui n'était plus provisoire : dans les négociations de paix qui allaient s'ouvrir, il serait l'interlocuteur des Alliés.

Renner avait intérêt à régler le cas de l'empereur. Au moment où la Bavière de Kurt Eisner et la Hongrie de Bela Kun plongeaient dans la terreur bolchevique, l'ancien souverain pouvait devenir le porte-drapeau des conservateurs.

A contrario, il faisait l'effet d'un chiffon rouge sur les communistes autrichiens (peu nombreux, ces derniers tenteront un putsch le 15 juin 1919 et une grève générale le 21 juillet suivant, deux échecs qui les marginaliseront définitivement). Mais pour n'être débordés ni sur leur droite ni sur leur gauche, les sociaux-démocrates devaient se débarrasser de Charles. Renner lui offrait trois possibilités : abdiquer et rester en Autriche comme simple citoyen ; ne pas abdiquer et s'exiler ; être interné en cas de refus des deux solutions précédentes.

Le 17 mars, un télégramme du ministère de la Guerre britannique avertit Strutt : il était « hautement recommandable que l'empereur quitte l'Autriche pour se rendre en Suisse immédiatement ».

L'officier voulait d'abord emmener le souverain seul. Mais Charles refusa d'abandonner sa femme et ses enfants. Le lendemain, un incident survint aux portes du château : une charrette transportant des provisions fut pillée par des soldats de la Volkswehr, qui laissèrent une lettre d'insulte à l'intention de « monsieur Karl Habsburg ». « Cela m'incite, rapporte Strutt dans son journal, à avoir un entretien avec l'impératrice, que j'en viens à considérer comme le véritable chef de famille. Je lui promets que je parviendrai à leur faire quitter le pays sans que l'empereur ait à abdiquer. » Convaincue par l'officier anglais, Zita emporte l'adhésion de Charles, après que Strutt le lui eut promis : il partirait « comme un empereur et non comme un voleur ».

Entre le 20 et le 23 mars, le lieutenant-colonel met au point les modalités du départ avec Renner. Lors du dernier entretien, ultime manœuvre, le chancelier exige l'abdication de l'empereur. Strutt, qui a jugé l'homme, a prévu le coup. Il sort de sa poche un télégramme prêt à être expédié à Londres : « Gouvernement autrichien refuse autorisation départ empereur, à moins que ce dernier abdique. En conséquence, donnez ordre rétablissement blocus et interceptez tout train ravitaillement destination Autriche. » Du bluff pur : une telle décision n'aurait nullement été du ressort d'un simple officier. Mais le stratagème fonctionne : effrayé, Renner consent à ce que Charles quitte sans conditions le territoire autrichien.

Strutt avait fait préparer le train impérial (ce devait être son dernier voyage). Le 23 mars, escorté par six fantassins britanniques, le convoi est conduit jusqu'à la petite gare de Kopfstetten, à trois kilomètres d'Eckartsau. Le chargement des bagages et des deux voitures de l'empereur — une Daimler et une Mercedes, un des rares luxes qui lui restent — dure tout l'après-midi.

Au château, les adieux ont commencé à la chapelle. Servie par l'archiduc Otto, une messe est célébrée par Mgr Seydl, aumônier de la Cour. A la fin de la cérémonie, on chante le *Gott erhalte*, l'hymne impérial :

Que Dieu garde / Que Dieu protège notre empereur, notre pays / Que fortifié par la foi / Il nous conduise d'une main sage / Que la couronne de nos aïeux / Nous défende contre nos ennemis / Unissant au sort des Habsbourg / Le sort de l'Autriche elle-même...

Frissons. Les larmes qui coulent traduisent la mesure de l'événement : une page de l'Autriche se tourne.

L'empereur confie à Strutt un coffre de bijoux et une malle de documents, ainsi qu'une enveloppe contenant de l'argent. Quand la famille impériale descend l'escalier de marbre, serviteurs et fermiers du domaine les guettent. En pleurs. Charles et Zita saluent chacun.

A la gare de Kopfstetten, deux mille personnes sont réunies, paysans et villageois des environs. L'émotion est intense. A dix-neuf heures, dans la nuit noire, sous la pluie, la locomotive s'ébranle. Charles se penche à la fenêtre, et crie « au revoir, mes amis ». Puis dans un soupir douloureux, à Strutt : « Après sept cents ans... » La gorge nouée, Zita, elle aussi, se tourne vers l'Anglais : « Ma famille a été exilée de France, d'Italie et du Portugal ; par mon mariage, je suis devenue autrichienne, et maintenant, je suis exilée d'Autriche. »

A l'aube du 24 mars, le train se réveille au Tyrol. A trois heures de l'après-midi, il atteint Feldkirch, à la frontière austro-suisse. Charles quitte son uniforme de maréchal. Il enfile un costume civil, à la surprise de ses enfants, qui le voient ainsi pour la première fois.

Sur le quai, le hasard a placé un témoin illustre, Stefan Zweig. Dans *Le Monde d'hier*, l'écrivain se souvient : « Je reconnus derrière la glace du wagon la haute stature dressée de l'empereur Charles, le dernier empereur d'Autriche, et son épouse en vêtements noirs, l'impératrice Zita. Je tressaillis : le dernier empereur d'Autriche, l'héritier de la dynastie qui avait gouverné le pays pendant sept cents ans, quittait son empire ! Maintenant, cet homme grand et grave se tenait debout à la fenêtre et voyait pour la dernière fois les montagnes, les maisons, les gens de son pays. (...) "L'empereur", ce mot avait réuni pour nous toute la puissance, toute la richesse, il avait été le symbole de la pérennité de l'Autriche et, dès l'enfance, on avait appris à prononcer ces syllabes avec vénération. Et maintenant je voyais son successeur, le dernier empereur d'Autriche, quitter le pays en proscrit. Tous ceux qui nous entouraient sentaient l'histoire, l'histoire universelle, dans ce spectacle tragique. »

Strutt — qui observait tout — a été à son tour observé à ce moment-là. L'aide de camp Schonta raconte : « Il se tourna vers moi et dit : "C'est ça qu'on appelle une révolution." Je regardai l'Anglais, toujours si impassible, et vis que ses yeux étaient humides de larmes. »

Le 10 avril, sa mission terminée, le lieutenant-colonel Strutt fera ses adieux. Le lendemain, l'empereur écrira une nouvelle fois à George V — toujours en français :

Monsieur mon frère, Arrivé sur le sol hospitalier de la Suisse avec l'escorte militaire que le gouvernement de Votre Majesté a bien voulu mettre à ma disposition, je désire vous exprimer et sans délai les sentiments de gratitude que me fait éprouver l'appui sûr et généreux de l'Empire britannique dans des circonstances cruelles que je veux croire momentanées. (...) Vous n'avez pas voulu que l'exemple injuste et sauvage donné par la Russie égarée se renouvelle contre moi et les miens. Je vous serai, quoi qu'il arrive désormais de nous, toujours reconnaissant de cet appui fraternel et effectif. (...) Dieu veuille vous épargner de voir jamais, dans l'avenir, ce que j'ai dû voir auprès de moi. Je suis, de Votre Majesté, le très obligé et le bon frère, Charles.

*

Le 21 mars, un télégramme de l'impératrice avait averti sa mère : « Expulsés d'Autriche, nous, Charles, les quatre enfants[1] et moi, vous prions de nous accorder pour quelques jours votre hospitalité à Wartegg. »

Les autorités helvétiques réservèrent aux souverains une réception courtoise. Un détachement militaire leur présenta les armes. Puis la duchesse de Parme les accueillit. Son château de Wartegg était plein. En décembre 1918, la duchesse Maria Antonia s'y était installée définitivement. Y habitaient aussi, depuis 1914, quatre demi-frères et sœurs de Zita (enfants handicapés du premier mariage du duc de Parme), et, arrivés avec leurs mères, Félix, René, Isabelle, Louis et Gaëtan, les plus jeunes frères et sœurs de Zita. Wartegg abritait encore l'archiduchesse Marie-Thérèse (venue d'Eckartsau) et dom Miguel de Bragance, sœur et frère de la duchesse de Parme.

Sixte et Xavier les rejoindront ensuite. Miracle des liens du sang, entre ces derniers, qui avaient fait la guerre avec l'Entente, et Félix et René, qui avaient servi dans l'armée austro-hongroise, l'unité se refit immédiatement.

Après la crispation des années écoulées, Wartegg constitue pour Charles et Zita un havre de paix. L'impératrice retrouve l'ambiance et les joies de son enfance, la chaleur familiale qui panse les plaies. Huit années se sont écoulées depuis les derniers étés à Pianore, huit années qui paraissent un siècle. Charles se repose, et se remet peu à peu des efforts soutenus au cours de son règne si court, mais si peu serein. « La gaieté qui animait la jeunesse se communiquait au couple impérial », raconte Werkmann, qui se souvient avoir vu les souverains prendre part à des batailles de boules de neige.

---

1. Quatre enfants : Otto, Adélaïde, Robert et Charles-Louis. Félix, qui avait particulièrement souffert de la malnutrition, se trouvait déjà en convalescence chez sa grand-mère, à Wartegg.

Charles et Zita se refusaient à abuser de l'hospitalité de la duchesse de Parme. Au demeurant, le château était trop petit pour héberger durablement les Habsbourg. Enfin, le gouvernement helvétique avait posé une condition : l'empereur devait s'abstenir de toute activité politique, et s'établir à l'intérieur du territoire suisse, loin de la frontière autrichienne.

Le 20 mai 1919, la famille impériale emménage à vingt kilomètres de Genève, à Prangins, sur la rive nord du lac Léman. Charles a loué une grande villa entourée d'un parc, jadis construite pour le prince Jérôme Bonaparte. L'esthétique du bâtiment est douteuse, mais la vue sur le lac, les Alpes de Savoie et le mont Blanc est superbe. La maison abrite une petite Cour en exil : l'empereur, l'impératrice et leurs enfants ; la mère de Charles, l'archiduchesse Maria Josefa ; l'aumônier, Mgr Seydl ; les deux aides de camp de l'empereur, le colonel Ledochowski et le capitaine de frégate von Schonta ; son secrétaire, le capitaine Werkmann ; les deux dames d'honneur de l'impératrice, la comtesse Agnes Schönborn et la comtesse Gabrielle Bellegarde ; les précepteurs des princes et leur gouvernante, la comtesse Kerssenbrock ; enfin une assez nombreuse domesticité. En tout, près de quatre-vingts personnes.

Le salon est transformé en chapelle. Tous les matins, Mgr Seydl y célèbre la messe devant le couple impérial. Puis Charles consacre les premières heures de la journée à la lecture des journaux et à sa correspondance. Zita est totalement disponible pour ses enfants. Charles, pour la première fois, peut remplir ses obligations paternelles. Otto a sept ans : allemand, hongrois, religion, un programme d'enseignement est dressé pour lui.

Le 5 septembre 1919 vint au monde le sixième enfant du couple impérial, l'archiduc Rodolphe. En l'honneur de ce Habsbourg né en Suisse, Charles emmena les siens visiter le berceau de la lignée, la forteresse d'Habitchsburg, en Argovie. A Prangins encore, le 1er mars 1921, naîtra le septième enfant, l'archiduchesse Charlotte. Comme pour les six accouchements précédents, Zita sera assistée du Pr Peham et du Dr Delug, venus spécialement de Vienne.

L'hiver, sous la conduite de leur gouvernante, les enfants

partent à la montagne. Ils vont chez un nouvel ami de leur père, à Disentis, dans le canton des Grisons. L'empereur s'est lié avec un prêtre, le père Maurus Carnot, historien et poète, féru de culture rhéto-romane. Avec ce bénédictin devenu son directeur spirituel, la discussion roule, intarissable, sur tous les sujets.

*

A Prangins, les visiteurs défilent. Charles les retient. Sa largesse s'étend de même à ceux qui sont dans le besoin. Son attention fut attirée sur le sort du maréchal Boroevic, tombé dans la misère : ses biens familiaux, situés en Croatie, avaient été saisis par Belgrade, et il ne touchait aucune pension. Le glorieux soldat, en avril 1920, lui adressa une lettre émouvante :

Ce n'est pas seulement ma très humble reconnaissance que je voudrais exprimer pour le don généreux que je dois à la munificence de Votre Majesté, mais aussi la profonde confusion que j'éprouve à la pensée que, même dans la meilleure intention, on ait cru devoir importuner Votre Majesté du récit de mes soucis matériels. Je les ai gardés pour moi jusqu'à ce jour, et je les ai considérés comme les décrets d'un aveugle destin, contre lequel il serait aussi inutile que contraire à ma foi chrétienne de m'insurger.

Pourtant, la situation financière devenait préoccupante. Souverains, présidents élus ou dictateurs, combien de chefs d'État, en période prérévolutionnaire, auront placé de l'argent dans un pays sûr ? Une telle idée n'a jamais effleuré Charles d'Autriche. Tout juste, en juillet 1918, a-t-il souscrit sept polices d'assurance sur la vie auprès de compagnies austro-hongroises, au profit de Zita et des enfants. Seule autre précaution, le 1er novembre 1918, le comte Berchtold, ancien ministre de François-Joseph, avait quitté l'Autriche avec quatre valises de bijoux — non les joyaux de la couronne, restés à Vienne, mais des biens privés — et les avait déposés à Berne, à la Banque nationale suisse.

L'empereur ne disposait d'aucune ressource. Fait rare dans l'histoire dynastique, les Habsbourg, après avoir disposé d'une fortune considérable, avaient tout perdu.

Le chancelier Renner tenait à conférer un cadre légal à l'exil de la famille impériale. Trois jours après le départ de celle-ci, le 27 mars 1919, il présenta un projet de loi au Parlement. Malgré l'opposition des chrétiens-sociaux, le texte fut voté le 3 avril 1919. Aux termes de cette loi, tous les droits souverains des Habsbourg étaient abolis en Autriche. Les membres de la maison impériale devaient renoncer à leurs prérogatives, et signer une déclaration de reconnaissance de la République. Ceux qui s'y refusaient étaient bannis du pays. Enfin, le nouvel État se déclarait « propriétaire de tous les biens mobiliers et immobiliers situés sur son territoire, faisant partie du trésor de la Couronne, ou ayant appartenu à l'ancienne dynastie régnante, y compris la branche cadette [1] ».

A Vienne, les avocats de Charles dressèrent la liste du patrimoine des Habsbourg, avec les preuves de son origine. Une première catégorie recensait les biens attachés à l'exercice de la souveraineté. A Vienne, la Hofburg, Schönbrunn, le Belvédère, le palais Augarten, Hetzendorf, la résidence de Baden et l'ancien château de Laxenburg ; à Salzbourg, la résidence ; à Innsbruck, la Hofburg et le château d'Ambras ; à Prague, le château royal et le château de Karlstein ; à Budapest, le château royal et Gödöllö ; à Cracovie, le château Wavel ; à Trieste, le château de Miramare ; en Slovénie, le haras de Lipizza. Les revenus de ces biens d'État équivalaient à une liste civile, sur laquelle, naguère, l'empereur entretenait, à Vienne, l'Opéra et le Burgtheater, les musées impériaux, la Bibliothèque nationale, les jardins impériaux (accessibles au public) ainsi que, dans tout l'empire, de multiples fondations culturelles ou caritatives, et les traitements et pensions des employés de ces institutions.

La seconde catégorie distinguait les biens privés, classés en trois subdivisions. 1° le fonds de famille, créé en 1765 par

1. Au même moment fut votée une loi interdisant les titres de noblesse et prohibant l'emploi de la particule dans les noms de famille. Cette loi est toujours en vigueur en Autriche.

Marie-Thérèse et augmenté peu à peu par des achats privés, dont le but était d'assurer un revenu à tout Habsbourg, si éloigné qu'il fût du trône : domaines en Tchécoslovaquie, nouveau château de Laxenburg, Eckartsau, immeubles à Vienne, valeurs mobilières ; 2° le fidéicommis institué par François-Joseph en 1901 : domaines en Tchécoslovaquie, palais toscan à Prague, domaines en Autriche, valeurs mobilières, collections d'art placées dans les musées de Vienne ; 3° la fortune particulière de Charles : le château de Brandeis en Tchécoslovaquie (acquis en 1917), la villa Wartholz, le château de Feistritz (acheté avec Zita), la villa d'Este à Tivoli, près de Rome (léguée par François-Ferdinand), des valeurs mobilières.

Indépendante de la fonction monarchique, une immense part de cet héritage relevait du droit de propriété le plus classique. Mais les socialistes entendaient confisquer toute la fortune des Habsbourg. Le 30 octobre 1919, le Parlement autrichien adopta une seconde loi, nationalisant tous leurs biens privés (à l'exception des avoirs acquis ou hérités en propre par Charles). Les États successeurs de l'empire (la Tchécoslovaquie, la Pologne, le royaume des Serbes, Croates et Slovènes) adopteront des mesures semblables. La Hongrie également, en 1921. Et l'article 208 du traité de Saint-Germain, signé en septembre 1919, prévoyait aussi l'expropriation des biens de l'ancienne famille souveraine. Une véritable spoliation.

Les Habsbourg se résoudront à la saisie de leurs biens d'État, fruit des vicissitudes politiques. Mais ils contesteront toujours l'appropriation par l'État autrichien de leur patrimoine privé. Pour éviter le bannissement, certains signèrent la déclaration de reconnaissance de la République : ce fut le cas des archiducs de la ligne toscane. Tout en conservant des rapports de parenté avec eux, Charles ne les considérera plus comme membres de sa maison. Les autres quittèrent l'Autriche, partageant l'exil du couple impérial.

Si Charles restait le propriétaire légal de ses biens propres, leurs revenus se trouvaient sous séquestre. A Prangins, la somme rapportée d'Eckartsau (sept mille francs suisses) était déjà dépensée. Une seule issue se présentait : vendre des bijoux. Mais ceux déposés à Berne furent l'objet d'un mauvais feuilleton. A Wartegg, un homme d'affaires autrichien, Bruno Steiner, était venu offrir ses services : il avait été l'administrateur de François-Ferdinand en Italie. Mis en confiance, l'empereur lui donna procuration pour négocier au meilleur cours un lot de bijoux. En 1922, Steiner aura disparu, et les bijoux avec lui.

*

La guerre terminée, Paris s'est imposé comme la capitale où les vaincus doivent négocier. Cinq traités sont signés : avec l'Allemagne, à Versailles, le 28 juin 1919 ; avec l'Autriche, à Saint-Germain-en-Laye, le 10 septembre 1919 ; avec la Bulgarie, à Neuilly, le 27 novembre 1919 ; avec la Hongrie, à Trianon, le 4 juin 1920 ; avec la Turquie, à Sèvres, le 10 août 1920. La carte de l'Europe en sort profondément redessinée. La Pologne, les pays Baltes, la Finlande recouvrent leur indépendance. Deux États nouveaux sont reconnus, la Tchécoslovaquie et le royaume des Serbes, Croates et Slovènes (baptisé Yougoslavie en 1929). L'Allemagne est amputée. L'empire ottoman démembré. Et l'éclatement de l'empire austro-hongrois est ratifié par la communauté internationale.

Anciens fiefs héréditaires des Habsbourg, la Bohême, la Moravie, la Slovaquie et la Ruthénie forment la Tchécoslovaquie*. La Transylvanie, le Banat oriental et la Bucovine sont attribués à la Roumanie. La Galicie et le territoire de Teschen rejoignent la Pologne. Le Tyrol du Sud, le Trentin, l'Istrie et Trieste sont annexés par l'Italie. La Carniole slovène, la Croatie, la Dalmatie, la Slavonie, la Bosnie et l'Herzégovine appartiennent à la Yougoslavie. La Hongrie perd les deux tiers de son territoire, au profit des quatre pays limitrophes, la Tchécoslovaquie, la Roumanie, la Yougoslavie et même l'Autriche. Et qu'en est-il de l'Autriche ?

« L'Autriche, c'est ce qui reste », avait dit Clemenceau. Ce qui reste, c'est un pays de six millions d'habitants. Un pays déséquilibré, entre une capitale hypertrophiée (Vienne abrite

---

* Voir carte p. 304.

La famille de Zita, en 1894. Son père, le duc de Parme, porte l'uniforme de colonel bulgare ; devant lui, sa seconde épouse, Maria Antonia de Bragance, mère de Zita. Les neuf aînés figurant sur ce cliché sont issus du premier mariage de Robert de Bourbon-Parme avec Maria-Pia des Deux-Siciles. Zita, âgée de deux ans, est assise sur une petite chaise, au premier rang, au milieu. *(D. R.)*

Portrait officiel de Zita, le jour de son mariage. Le port altier d'une princesse et l'éclat d'une jeune femme de dix-neuf ans. *(Coll. Viollet.)*

21 octobre 1911 : mariage de Charles de Habsbourg et de Zita de Bourbon-Parme, au château de Schwarzau, non loin de Vienne. L'empereur François-Joseph *(à droite)* assiste à la cérémonie. *(Coll. Viollet.)*

Tués à Sarajevo, en 1914 : l'archiduc François-Ferdinand et sa femme, la duchesse de Hohenberg. Ici avec leurs trois enfants. *De gauche à droite :* Ernst, Sophie et Maximilien. .
(Nouvelle-Photo / Harlingue.)

Printemps 1914 : l'archiduc Charles et l'archiduchesse Zita, avec leurs deux premiers enfants, Otto et Adélaïde. *(Coll. Viollet.)*

Septembre 1914. Le vieux François-Joseph se fait photographier avec son arrière-petit-neveu et futur successeur à la tête de la maison d'Autriche. Le fils aîné de l'archiduc Charles (qui se trouve au front) et de l'achiduchesse Zita (qui habite Schönbrunn) est âgé de vingt mois : Otto de Habsbourg. *(Coll. Viollet.)*

30 novembre 1916 : Vienne enterre François-Joseph, mort à quatre-vingt-six ans. En tête du cortège funèbre, l'empereur Charles, l'impératrice Zita (voilée de noir) et le prince-héritier, Otto.
(L'Illustration / Sygma.)

20 décembre 1916. A Budapest, Charles est sacré roi de Hongrie. Sur sa tête, couronne de Saint-Étienne, emblème national des Magyars. A ses côtés, la ne Zita et le prince Otto. *(Coll. Viollet.)*

Charles 1er, empereur d'Autriche, quatrième roi de Hongrie de ce nom. Il est le dernier Habsbourg à avoir régné. *(AKG.)*

Ci-dessous : 2 mai 1917, Charles et Zita en visite à Cracovie. En deux ans de règne, Charles effectua cinquante-six voyages dans son empire. L'impératrice l'accompagna une quinzaine de fois. *(AKG.)*

Fin mai 1917 : escortée de deux officiers, Zita visite un village du Tyrol du Sud. Loin des palais viennois, ce type de contacts permettait aux souverains de mesurer directement les besoins de la population, et son état d'esprit. *(AKG.)*

Les six princes de Bourbon-Parme, frères de Zita, vers 1925. *Assis :* Sixte ; *debout, de gauche à droite :* Louis, Félix, René, Gaëtan et Xavier. Pendant la Première Guerre mondiale, Félix et René ont servi dans l'armée austro-hongroise, Sixte et Xavier chez les Alliés (Louis et Gaëtan étant trop jeunes pour avoir été mobilisés). La paix a ressoudé l'unité familiale. *(Keystone.)*

Le prince Sixte de Bourbon-Parme, en uniform belge, décoré de la croix de guerre française. E 1917, les négociations secrètes entreprises pa l'empereur Charles d'Autriche en vue de conclu re un armistice avec les Alliés, et menées e Suisse, à Paris, à Vienne et à Londres, passèren par le frère de Zita. Ce fut une des dernières ten tatives de diplomatie dynastique.
(Sélection Images.)

Septembre 1921, au château d'Hertenstein, sur le lac des Quatre-Cantons, en Suisse. Malgré l'exil, l'ultime quiétude d'une famille unie. *De gauche à droite,* Charles-Louis, Félix, Charlotte (dans les bras de Zita), Adéläide, Rodolphe (tenu par son père), Otto et Robert.
(Coll. Viollet.)

Au château d'Hertenstein, en octobre 1921. Zita est enceinte de l'archiduchesse Élisabeth, qui ne connaîtra pas son père.
(Coll. Viollet.)

23 octobre 1921 : Charles est revenu en Hongrie pour reprendre son trône à l'amiral Horthy. Zita a tenu à l'accompagner. Avant d'atteindre Budapest, les souverains assistent à la messe. Le putsch royaliste échouera de peu. *(D. R.)*

Sur le port de Funchal, à Madère, le 2 février 1922. Charles et Zita ont été exilés dans cette île par les Alliés. L'impératrice est allée chercher ses enfants en Europe. Ici, son arrivée.
(L'Illustration / Sygma.)

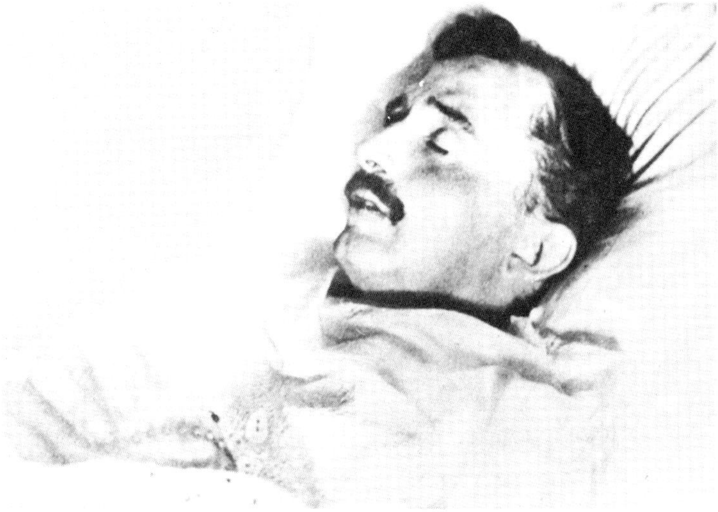

1er avril 1922 : l'empereur Charles sur son lit de mort. Une pneumonie a eu raison de son organisme affaibli par les privations et par la douleur de l'exil. Il avait trente-quatre ans. *(Coll. Viollet.)*

La mort de Charles a laissé Zita veuve, à trente ans, avec huit enfants, et sans ressources. Elle va dorénavant se consacrer à leur éducation, et notamment préparer l'aîné, Otto, à son rôle de chef de la maison de Habsbourg. *(Coll. Viollet.)*

Alphonse XIII a offert l'hospitalité à Zita. Ici le roi d'Espagne et l'impératrice, à Madrid, visitant le musée du Prado. *(Coll. Viollet.)*

Otto de Habsbourg, à seize ans, en costume hongrois. En 1930 – en Belgique, où les Habsbourg se sont installés –, il sera déclaré majeur, mettant fin à la « régence » de sa mère. *(D. R.)*

De 1922 à 1929, la famille impériale vit à Lekeitio, sur la côte basque espagnole. *De gauche à droite :* Otto, Adélaïde, Robert, Félix, Charles-Louis, Rodolphe, Charlotte et Élisabeth (vers 1928). *(Keystone.)*

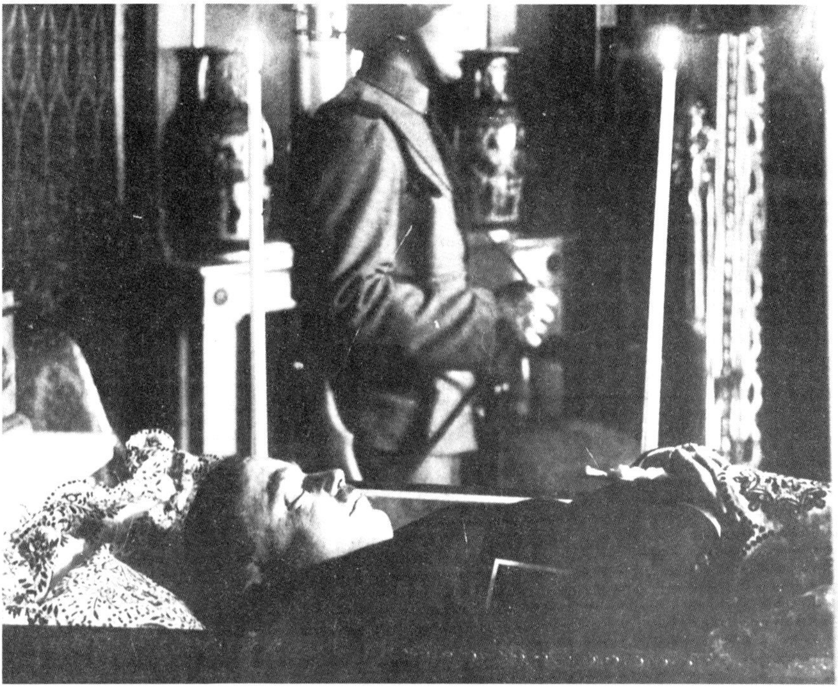

Pour l'Autriche, les années 1930 furent celles de la menace hitlérienne. Le 25 juillet 1934, le chancelier Dollfuss, catholique et patriote, fut assassiné par les nazis. L'impératrice Zita salua en lui « le défenseur héroïque de l'indépendance autrichienne ». *(L'Illustration / Sygma.)*

Kurt von Schuschnigg. Successeur de Dollfuss à la chancellerie, il était en relation avec Otto de Habsbourg. En dépit de son courage, il ne parvint pas à empêcher l'Anschluss – l'annexion de l'Autriche par l'Allemagne nationale-socialiste –, le 13 mars 1938. *(Tallandier.)*

A gauche : le Tchèque Edvard Beñes, artisan de la destruction de l'Autriche-Hongrie avant 1918. Il fut aussi, dans l'entre-deux-guerres, l'adversaire de toute restauration monarchique en Autriche et en Hongrie. « Plutôt Hitler que les Habsbourg » disait-il. *(Tallandier.)*
A droite : Karl Renner, chef du parti social-démocrate ; partisan du rattachement à l'Allemagne, comme tous les chefs socialistes autrichiens de l'époque, il appela à voter oui au plébiscite organisé par Hitler, le 10 avril 1938. *(Keystone.)*

27 juillet 1940. Zita, qui débarque sur le sol américain, donne une conférence de presse à l'aéroport de New York. A ses côtés *(de gauche à droite),* ses enfants Félix, Élisabeth et Otto. L'impératrice vivra au Québec puis aux États-Unis. *(D. R.)*

Nancy, 10 mai 1951. Dans l'église des Cordeliers – le Saint-Denis des ducs de Lorraine, ses ancêtres – Otto de Habsbourg épouse la princesse Régina de Saxe-Meiningen. *A gauche,* sur la photo, l'impératrice Zita. *(Keystone.)*

Beaulieu-sur-Mer, 19 novembre 1952, Félix de Habsbourg se marie avec la princesse Anna-Eugénie d'Arenberg. Dans le sourire de Zita, la joie d'une mère, déjà grand-mère depuis deux ans. *(Keystone.)*

L'impératrice Zita à quatre-vingt-dix ans, sous un portrait de son mari, l'empereur Charles, disparu soixante ans plus tôt. *(F. Guenet.)*

En 1982, après soixante-trois ans d'exil, Zita fut autorisée à revenir en Autriche. Le 13 novembre, lors d'une messe célébrée dans la cathédrale Saint-Étienne, les Viennois lui firent fête. Derrière l'impératrice, son petit-fils, Karl de Habsbourg, le fils aîné d'Otto. *(F. Guenet.)*

7 janvier 1984 : l'impératrice Zita et Otto de Habsbourg sont reçus en audience privée, au Vatican, par le pape Jean-Paul II. *(Sygma.)*

Ci-dessus : juillet 1985.
En Suisse, l'impératrice inaugure la nouvelle partie du musée Rorschach, en compagnie de son petit-fils, l'archiduc Christian, et de la femme de celui-ci, née princesse Marie-Astrid de Luxembourg.
(R. Reuter / Sygma.)

Ci-contre : 9 mai 1987.
A Zizers, en Suisse, Zita fête ses quatre-vingt-quinze ans. Toute la famille est là. Autour de l'aïeule, ses arrière-petits-enfants dansent une ronde.
(R. Reuter / Sygma.)

Vienne, 1er avril 1989. Devant une foule immense, les obsèques de Zita ressuscitent les fastes de l'empire. Le corbillard avait déjà transporté la dépouille de François-Joseph. Les drapeaux et les uniformes représentent l'hommage de la vieille Autriche à sa dernière impératrice. *(Sygma.)*

Son ultime demeure : la crypte impériale, dans l'église des Capucins. « Qui demande la permission d'entrer ? – Zita, un être mortel et pécheur… » *(Sygma.)*

30 p. cent de la population autrichienne), majoritairement socialiste, et des régions alpines, pauvres, catholiques et conservatrices. Un pays dont les débouchés économiques naturels, vers le Danube, sont maintenant fermés. Aurait-on voulu créer un État non viable qu'on ne s'y serait pas pris autrement. Dès 1919, dans son essai prophétique *Les Conséquences politiques de la paix*, l'historien Jacques Bainville dénonçait la logique des traités : tout était en place pour pousser à terme les Autrichiens dans les bras de l'Allemagne.

Contre cette logique, l'empereur Charles se révolte. En quittant le pouvoir, il n'avait pas renoncé à la politique. Arrivé en Suisse, il adressa à quelques chefs d'État un manifeste daté du 24 mars 1919, de Feldkirch. Non seulement il protestait contre son sort, mais il contestait la légitimité de l'État instauré à Vienne. Car le 12 novembre 1918, l'article II de la Loi fondamentale de « l'Autriche allemande » — article dont l'esprit avait été réaffirmé par l'Assemblée constituante de mars 1919 — avait proclamé l'Autriche « partie intégrante de la République allemande ».

Rattacher l'Autriche à l'Allemagne ? C'était la négation de l'œuvre historique des Habsbourg. « Ces décisions ne sauraient engager l'avenir, concluait Charles. Ce que le gouvernement austro-allemand, les Assemblées nationales provisoire et constituante ont décrété à cet égard depuis le 12 novembre 1918, et les résolutions qu'ils pourront prendre par la suite, sont par conséquent considérés comme nuls et non avenus par moi et par ma maison. »

Pour l'indépendance de l'Autriche, l'empereur entreprenait une lutte qui sera poursuivie par les siens jusqu'en 1945.

Du temps de François-Joseph, les pangermanistes de Schönerer rêvaient déjà d'une union avec les Allemands du Reich. Le vieil empereur avait violemment combattu ces idées, apanage du parti national-allemand. Dans l'Assemblée autrichienne de 1919, ce courant ne représentait plus que vingt-six députés. Mais l'effondrement de l'empire fournissait des arguments à ceux pour qui l'Autriche n'avait pas de raison d'être. Cet État n'étant pas viable, affirmaient-ils, les six millions d'Autrichiens devaient rejoindre les soixante millions d'Allemands.

Non que le particularisme autrichien se soit dissous. Sur le Danube, on n'avait jamais aimé les Prussiens. « Les deux tiers des électeurs, remarque Henry Allizé, chargé de mission français à Vienne au printemps 1919, se prononceraient pour l'indépendance, au cas où ils seraient assurés de trouver dans le futur traité de paix des conditions économiques et financières suffisantes pour assurer l'existence de l'Autriche. » Mais la situation matérielle de l'après-guerre est effroyable : famine, misère, chômage, inflation. La capitale meurt de faim — littéralement. En avril 1919, blessé au cours d'une manifestation, le cheval d'un policier trébuche : un homme s'approche, d'un coup de couteau l'achève. La foule aussitôt dépèce l'animal, avant de se disperser en emportant des quartiers de viande fumants. Toute la détresse d'un peuple se lit dans cette scène barbare.

Leur désespoir est tel que les Autrichiens ne croient pas en l'Autriche, ainsi que l'illustrent trois référendums organisés à titre consultatif par les provinces alpines : le Vorarlberg, en mai 1919, se prononce à 80 p. cent en faveur de son rattachement à la Suisse ; le Tyrol et la région de Salzbourg, en avril et mai 1921, votent respectivement à 98 et 99,5 p. cent pour leur réunion à l'Allemagne.

La Loi fondamentale de l'« Autriche allemande » (adoptée, en 1918, à cause de l'apathie des chrétiens-sociaux) était l'œuvre du social-démocrate Karl Renner. Au tournant de 1918-1919, la gauche autrichienne, convergeant paradoxalement avec les nationaux-allemands, se prononce d'autant plus pour le rattachement de l'Autriche à l'Allemagne que cette dernière semble vouée à la révolution : « Rattachement à l'Allemagne, proclame Otto Bauer, rattachement au socialisme. » Cette profession de foi idéologique restera celle des socialistes autrichiens — en tout cas des plus extrémistes — jusqu'à la fin de la Seconde Guerre mondiale.

En exil, pour faire obstacle à ce projet, l'empereur Charles met en branle tout ce qui est en son pouvoir. Son action, pour l'essentiel, repose sur des contacts internationaux. Il ne faut pas oublier qu'il n'a abdiqué ni en Autriche ni en Hongrie : tant que les traités de paix ne sont pas signés, puis tant que les nouveaux États n'ont pas été stabilisés, aux yeux des chancelleries, Charles reste un acteur potentiel du jeu européen. Ainsi en mai 1919, six mois après son départ de Vienne, l'Italie effectue auprès de lui de discrets sondages pour connaître sa vision de l'avenir.

Le réseau des légations autrichiennes est complice. Tant que la République n'a pas nommé de diplomates, l'ancien personnel reste en place. Ces hommes, issus de la haute aristocratie, formés à l'école de François-Joseph, ont toutes raisons de se méfier d'un Otto Bauer, ultra marxiste nommé à Vienne ministre des Affaires étrangères. Tout en envoyant leurs rapports officiels au Ballhausplatz, certains ambassadeurs maintiennent des relations officieuses avec l'empereur. Ainsi le baron Chlumecky. En poste à Berne, il se tenait en liaison avec l'ambassade de France dès avant la fin de la guerre. Au cours de l'hiver 1918-1919, il négocie l'envoi de ravitaillement en Autriche par les puissances occidentales. Paris donne une réponse favorable, posant comme condition l'abandon du projet de rattachement à l'Allemagne. Chlumecky, qui a monté cette opération avec Charles, est trop content de faire part des exigences alliées à son ministre. Autre exemple, Heinrich Lammasch. En route pour Paris, membre de la délégation autrichienne à la Conférence de la Paix, l'ancien (et dernier) Premier ministre de l'empereur s'arrête à Prangins pour conférer avec lui.

Le 19 juin 1919, par le truchement de son mandataire suisse, Charles écrit au président Poincaré. Cette lettre — tout comme un long mémorandum rédigé au même moment de sa propre main — prouve combien son refus du rattachement de l'Autriche à l'Allemagne ne procède pas d'un dépit personnel, ni du souci de ses intérêts propres, mais d'une analyse géopolitique. Pour l'empereur : « La désagrégation de l'Autriche-Hongrie s'est opérée au mépris de toutes les considérations historiques, géographiques, ethnographiques, économiques, sociales et morales. » La fondation de nouveaux États en Europe centrale, souligne Charles, ne résout en rien la question des minorités ethniques, puisque les enclaves nationales subsistent, foyers de futures tensions. États artificiels, la Tchécoslovaquie et la Yougoslavie sont à terme condamnées. L'empereur plaide ensuite pour la constitution d'un espace économique danubien, un marché commun, sans lequel la paix sociale ou politique ne pourra s'établir durablement dans la région. « Pour cette raison, fait savoir Charles à Poincaré, la réunion de l'Allemagne à l'Autriche doit être empêchée. Sinon, à l'avenir, l'Italie, de conserve avec l'Allemagne, séparera les puissances occidentales de l'est de l'Europe. »

L'axe Berlin-Rome contre Paris (1936), l'éclatement de la Yougoslavie (1991) et de la Tchécoslovaquie (1992) : visionnaire, Charles d'Autriche ? Seulement connaisseur des lois de l'histoire.

Deux ans plus tard, le 28 juillet 1921, le sentiment désintéressé pour son pays le conduira à écrire à Alexandre Millerand, nouveau président de la République française, et au roi George V, leur demandant l'ouverture de crédits à l'Autriche, menacée par la faillite.

Dès avant la signature des traités de paix, Charles multipliait les contacts pour s'opposer au rattachement de l'Autriche à l'Allemagne. En France, une fois de plus, ses beaux-frères Sixte et Xavier de Bourbon-Parme servaient d'intermédiaires. Ils s'entretinrent avec Paul-Eugène Dutasta — proche collaborateur de Clemenceau et secrétaire général de la Conférence de la Paix — avec Briand, avec le maréchal Lyautey. En Angleterre aussi : à Londres, en février 1919, Sixte et Xavier obtinrent une audience de Lloyd George. A Washington, Charles Penfield — l'ancien ambassadeur des États-Unis à Vienne, ami de Charles et Zita — défendait l'indépendance autrichienne auprès du président Wilson.

Signé avec l'Allemagne en juin 1919, le traité de Versailles interdit le rattachement de l'Autriche. Tout comme celui de Saint-Germain-en-Laye, le 10 septembre suivant, qui prohiba l'expression « Autriche allemande ». Renner en tête, les délégués autrichiens (Lammasch excepté) s'étaient pourtant acharnés à atteindre l'objectif inverse.

Dans la classe politique française ou britannique, les adversaires d'une réunion de l'Autriche à l'Allemagne n'étaient pas rares. C'est sans doute à eux qu'on doit d'avoir interdit, par les traités de paix, que disparaisse l'Autriche. Mais, sans le savoir, ils avaient reçu le soutien de l'empereur. Détrôné, exilé, Charles avait rendu cet ultime service à son pays — le plus haut.

« L'impérialisme, se plaindra le socialiste Otto Bauer, nous a contraints à ce nom maudit d'Autriche. »

10

Retour en Hongrie

Vienne, 25 mars 1921. En cette soirée du Vendredi saint, Tamas Erdödy est chez lui : aujourd'hui, il n'y a pas d'incendie. Licencié comme beaucoup d'officiers de la monarchie, l'ami d'enfance de l'empereur a trouvé du travail. Dans la journée, il est employé aux abattoirs. Le soir, il est pompier.

A minuit, alors qu'il est déjà couché, la sonnette retentit. Sa femme descend. De son lit, il l'entend s'exclamer : « Mon Dieu, Tamas, l'empereur est là. » En peignoir, Erdödy bondit dans le vestibule. Pas de doute, l'homme qui se dresse devant lui est l'empereur Charles. Le plus incroyable est ce qu'il lui déclare : il a quitté la Suisse pour la Hongrie. Il va récupérer son trône. Erdödy doit l'aider à passer la frontière. L'entreprise a-t-elle été bien préparée ? Sur quelles garanties repose-t-elle ? Charles écarte toutes les objections. Il ira à Budapest.

*

A Prangins, parmi les visiteurs, nombreux étaient les Magyars. Depuis les moindres chefs de partis jusqu'aux personnalités haut placées : le baron Bornemisza, ambassadeur en Suisse, le comte Apponyi, chef de la délégation hongroise à la Conférence de la Paix. Tous évoquaient l'impératif d'une restauration monarchique. Aucun n'avait désigné cette fête de Pâques 1921 comme l'échéance la plus favorable. C'est Charles qui avait décidé de tenter sa chance à cette date.

Pour la Hongrie aussi, l'après-guerre avait été dur. Français et Britanniques de l'armée Franchet d'Esperey, Tchèques, Serbes et Roumains, les vainqueurs avaient occupé le pays. Si la disette avait été moins sévère dans les campagnes, la mauvaise situation des villes avait nourri un mécontentement dont avait profité le parti communiste, fondé en novembre 1918. Sous la pression des bolcheviques, « le comte rouge », Mihaly Karolyi, avait démissionné. Le 21 mars 1919, ce Kerenski hongrois avait laissé place à Bela Kun. Disciple de Lénine, ce dernier avait régné cent trente-trois jours à la tête d'un Conseil des commissaires du peuple. Cent trente-trois journées de révolution, de terreur, d'exécutions sommaires. Le régime avait lancé une offensive militaire pour reprendre les territoires pris par les Roumains. Victorieux, ceux-ci avaient occupé Budapest le 3 août 1919. Bela Kun s'était enfui.

En juin 1919, les opposants au bolchevisme avaient institué un contre-pouvoir à Szeged, dans le sud-est de la Hongrie, où cantonnaient les troupes françaises. Présidé par le comte Istvan Bethlen et dominé par les royalistes, ce gouvernement avait pris contact avec Charles. Fuyant la dictature rouge, des officiers avaient formé quelques bataillons. Le commandement de ces forces avait été confié à l'amiral Nikolaus von Horthy. Charles l'avait connu aide de camp de François-Joseph (l'officier accompagnait l'empereur, lors du mariage de Charles et Zita). Devenu commandant en chef de la marine austro-hongroise, Horthy était venu assurer le souverain de sa fidélité, à Schönbrunn, début novembre 1918, quand l'empire s'effondrait. Charles était resté sur cette image.

En novembre 1919, ayant constitué une véritable armée et négocié avec les Alliés le départ des Roumains, Horthy était entré en libérateur dans Budapest. La terreur blanche, sur laquelle il avait fermé les yeux, avait indigné Charles. Mais en janvier 1920, les élections hongroises avaient donné la majorité aux conservateurs. La question du chef de l'État s'était posée. Faire revenir le roi ? Impossible : à Paris, les Alliés avaient mis leur veto. Un arrangement était intervenu. La Hongrie, provisoirement, serait un royaume sans roi. En mars 1920, l'assemblée avait élu Horthy régent. Celui-ci venait d'envoyer un émissaire à Prangins, confirmant son loyalisme à l'égard du monarque. En sens inverse, Charles lui adressait des proclamations à l'intention des Hongrois. Jamais elles n'étaient publiées. Quand dois-je revenir ? demandaient les lettres du souverain. Les réponses étaient courtoises, mais incertaines. Charles avait ensuite appris que le nouveau règlement de l'armée exigeait des officiers un serment au régent, sans qu'il soit question du roi. Manifestement, Horthy prenait goût au pouvoir.

Alors, Charles avait résolu de rentrer en Hongrie. Avec ou sans l'aval de Horthy. En septembre 1920, il avait confié à Werkmann : « Je ne pourrai remettre mon retour au-delà du printemps. »

Il fallait encore savoir sur qui compter. Sur place, d'abord. D'aucuns, pour le trône, songeaient à un autre candidat, par exemple l'archiduc Joseph. Il avait fallu écarter ces intrigues. Charles avait eu par ailleurs à affronter la susceptibilité nationale des Magyars. Difficulté ancienne, puisque les Habsbourg avaient eu maintes occasions d'achopper contre cette fierté ; difficulté nouvelle, puisque l'existence d'une Hongrie indépendante, reconnue comme telle par le droit international, était considérée par les légitimistes eux-mêmes comme un fait acquis. Certains acceptaient Charles comme roi à la seule condition qu'il renonce au trône d'Autriche ! Un accord avait finalement été conclu : le monarque pourrait ceindre une autre couronne après un traité d'État à État, garantissant l'indépendance de la Hongrie. En somme, un nouveau compromis austro-hongrois.

Mais l'essentiel des problèmes que risquait de provoquer une restauration se situait sur le plan international. En juin 1920, au traité de Trianon, la Tchécoslovaquie, la Roumanie et la Yougoslavie s'étaient partagé les dépouilles de la Hongrie royale. Bientôt réunis dans la Petite Entente, ces États étaient hostiles à tout retour des Habsbourg. Ils l'avaient fait savoir. Et la France, qui avait présidé à leur alliance, était leur protectrice. Comment contourner cet obstacle ?

C'est à Paris qu'il l'avait été — en tout cas dans l'esprit de Charles. Une fois encore, son réseau de relations avait joué. Au cours de l'été 1920, Sixte de Bourbon-Parme avait rendu visite à Aristide Briand. Depuis 1917, le ministre se tenait en réserve de la République. Attendant son heure, il continuait à suivre nombre de dossiers en coulisses. Au prince Sixte, il avait affirmé que la monarchie hongroise lui paraissait nécessaire à la stabilité de la région : le soutien de la France à un projet de restauration était possible. Au cours de l'hiver 1920-1921, les conversations avec Briand s'étaient poursuivies. Entre les Français et Charles, d'autres intermédiaires avaient servi, notamment Magliavin, le secrétaire de Paul Deschanel — éphémère président de la République.

En janvier 1921, Briand était revenu aux affaires. Président du Conseil, il s'était attribué le portefeuille des Affaires étrangères, une tradition de la IIIe République. Charles avait entrepris d'en savoir plus sur ses dispositions. Pour cela, il avait fait appel au colonel Strutt, son protecteur à Eckartsau. La preuve de l'intervention de ce dernier est fournie par un rapport confidentiel qu'il rédigea ultérieurement, conservé aux archives de Londres.

En février 1921, l'officier britannique skie à Saint-Moritz. Il est instamment invité à Prangins. Le 22, il a un entretien de deux heures avec l'empereur. Il déjeune ensuite avec le couple impérial. Zita, de belle humeur, se trouve à quelques jours d'accoucher (l'archiduchesse Charlotte naîtra ici, le 1er mars 1921). Charles, le 19 février, a reçu des nouvelles de Paris par le prince Sixte. Briand a assuré à ce dernier que « si l'empereur retournait en Hongrie et se proclamait roi, soulignant ainsi un fait accompli, ni la France ni la Grande-Bretagne ne soulèveraient la moindre objection ». L'opération, aurait ajouté Briand, devait avoir lieu au plus tard avant la deuxième quinzaine de mars. Charles prie Strutt de se rendre à Paris, de voir Sixte et d'obtenir confirmation de la déclaration du président du Conseil (la villa impériale surveillée par la police et son téléphone sur ligne d'écoute, les contacts entre l'empereur et son beau-frère passaient toujours par des intermédiaires).

Le 23 février, Strutt se présente chez Sixte, 47, rue de Varenne. Le prince lui rapporte son entrevue du 14 février avec Briand, entrevue à laquelle assistait le maréchal Lyautey. Le président du Conseil avait bien déclaré que si le roi reprenait son trône, la France le reconnaîtrait. Bien plus, Paris contraindrait l'Angleterre, la Tchécoslovaquie, la Yougoslavie et la Roumanie à se plier au fait accompli, et procurerait une aide économique et militaire à la Hongrie. « Maintenant, aurait conclu Briand, le temps est venu où l'empereur doit montrer toute l'énergie dont il est capable. » De retour à Prangins, le 4 mars, Strutt rapporte ces informations à l'empereur.

Attaché au Foreign Office, l'officier ne détenait aucun mandat pour mener une mission au nom d'un souverain détrôné — naguère ennemi de l'Angleterre ! Quand lord Curzon, son ministre de tutelle, apprit l'affaire, Strutt reçut un blâme. La sanction aurait pu être plus grave si l'épisode s'est déroulé tel que Zita l'a relaté. Cette seconde version figure dans un mémoire dicté par l'impératrice en 1930, non destiné à la publication et classé dans les archives familiales des Habsbourg — ce qui lui confère une forte crédibilité. A Paris, Strutt aurait directement rendu visite à Briand, en compagnie du prince Sixte. Auraient assisté à l'entretien non seulement Lyautey mais également Maurice Paléologue, ancien ambassadeur à Moscou et ancien secrétaire général du Quai d'Orsay — favorable aux Habsbourg, contrairement à son successeur Philippe Berthelot. Si ce fait est avéré, il faut conclure que Strutt aurait déformé la réalité dans son propre procès-verbal adressé aux autorités britanniques, afin de se prémunir envers sa hiérarchie. Où est la vérité ? On ne la connaîtra sans doute jamais. A la demande explicite de Briand, il ne devait demeurer aucune trace écrite de ces discussions. Le président du Conseil avait ordonné que son nom n'apparaisse jamais. Et prévenu : si sa caution était invoquée dans une tentative de restauration en Hongrie, il démentirait.

Charles n'avait pas manqué de conseillers pour lui prêcher la patience, lui répéter que les promesses verbales des Français ne constituaient pas une garantie, lui suggérer de se méfier de l'amiral Horthy, lui enjoindre de bien préparer son coup : son secrétaire Werkmann, son frère l'archiduc Maximilien, son ami Erdödy (venu à Prangins à l'automne 1920). Mais aucun d'eux n'était au courant de la totalité des tractations de l'empereur. C'est bien seul qu'il avait arrêté sa décision : le 24 mars, il partirait pour Vienne. Direction Budapest.

*

Au soir du jeudi 24 mars 1921, Charles quitte Prangins à pied, canne à la main. Il est muni d'un passeport espagnol, tamponné des visas allemand et autrichien, portant un faux nom. Il franchit ensuite la frontière française et, on ne sait comment, rejoint Strasbourg. Là, au matin du vendredi 25, il monte dans l'express Paris-Vienne. Un compartiment réservé l'attendait. A 22 h 50, le train entre dans la capitale autrichienne. L'empereur, le nez chaussé de lunettes noires, emprunte un taxi, demande à être conduit au coin de la Landskrongasse, à côté de chez Erdödy. Pour régler la course, il tend une pièce suisse. Ne pouvant l'utiliser, le chauffeur la refuse. Charles offre alors un billet de cinquante francs suisses : une petite fortune. Stupéfait, l'artisan ira raconter l'histoire à la police. D'autant plus que ce curieux client avait oublié sa canne dans la voiture : une superbe canne à pommeau d'or...

Samedi 26 mars. Au cours de cette nuit où il a hébergé l'empereur, Erdödy n'a pas dormi. Aux premières heures de la matinée, il organise l'affaire. De Vienne, un ancien chauffeur de la Cour les emmène à la frontière. A la douane, Erdödy montre ses papiers. Son compagnon — col retroussé, casque d'automobiliste, lunettes noires — possède maintenant un passeport anglais. Le préposé les laisse passer, mais le chauffeur et la voiture, qui ne sont pas en règle, doivent rebrousser chemin. Compatissant, l'officier du poste les emmène jusqu'au prochain village. « Étrange sensation, glisse Charles, que d'être de retour en inconnu dans la mère patrie. »

Pour déjeuner, ils entrent dans une auberge. Charles se risque à parler. A quoi ressemble le roi ? Nul n'a de photographie à lui montrer, mais les tablées trinquent « à la santé du roi ». L'humble bourgade ne possède ni taxi ni automobile à louer. C'est dans une charrette à foin que Charles et Erdödy poursuivent leur route. A vingt-deux heures, ils atteignent Szombathely, petite ville dont l'évêque, Mgr Mikes, est un légitimiste fervent. Ils sonnent à la porte du palais épiscopal. Appelé, le prélat salue ses hôtes nocturnes.

« Excellence, interroge Erdödy, reconnaissez-vous mon compagnon ? C'est le roi.

— Êtes-vous vraiment le roi ? », demande le prélat.

Il était, racontera Charles, « terriblement surexcité, tremblant de tous ses membres ». Hasard, le ministre des Affaires religieuses, l'abbé Josef Vass, se trouvait sous ce toit. Les forces militaires de la région étaient commandées par le colonel Anton Lehar (frère de Franz Lehar, le compositeur d'opérettes), lui aussi royaliste éprouvé. Alerté, l'officier se rendit à l'évêché et plaça un bataillon autour du bâtiment.

Hasard encore, le président du Conseil hongrois, Pal Teleki, était venu chasser à quarante kilomètres d'ici, chez le préfet Antal Sigray. Lui aussi fut prévenu. Arrivé à cinq heures du matin avec Sigray, Teleki donna son avis : le roi devait soit se rendre immédiatement à Budapest, soit retourner en Suisse. Tout comme Lehar, il croyait à la loyauté du régent Horthy. Aussi fut-il conclu que Charles se rendrait pacifiquement dans la capitale.

A l'aube, dans la chapelle de l'évêché, toute la maison assiste à la messe de Pâques. Il est sept heures du matin. Teleki et l'abbé Vass, les deux ministres, partent en voiture pour Budapest. Ils doivent prévenir Horthy qu'ils précèdent le souverain. Une heure plus tard, ayant enfilé l'uniforme que Lehar lui a préparé, Charles prend la même route. Sans autre escorte que le préfet Sigray et deux officiers de Lehar.

A quatorze heures, dimanche 27 mars, Charles entre en ville. Devant le palais royal, personne ne l'attend. Teleki et Vass n'étaient pas arrivés ? Ils expliqueront avoir eu une panne de voiture... Charles se fait annoncer par Sigray. Lequel revient un long moment plus tard, la mine sombre : « Votre Majesté devra se montrer très énergique. »

« C'est un désastre ! s'écrie Horthy, face au monarque. Votre Majesté doit partir immédiatement et regagner la Suisse. »

L'entretien dura deux heures. En allemand, paradoxalement, parce que l'amiral Horthy ne maîtrisait pas assez le hongrois. On en connaît la teneur par le compte rendu que dicta Charles à Werkmann, entre le 15 et le 19 avril, très peu de jours après les événements. Encore une relation dont la véracité ne peut être mise en cause : initialement, elle n'était pas destinée à la publication. De plus, elle n'apparaît pas flatteuse pour l'empereur : involontairement, elle fait ressortir sa candeur. La version rapportée par Horthy dans ses Mémoires n'est là que pour brosser de lui-même un portrait flatteur.

Remerciant le régent pour la tâche accomplie, Charles lui ordonne de lui remettre le gouvernement du royaume. Jurant de sa fidélité, Horthy réplique qu'une telle passation de pouvoir provoquerait aussitôt l'occupation du pays par les forces de la Petite Entente. Charles insiste. L'amiral rétorque par une supplique inattendue : « Que m'offre Votre Majesté en compensation ? » S'ensuit un lamentable marchandage, où Charles propose titres et fonctions à Horthy, qui avance à chaque promesse supplémentaire un argument dilatoire.

Charles est fourbu. Il n'a pas dormi cette nuit, très peu les deux précédentes. Et il est seul, sans même un pistolet, sans savoir où se trouvent ceux qui l'ont accompagné, dans ce palais qui est théoriquement le sien, mais qui est peuplé d'hommes de Horthy. La fatigue et le désir de faire basculer son contradicteur lui font commettre un faux pas. Les Alliés, s'exclame l'amiral, prendront les armes pour empêcher la restauration. Charles lâche alors le nom de Briand. Paris soutient le roi ? Dans ces conditions, le régent s'engage à laisser la place dans trois semaines — et jure de ne rien révéler à propos de Briand. Manœuvre habile : Charles fléchit. « Nous sommes aujourd'hui le 27 mars, dit le souverain, tirant un calendrier de sa poche : trois semaines nous reportent au 17 avril. Si, à cette date, vous ne me rejoignez pas à Szombathely, je reviendrai ici, à Budapest. »

Horthy exprime un dernier vœu. Le roi pourrait-il lui décerner la grand-croix de l'ordre de Marie-Thérèse qu'il lui avait naguère promise ? Oui, répond Charles, écœuré. Puis il quitte le palais. Sur un échec.

La route du retour fut atroce. La voiture tomba plusieurs fois en panne. C'est seulement à cinq heures du matin, après une seconde nuit blanche, que Charles regagna l'ouest de la Hongrie. A peine avait-il tourné les talons que Horthy mandait le haut-commissaire de France à Budapest. Auquel il déclara que le roi venait de tenter un coup de force, et demanda s'il était exact que le président du Conseil français soutenait ce projet. Tombant des nues, le diplomate réclama des explications à Paris. Bien entendu, Briand démentit. A la conférence des Ambassadeurs, le 1er avril, Jules Cambon affirma que la France n'avait rien à voir avec les menées de Charles de Habsbourg.

*

A Prangins, Zita avait vécu ces journées dans l'angoisse. C'est seulement le lundi 28 mars, alors que tout était déjà terminé à Budapest, qu'elle avait su que Charles était bien parvenu à Vienne. Le 30 mars, la presse téléphona pour avoir confirmation de l'équipée royale. Werkmann, qui n'était au courant de rien, dut demander la vérité à l'impératrice. Mais à la villa impériale, nul ne savait ce qui se passait en Hongrie. A la grille, les journalistes faisaient le pied de grue. Parmi eux, Albert Londres. Le 3 avril, il envoyait son article à *L'Excelsior* : « Dans cette demeure où le roi a laissé son cœur, alors qu'il court la grande aventure, on ne sait rien de lui, on ne suit sa chance que dans les gazettes. L'impératrice ne monte pas à la tour, car il n'y a point de tour. Mais souvent, les cheveux noirs envolés, l'âme en attente, elle apparaît à la fenêtre. Elle regarde le lac... »

Charles demeura une semaine à Szombathely, tâchant de mettre sur pied un programme d'action. En vain. La Tchécoslovaquie, la Roumanie et la Yougoslavie brandissaient la menace d'une expédition militaire si le roi restait en Hongrie. Ses conseillers adjuraient Charles de renoncer. Il dut s'y résoudre.

Ce qui frappe, dans cette tentative de Pâques 1921, c'est son impréparation. Amenés par surprise à Budapest, les mille cinq cents soldats de Lehar auraient changé la donne. Charles y était allé seul, muni de l'ingénue certitude que le régent s'inclinerait devant lui, lié par son serment au roi. Mais Horthy n'était pas un seigneur du Moyen Âge, soumis à son suzerain par un code d'honneur : il n'était qu'un dictateur du XXe siècle, qui croyait à la force.

La Confédération helvétique, le 3 avril, a offert de nouveau l'hospitalité au souverain, à condition qu'il s'installe dans un autre canton. Et s'abstienne de toute activité politique.

Le 5 avril, quand Charles fait ses adieux à la population de

Szombathely, il y a foule pour l'acclamer. A Lehar, il confie son uniforme. Avec une consigne. Un jour, l'officier recevra un message : « le col doit être recousu ». Ce sera l'annonce de son retour. Le départ a lieu en train. A chaque gare, ce sont des manifestations de ferveur. A la frontière, un train spécial attendait l'empereur. Trois officiers alliés (un Français, un Italien et un Anglais), dotés d'une escorte britannique, doivent assurer la sécurité du transit à travers l'Autriche.

Le 6 avril, à deux heures du matin, le téléphone retentit à Prangins. Non seulement la restauration a échoué, apprend Werkmann, mais l'empereur roule, en ce moment même, vers la Suisse. Tirée du lit, Zita fait un rapide calcul : le délai est suffisant pour aller accueillir Charles. Avec l'énergie déclenchée chez elle par les moments de crise, elle fait réveiller Schonta et la comtesse Schönborn, qui devront l'accompagner. A Werkmann, elle ordonne de préparer une automobile, qu'il conduira. Vingt minutes plus tard, ils prennent la route.

Personne n'a eu le temps de s'équiper. Par cette nuit glacée, dans la limousine sans chauffage, il n'y a que l'impératrice — assise à côté du chauffeur, jamais assoupie, pâle et muette, l'œil sur le compteur — qui semble ne pas sentir la morsure du froid. Lausanne, Fribourg, Berne. A sept heures du matin, dans un village endormi, Werkmann s'aventure à demander si Zita ne souhaite pas boire un thé. On s'arrête, on se réchauffe et on se restaure. Sauf Zita, qui n'avale rien. On repart. Lucerne, Zurich. Nouvelle halte. Werkmann téléphone : en raison d'un retard, lui dit-on, le convoi qui ramène Charles n'arrivera à Buchs, à la frontière de la Suisse et du Liechtenstein, qu'à cinq heures de l'après-midi.

Le train entra en gare à l'heure prévue. Sur le quai, Zita était là. Des larmes plein les yeux.

Le canton de Vaud, cette fois, refusa l'asile : impossible de retourner à Prangins. A minuit, le 6 avril, Charles et Zita descendirent à l'hôtel National, à Lucerne. Inlassable reporter, Albert Londres les suivait à la trace. Dès l'aube du 7 avril, il les surprit se rendant à la messe. A Werkmann, il présenta une demande d'interview. L'entretien avec l'empereur eut lieu le 12, et fut publié le 13 avril 1921 dans *L'Excelsior* : « C'est un homme sur les nerfs. Il a les traits fatigués du monsieur qui n'a pas dormi le cœur à l'aise. Il compte trente-quatre ans et des cheveux blancs. » Charles dépeignait l'enthousiasme du peuple hongrois, démentait l'implication de Briand, évoquait la misère de l'Autriche. Et concluait à ce sujet : « Je vous saurais gré de lancer un appel à la noblesse et aux sentiments de justice de la France en faveur de l'État successeur de ma monarchie. »

*

Le cabinet du souverain avait découvert un nouvel abri pour la famille impériale : le château d'Hertenstein. Surplombant le lac des Quatre-Cantons, cet ancien hôtel se situe à une demi-heure de Lucerne par bateau. Le 15 avril, Zita regagne Prangins pour préparer le déménagement, qui aura lieu début mai.

Une vive controverse divisa les autorités suisses. Au regard du droit international, Charles, déchu en Autriche, était toujours roi en Hongrie. Fallait-il lui accorder l'extraterritorialité reconnue à tout souverain résidant à l'étranger ? Berne cherchait un autre pays pour accueillir le proscrit, mais les candidats ne se pressaient pas. Londres et Paris démarchèrent Madrid. Alphonse XIII fit savoir que l'Espagne était prête à donner refuge à l'empereur, mais ne prendrait pas son entretien en charge. La conférence des Ambassadeurs entreprit d'étudier sa situation financière, examen qui dura plusieurs mois.

Charles prit l'engagement de se mettre en quête d'un autre asile, et d'informer le Parlement helvétique de son départ, dès qu'il aurait trouvé « un autre lieu d'exil ». Au cours de l'été 1921, faute de solution, Berne accorda un nouveau délai : octobre. Prorogé ensuite jusqu'à janvier 1922.

Sur le plan familial, le séjour à Hertenstein fut un moment de quiétude. De nouveau Charles pouvait s'occuper des enfants. Une photo montre les sept petits archiducs et archiduchesses posant dans le jardin d'Hertenstein avec leurs parents. Zita, épanouie, porte une robe d'été. Ultime bonheur d'un foyer uni.

Charles, cependant, était obsédé par le désir de retourner à Budapest. Formellement, Horthy continuait à le considérer comme le souverain légitime. Le 4 septembre 1921, à Hertenstein, parvint une lettre du régent : « Je tiens à assurer Votre Majesté que rien ne saurait être plus éloigné de mes intentions que de vouloir m'accrocher au poste que j'occupe actuellement ; j'attends avec impatience le moment où je pourrai abandonner cette responsabilité pleine d'embûches. »

Avec la Hongrie, le va-et-vient des messagers avait repris. Un diplomate magyar, Aladar von Boroviczeny (qui venait d'épouser Agnes Schönborn, la dame d'honneur de Zita) se déplaçait librement entre Budapest et la Suisse. Il éclairait, conseillait. Charles savait la vérité : s'il comptait des amis au gouvernement, du président du Conseil au ministre des Affaires étrangères, le régent s'arrogeait de plus en plus de pouvoirs. Dans l'armée, les officiers fidèles au roi étaient peu à peu écartés. Le temps travaillait contre le souverain : s'il voulait retrouver la couronne de saint Étienne, il fallait se hâter.

Fin avril, trois semaines après son échec, Charles avait envoyé à Paris son mandataire suisse, Seeholzer, pour reprendre contact avec Briand. En premier lieu afin de se justifier : à Pâques, l'indiscrétion émanait de Horthy, non de lui. Explication acceptée par Briand, qui maintenait sa position : placé devant l'état de fait d'une restauration en Hongrie, il s'inclinerait. Si l'on en croit les sources du côté Habsbourg, le président du Conseil, lui aussi, adressait des émissaires réguliers à Hertenstein. Un représentant officieux du monarque devait être nommé en France : le choix s'arrêta sur Oscar von Charmant, un diplomate hongrois installé à Paris. Charles fut aussi informé des pressions exercées par Horthy pour que la conférence des Ambassadeurs exige son abdication.

Charles bénéficiait d'un autre soutien : le pape. Là encore, ce qu'on en sait vient de Zita : les archives du Vatican dissimulent encore la vérité. Mais qui connaît le catholicisme intransigeant de l'impératrice ne peut croire qu'elle ait brodé sur ce sujet. La menace bolchevique sur l'Europe centrale inquiétait le Saint-Siège : le retour du roi en Hongrie édifierait un rempart contre la révolution. Début octobre 1921, un envoyé spécial de Benoît XV, le père Coelestin, se présenta à Hertenstein. La diplomatie vaticane avait étudié la situation : sans hésiter, il était temps de retourner à Budapest.

Le tour d'horizon international confirmait cette analyse. Le roi à Budapest ? Indifférente, l'Angleterre serait neutre. L'Italie ne serait pas hostile. La Tchécoslovaquerie tempêterait, mais les Alliés empêcheraient Beneš de provoquer une guerre. La Roumanie ne bougerait pas. La Yougoslavie, peut-être ; mais les premières dissensions entre Croates et Serbes pouvaient paralyser Belgrade. En Hongrie, les légitimistes s'organisaient.

Charles possédait enfin une motivation essentielle. Il avait été sacré roi de Hongrie. Devant Dieu, c'était sa conviction intime, il était responsable du pays. Une obligation à laquelle il ne saurait se dérober.

Le 13 octobre 1921, à Hertenstein, on apprit que la division Lehar serait mutée de l'ouest de la Hongrie vers Budapest, le 23 octobre, de même que le bataillon de gendarmerie du commandant Osztenburg. Des fidèles. Sans eux, plus rien ne serait possible. « Je dois y aller », confia Charles à Boroviczeny. Le 16 octobre, il rédigea un testament, dans lequel il léguait tous ses droits souverains à son fils aîné, Otto.

*

Le dixième anniversaire de mariage de Charles et Zita tombe le 21 octobre. A Hertenstein, une petite fête a été préparée. Le 20 au matin, quand leurs parents montent en voiture, Otto, Adélaïde, Robert et Félix courent jusqu'à la grille, avec de joyeux au revoir. L'impératrice leur a promis que, ce soir, leur père et elle seraient « à la maison ».

Les enfants auraient été moins gais, s'ils avaient compris le double sens de l'expression. « La maison », c'était la Hongrie. Comment y aller ? L'empereur avait choisi le moyen le plus rapide : l'avion. Zita l'accompagnait. Quand Boroviczeny avait tenté de l'en dissuader, elle avait coupé court. Les petits, gardés par leur grand-mère, l'archiduchesse

Maria Josepha, et leur gouvernante, la comtesse Kerssenbrock ne craindraient rien. C'était son devoir d'assister son mari dans un moment difficile. Insister sur les dangers de l'entreprise ne ferait que renforcer sa détermination. Et les effets physiques du vol ? « Si je veux les supporter, avait-elle rétorqué, je le pourrai. » Aucune hésitation, bien qu'elle fût au début d'une nouvelle grossesse. Charles avait assisté à cet échange. En regardant son collaborateur, il avait haussé les épaules, l'air de dire : « Laissez, j'ai déjà tout essayé. »

Boroviczeny avait loué auprès de la compagnie aérienne suisse Ad Astra un Junker F-13, stationné sur l'aérodrome de Dübendorf, près de Zürich. Pour vingt mille francs suisses, un pilote allemand avait été engagé, ainsi que deux Hongrois, qui avaient étudié sur place le lieu d'atterrissage. Les documents de vol avaient été établis au nom d'un couple russe devant se rendre à Genève.

A midi, ce 20 octobre 1921, l'appareil décolle, avec six personnes à bord : Charles et Zita (qui prennent l'avion pour la première fois), Boroviczeny et les trois pilotes. « Nous souffrions l'un et l'autre du vertige, avouera l'impératrice, et nous osions à peine regarder par le hublot. » Pour l'heure, elle n'en laisse rien paraître. Au-dessus de la Bavière, minutes d'angoisse, le moteur a des ratés (« Nous invoquâmes tous les saints et les anges du paradis »), mais le pilote parvient à relancer sa machine. C'est une belle journée d'automne, le temps est clair.

Charles est confiant. Tout a été planifié, pas comme à Pâques. Il va rentrer dans sa capitale avec un appui militaire. Par un réseau très sûr, le message a été transmis : « Le col doit être recousu. » Le point de chute sera signalé par un grand feu. Là on les attendra. Ils rejoindront directement les troupes de Lehar et Osztenburg. Ils partiront aussitôt pour Budapest — le roi, trois mille officiers et soldats armés, décidés. Zita ? On verra. Dans douze heures, dix-huit au plus, il sera au palais royal.

Quatre heures de l'après-midi. Le monoplan file au-dessus de la puszta. Il approche de son but. Une fumée : c'est ici. Charles et Zita prient un peu plus : on se pose dans un champ. Déconvenue. La fumée ? Un brasier de fanes de pommes de terre, allumé par des paysans. L'avion reprend son vol.

Quelques instants plus tard, les pilotes hongrois reconnaissent approximativement l'endroit visé, mais aucune fumée ne s'élève. Nouvel atterrissage, au jugé. Personne pour les accueillir. Que se passe-t-il ?

Un avion, à l'époque, constitue une curiosité. De Denesfa, le village voisin, des gens sont accourus. Certains vont prévenir le propriétaire du lieu, lui expliquent que des officiers viennent de débarquer des airs [1]. Le comte Csiraky arrive en personne. Le roi, la reine, sur ses terres ? Sa surprise passée, il se met au service des souverains. Mais sa demeure est pleine : il baptise un fils aujourd'hui. Parmi les invités, Mgr Mikes, l'évêque de Szombathely, et Gyula Andrassy, dernier ministre des Affaires étrangères austro-hongrois, son beau-père. Par précaution, Charles et Zita sont conduits dans une autre maison amie.

Le colonel Lehar apparaît enfin. Il avait reçu ce matin seulement le message de Charles (un retard qui ne fut jamais expliqué), et se débattait pour former un train pour ses soldats, tous les wagons de la région étant mobilisés par le transport des récoltes. Si bien préparée, l'affaire commençait mal : l'effet de surprise était compromis, se heurtant aux contingences ridicules de la saison des betteraves.

Charles ne désespère pas. En voiture, il gagne Sopron, où cantonne le bataillon du commandant Osztenburg. Il nomme un gouvernement. L'ancien président du Parlement, Stefan Rakovszky, dirige le cabinet. Andrassy reçoit le portefeuille des Affaires étrangères, et Lehar — promu général — celui de la Défense. Les officiers renouvellent leur serment de fidélité au roi.

Zita et Charles passèrent la nuit à la caserne. « La reine, se souvient la comtesse Andrassy, occupait la chambre d'un soldat. L'ameublement consistait en un lit militaire et deux chaises. Dans un angle, des pelles, des balais et plusieurs paires de bottes. »

---

1. L'appareil qui ramena Charles et Zita en Hongrie est aujourd'hui exposé au Musée des transports de Budapest. A l'endroit où il se posa, les légitimistes hongrois firent ériger une chapelle, qui existe toujours. Sur son fronton, une inscription latine tirée de l'Évangile : *In propria venit, et sui eum non receperterunt* (Il est venu chez les siens, et les siens ne l'ont point reçu).

Le lendemain, Charles inspecte ses troupes, acclamé par la population. Pendant la journée du 21, locomotives et wagons sont réunis. Dans la nuit, le convoi, formé de quatre trains, est enfin prêt. Un wagon de la Croix-Rouge abrite Charles et Zita. Le 22 octobre, à quatre heures du matin, le cortège s'ébranle. Vingt-quatre heures ont été perdues : elles seront fatales.

Le roi est de retour : ce bruit se répand à toute vitesse. A Györ, le convoi fait halte. La garnison locale prête serment d'allégeance au roi. Les souverains passent les hommes en revue, sous les applaudissements de la foule.

Peu avant Komarom, le convoi est stoppé : les rails ont été déboulonnés. Budapest aussi a appris l'expédition royale, et Horthy a donné ses ordres. Rakovszky, Premier ministre nommé par Charles, téléphone à Bethlen, président du Conseil officiel, qui, bien que royaliste, va jouer dans le camp du régent. Bethlen lui annonce que le ministre Vass est parti à la rencontre du train royal, avec une lettre de Horthy. Lehar fait réparer la voie, envoie un bataillon prendre le contrôle de Komarom, dont la garnison se rallie. Dans chaque ville traversée, la scène se reproduit à l'identique. Pratiquement toute la Hongrie occidentale soutient l'insurrection royaliste.

A dix-huit heures, Charles s'entretient avec le messager de Horthy. L'abbé Vass, loyal à Pâques, défend le régent. Le cabinet est fidèle au roi, argumente-t-il, mais la restauration est inopportune. Que Sa Majesté vienne seule dans la capitale, pour juger de la situation...

Le convoi redémarre. Grossi des unités ralliées en route, il compte quatre mille hommes. Il roule toute la nuit. A l'aube, à Budaörs, à six kilomètres de Budapest, une fusillade s'abat sur le train de tête, qui fait brusquement halte. En arrière, le train qui transporte Charles et Zita s'est arrêté lui aussi. Ce 23 octobre est un dimanche. Un autel de campagne est dressé. Agenouillés le long de la voie ferrée, Charles et Zita suivent la messe célébrée par les deux aumôniers de la division Osztenburg. Au loin retentissent les détonations.

A Budapest, Horthy paniquait. On le sait par le témoignage de diplomates en poste en Hongrie. Pour barrer la route au convoi royal, il n'avait pu mobiliser un régiment régulier.

Trois cents étudiants avaient été recrutés, à qui on avait fait croire que des troupes tchèques envahissaient la capitale. Encadrés par des officiers dévoués à Horthy, ils avaient été postés aux portes de Budapest. C'est leur tir que les royalistes essuyaient. Ces derniers bénéficiaient pourtant d'un écrasant rapport de force en leur faveur. Mais si près du but, tout allait basculer dans le fiasco.

Pour diriger la manœuvre d'entrée dans la capitale, sur recommandation de Lehar, Charles avait désigné le général Hegedüs. Commandant militaire de Sopron, celui-ci participait à l'expédition depuis le départ. Ce fut pour mieux trahir. Le haut-commissaire britannique en Hongrie le croisa dans le bureau de Bethlen, à 10 h 45, ce dimanche : l'officier était en train de décrire les unités royalistes, et de dévoiler leurs positions. A quatorze heures, Hegedüs était de retour chez les insurgés. Menant double jeu, il avouait avoir rendu visite à Bethlen et Horthy. Budapest, affirmait-il, était transformé en camp retranché. Soutenu par les Anglais, Horthy allait prendre la tête de ses soldats. La solution ? Conclure un armistice, en attendant des renforts.

L'empereur décide alors de gagner la ligne de feu : son expérience de la guerre lui a enseigné qu'un chef doit se montrer à ses hommes. Une locomotive est avancée. Dans les veines de Zita, le sang de la duchesse de Berry se réveille. Avant toute discussion, l'impératrice saute sur le marchepied, puis dans la cabine du chauffeur. Charles sait qu'il ne la fera pas redescendre. Lui-même et quelques officiers prennent place, et l'engin fonce vers les combats. Le long de la voie, des cadavres, des blessés. Arrivés au point d'accrochage, ils apprennent que les gouvernementaux ont proposé un cessez-le-feu. L'empereur n'est pas partisan de l'accepter, mais on lui fait valoir que les soldats n'ont pas dormi depuis deux nuits. Il donne alors son accord pour une trêve qui prendra fin le lendemain matin, à huit heures.

Pendant que Charles confère avec son état-major, Zita fait le tour de la gare de Budaörs, transformée en hôpital de fortune. Légitimistes ou gouvernementaux, les blessés sont soignés par les majors de la division Lehar. Pour ces hommes qui souffrent, qui gémissent, l'impératrice sait les mots et les gestes qui comptent : elle les a souvent employés, pendant la grande guerre.

Pour la nuit, les souverains regagnent l'arrière de leurs troupes. Le général Hegedüs, prétextant la présence de ses deux fils dans l'autre camp, demande à être déchargé de son commandement. Faute inexplicable, on le laisse inspecter les nouveaux emplacements des unités, puis repartir pour Budapest. A cinq heures du matin, le 24 octobre, les gouvernementaux attaquent, violant l'amistice. A la faveur de l'obscurité, ils s'étaient déployés de façon à déborder leurs adversaires. Des combats confus se déroulent, parfois au corps à corps. Les troupes royalistes sont coupées en deux.

Une estafette apporte les conditions de Horthy : suspension d'armes, abdication du roi — avec sécurité garantie pour le couple royal. Au moment où Charles et ses capitaines prennent connaissance de ces exigences, un obus explose à quelques mètres de leur wagon. Osztenburg et Lehar bondissent du train, hurlent qu'ils vont en découdre jusqu'au dernier. « Revenez, leur crie le souverain, j'interdis que l'on continue de se battre. Cela n'a plus de sens. »

Tout à coup, il a eu peur pour Zita. Trop de morts et de blessés étaient déjà à déplorer. Et s'il voulait retrouver sa couronne, c'était pour le bien de la Hongrie, non pour déclencher une guerre civile. Alors il abandonne. L'ordre de repli transmis, le convoi royal rebrousse chemin. Boroviczeny suit la scène. Il voit Zita, pâle, mais calme. A l'annonce de la capitulation, elle eut une seule parole : « S'occupe-t-on des blessés restés là-bas ? » Oui, on s'en occupait.

Moins de quatre jours après son retour, le rêve du roi Charles s'est fracassé à Budaörs. Pourtant, l'affrontement qui s'y est déroulé constituait plus une échauffourée qu'une vraie bataille rangée. La trahison de Hegedüs avait sans doute été grave, mais elle ne suffit pas à expliquer cette déroute. Les royalistes auraient-ils voulu forcer le passage vers Budapest qu'ils en avaient les moyens militaires. Mais une certaine indécision régnait dans leurs rangs. Charles répugnait à faire couler le sang entre Hongrois. Et il portait en lui quelque chose de trop doux : sans doute lui manquait-il la résolution de ceux qui écrivent l'histoire par le fer et le feu.

Le comte Franz Esterhazy proposa d'héberger les souverains dans son domaine de Totis, à trente kilomètres de la capitale. A la gare la plus proche, un luxueux équipage avec cochers en livrée d'apparat vint chercher Charles et Zita. Dans son château illuminé, le maître des lieux les traita comme le devait un grand seigneur recevant sous son toit le roi et la reine : ce fut fastueux. Ce fut le dernier accueil de ce type dont Charles bénéficia. A trois heures du matin, six inconnus armés parvinrent cependant à se faufiler dans la demeure. Alerté dans son sommeil par des bruits étouffés, Esterhazy donna l'alerte, bouscula dans l'escalier les intrus qui prirent leurs jambes à leur cou. Sans doute venaient-ils assassiner Charles et Zita. Délégués par qui ?

Le lendemain, les gouvernementaux investirent la propriété, après une ultime escarmouche contre la garde du château, assurée par le commandant Osztenburg. Lehar et lui avaient déjà renvoyé dans leurs casernes une partie des troupes royalistes. Les deux officiers, eux-mêmes, durent s'enfuir. Au soir du 25 octobre 1921, les souverains furent conduits à une centaine de kilomètres de Budapest, sur le lac Balaton.

*

Dans le monastère bénédictin de Tihany, Charles et Zita sont prisonniers. Trois cellules leur servent d'appartement. Devant leurs portes, des sentinelles. Trois officiers alliés — un Français, un Anglais, un Italien — sont chargés de les surveiller. Un double souci habite les souverains. Que va-t-il advenir de leurs amis ayant participé à l'expédition royaliste ? Et qu'en est-il des leurs, en Suisse ? Pour patienter, ils tuent le temps comme ils le peuvent. Esterhazy leur a prêté quelques *Sherlock Holmes*. Josef Karolyi, un fidèle (parent de Nihaly Karolyi, il n'a jamais partagé les idées du « comte rouge »), leur fait passer des cartes à jouer, des vêtements, des cigarettes. Et, cadeau précieux pour Zita, une photo des enfants.

Aux émissaires du gouvernement venus lui demander d'abdiquer, Charles oppose un refus méprisant. Le 29 octobre, il rédige une protestation : « Aussi longtemps que Dieu me donnera la force d'accomplir mes devoirs, je ne renoncerai pas au trône de Hongrie auquel je suis lié par le serment de mon couronnement. » Devant le colonel Hinaux, l'officier français affecté à sa garde (et qui l'avait déjà raccompagné vers la Suisse, à Pâques), il proteste de son amour pour la France : « La reine est française, d'ailleurs, et je ne puis comprendre pourquoi la France m'abandonne. »

Les Alliés, cependant, délibéraient entre eux, et avec Horthy. Quel sort réserver au roi de Hongrie ? La Petite Entente faisait pression. Le 24 octobre, sur l'instance de lord Curzon — le ministre britannique des Affaires étrangères —, la conférence des Ambassadeurs décida d'exiler le souverain. Briand n'avait pas levé le petit doigt pour contrer cette décision... La Suisse ne voulait plus accueillir Charles. Elle s'apprêtait d'ailleurs à expulser sa suite de Hertenstein. Les représentants de l'empereur firent valoir qu'il ne s'était pourtant pas parjuré en quittant sans prévenir le territoire helvétique : il s'était engagé à signaler tout départ pour un nouveau lieu d'exil, or la Hongrie, son pays, n'en était pas un. Ce raisonnement ne fut pas entendu des autorités helvétiques.

Au soir du 31 octobre, Charles et Zita sont conduits en train jusqu'à Baja, petite ville hongroise sur le Danube. Ils passent ici sous l'autorité du commandant de la flottille britannique. Le 1er novembre, ils embarquent sur un navire de guerre anglais, le *Glowworm*. Franz Esterhazy et Agnes von Boroviczeny les accompagnent. Avant le départ, le nonce pontifical, Mgr Schioppa, leur apporte la bénédiction de Benoît XV. Charles certifie qu'il taira les encouragements que le pape lui avait prodigués. Mais prie le prélat d'intervenir pour qu'aucune condamnation à mort ne soit prononcée contre ceux qui l'ont suivi.

Le bateau descend le fleuve. En Roumanie, le tirant d'eau est insuffisant pour franchir les Portes de fer. Le voyage se poursuit en train et en voiture, toujours sous l'escorte des trois officiers alliés et de soldats anglais. Le 6 novembre, à Galatz, ils retrouvent le Danube. Les autorités alliées proposent à Zita de repartir librement. Abandonner Charles ? Impensable. L'impératrice continuera. Le comte Josef Hunyady (l'ancien chambellan de la Cour) les a rejoints, avec sa femme, qui n'est autre que la comtesse Gabrielle Bellegarde, naguère dame d'honneur de la souveraine. Ils obtiennent d'assister le couple impérial, remplaçant Esterhazy et Agnes von Boroviczeny, qui retournent en

Hongrie. Nouvel embarquement, sur un navire roumain, *Princesse Maria*. Charles s'habille en civil. De son vivant, il ne revêtira plus jamais un uniforme.

Le 7 novembre, à Sulina, ils atteignent les bouches du Danube. Là, ils montent sur un croiseur britannique, le *Cardiff*. Au cours de ces journées, Zita a tenu un journal. Il témoigne de la courtoisie du commandant à l'égard du couple impérial. L'officier confiera lui-même avoir été impressionné par la force d'âme des souverains, leur piété, leur dignité dans le malheur.

Après avoir traversé la mer Noire, le *Cardiff* atteint le Bosphore le 8 novembre. Le navire croise devant Constantinople. Le commandant attend les consignes de l'Amirauté : il ne sait toujours pas où emmener ses passagers. Cette incertitude cruelle est tempérée, pour Charles et Zita, par un télégramme du colonel Strutt. Les enfants vont bien, leur annonce leur protecteur. Depuis dix-huit jours, ce sont les premières nouvelles de leur famille.

Les ordres arrivent enfin. Cap sur Gibraltar. Pour aller où ? C'est encore un mystère. Le 16 novembre, le croiseur mouille devant le rocher britannique, face à l'Espagne. L'autorisation de débarquer est refusée au couple impérial. Mais un prêtre monte célébrer la messe à bord — leur première messe depuis dix-sept jours, eux qui y assistent chaque matin.

Charles et Zita vivaient dans la hantise d'être relégués sur un quelconque îlot désert. Mais ils n'eurent pas leur Sainte-Hélène. Londres câbla les instructions : direction Madère.

11

Mourir à Madère

Samedi 19 novembre 1921. Le *Cardiff* entre dans le port de Funchal, le chef-lieu de Madère. L'île portugaise, plantée dans l'Atlantique à cinq cents kilomètres du continent africain, est réputée pour la douceur de son climat. Vignes, fleurs, fruits : c'est un jardin tropical, une escale pour riches Anglais soucieux de réchauffer leurs hivers. L'impératrice Élisabeth y avait soigné ses nerfs, en 1860-1861. Soixante ans plus tard, celle qui lui a succédé comme impératrice d'Autriche et reine de Hongrie va y subir un calvaire.

Pour recevoir les souverains, le consul britannique monte à bord. Mais les autorités portugaises ont des consignes : Charles et Zita sont désormais sous leur protection.

Il pleut des trombes quand l'empereur et l'impératrice débarquent avec leur maigre suite : le comte et la comtesse Hunyady, et leurs deux domestiques. Pourtant, il y a foule. De nombreux curieux et des notables : Joaquim de Silva Vieira, délégué du gouvernement portugais ; Antonio Vieira de Castro, banquier et propriétaire du Reid's, un palace construit à la fin du siècle dernier ; le chanoine Honem de Gouveia, représentant l'évêque de Madère. Salutations, courtoisie, gentillesse. L'hospitalité portugaise agit comme un baume au cœur.

Une annexe du Reid's, la villa Victoria, a été mise à la disposition des arrivants : une demeure bourgeoise, située à deux pas de la Quinta Vigia, où habita Sissi. Deux jours après leur installation, ils y reçoivent l'évêque de Madère, Mgr Pereira de Ribeira, que Benoît XV a prié de veiller sur les souverains. Le prélat met à leur disposition sa chapelle privée. Le chanoine de Gouveia sera leur aumônier.

En Europe, que deviennent les leurs ? A Hertenstein, collaborateurs et domestiques ont dû quitter la Suisse. La plupart se sont rendus au Luxembourg, à l'invitation du grand-duc, frère de Zita (en novembre 1919, Félix de Bourbon-Parme avait épousé sa cousine germaine, la grande-duchesse Charlotte de Luxembourg). La mère de Charles, l'archiduchesse Maria Josefa, a regagné sa Saxe natale. Le Conseil fédéral helvétique a autorisé les enfants impériaux — accompagnés de l'archiduchesse Marie-Thérèse et de leur gouvernante, la comtesse Kerssenbrock — à trouver refuge à Wartegg, chez leur grand-mère, la duchesse de Parme. Dès leur arrivée, Charles et Zita demandent l'autorisation de les faire venir. Mais pour l'heure, ils sont loin.

La patrie, aussi, est loin. Et, lancinants, humiliants, reviennent les soucis financiers. Un accord était intervenu entre Lisbonne et Londres : le Portugal donnerait asile aux souverains, mais ne subviendrait pas à leurs besoins. Le 16 novembre, sur proposition britannique, la conférence des Ambassadeurs avait décidé d'attribuer un apanage à « l'ex-empereur et à sa famille », fixé à cinq cent mille francs or par an. États successeurs de la Double Monarchie, la Tchécoslovaquie, la Yougoslavie, la Pologne et la Roumanie devaient assurer cette contribution. Mais cette résolution resta lettre morte : ni Prague, ni Belgrade, ni Varsovie, ni Bucarest n'acceptèrent de verser un centime. Charles n'a pas d'argent. Le moindre lord descendu au Reid's est plus fortuné que lui, qui a régné sur un empire. Le prix de pension de l'hôtel n'incluait pas le café, après le déjeuner : ils n'en prendront plus. Ils en sont à faire des économies de ce calibre. Dans les rues de Funchal, les bourgeois croisent une impératrice qui va faire elle-même ses courses, et un empereur qui achète son journal au kiosque du coin. « Les habitants de Madère, se souviendra un témoin, connaissaient tous le triste sort du souverain ; ils l'aimaient très sincèrement ; tous se découvraient devant lui, qui leur répondait par un sourire triste. »

Quelques derniers bijoux avaient été rapportés de Hongrie : l'empereur les vend. C'est sa seule ressource. Avec la charité de ses amis : Hunyady ouvre sans compter son portefeuille. Quelques fortunes de l'île feront aussi des gestes, discrets.

Hunyady et sa femme, bientôt, n'ont eux-mêmes plus les

moyens de rester. Séparation cruelle, fin décembre 1921, ils embarquent pour l'Europe, abandonnant à regret Charles et Zita. En Autriche, en Hongrie, d'autres fidèles se proposaient de les rejoindre, mais les Alliés refusaient leurs visas. En guise de compagnie masculine, l'empereur n'a plus que dom Joao de Almeida. Celui-ci, un des chefs du parti monarchiste portugais, s'est spontanément rendu à Madère, quand il a su que l'île deviendrait le lieu d'exil du couple impérial : il n'a pas oublié que Zita était fille d'une princesse de Bragance.

Sur le port de Funchal, Charles déambule inlassablement. Quand un navire part pour le continent, il ne le quitte pas des yeux. Jusqu'à ce qu'il soit englouti par la ligne d'horizon.

Une semaine après leur arrivée, un télégramme de la comtesse Kerssenbrock leur a appris que l'archiduc Robert, âgé de six ans, venait d'avoir une crise d'appendicite. L'opération était indispensable. L'impératrice a aussitôt demandé un passeport, et l'autorisation d'aller voir son fils en Suisse. La conférence des Ambassadeurs, cependant, a consenti au départ des enfants. L'archiduc Robert, de l'avis des médecins, doit être opéré avant le voyage pour Madère. Le 13 décembre, les autorités helvétiques ont donné leur accord à la venue de l'impératrice, précisant que sa présence ne pourra excéder une dizaine de jours. Pour fixer son départ, Zita attend de connaître la date arrêtée pour l'intervention chirurgicale.

Noël fut sinistre. Seuls, éloignés des leurs, éloignés de chez eux, ils n'eurent pour consolation que leur foi.

Le 4 janvier 1922, Zita embarque enfin, munie d'un passeport portugais au nom de la comtesse de Lusace. La femme de Joao de Almeida l'accueille à Lisbonne. Lui tenant lieu de dame d'honneur, elle l'escorte en train jusqu'à la frontière espagnole. Là, le relais est pris par un officier envoyé par Alphonse XIII. En France, Xavier de Bourbon-Parme accompagne sa sœur. Après être passée par Paris, Zita arrive à Bâle, le 12 janvier. Outre sa tante l'archiduchesse Marie-Thérèse, un représentant du gouvernement helvétique est venu la saluer. En route vers Zurich, il lui récapitule les dispositions convenues. L'impératrice ne pourra quitter l'enceinte de la clinique où son fils sera opéré et où un appartement lui a été réservé ; l'accès au château de Wartegg lui étant interdit, ses enfants lui rendront visite à la clinique ; elle recevra uniquement les membres de sa famille ou son mandataire suisse ; elle devra quitter le territoire helvétique dès que l'archiduc Robert sera hors de danger.

Une certaine agitation, partie d'Europe centrale, avait gagné la conférence des Ambassadeurs. Venait-elle de Beneš, venait-elle de Horthy, une rumeur s'était répandue : de Suisse, Zita pourrait gagner la Hongrie avec son fils aîné, Otto, et le faire proclamer roi. L'hypothèse ne reposait sur aucun fondement. Mais elle suffisait pour faire surveiller une mère de famille comme un terroriste international. La police suisse épiait les allées et venues à Wartegg. A la clinique Paracelsus de Zurich, les religieuses devaient soulever leur voile pour bien montrer leur visage aux agents postés devant la porte.

Le 14 janvier, l'archiduc Robert est opéré. Sans complications. Le surlendemain matin, Otto, Adélaïde, Félix, Charles-Louis, Rodolphe et Charlotte sont amenés à la clinique. La dernière est un bébé de dix mois. Les autres se jettent dans les bras de leur mère. Zita pleure de joie : près de trois mois se sont écoulés depuis leur séparation. L'après-midi, il fallut de nouveau se dire au revoir. Cette fois, plus pour longtemps.

Le 22 janvier, Zita doit repartir. La conférence des Ambassadeurs avait posé des conditions draconiennes. Son voyage s'effectuerait en train, à partir de Genève, par Lyon et Bordeaux, jusqu'à Saint-Sébastien. C'est seulement sur l'intervention personnelle de Raymond Poincaré, alerté par Xavier de Bourbon-Parme, que fut accordé à une jeune femme enceinte de six mois le droit de dormir dans un lit, à Lyon et à Bordeaux : le programme initial prévoyait de lui faire passer la nuit dans la gare, en l'attente de sa correspondance !

A travers la France, le prince Xavier sert comme à l'aller de chevalier servant à sa sœur. A Saint-Sébastien, un aide de camp d'Alphonse XIII prend l'impératrice sous sa protection. Dans la capitale espagnole, le 25 janvier, un accueil digne de son rang lui a été réservé. Le roi et la reine se sont déplacés en personne, entourés des hauts dignitaires de la Cour et du gouvernement, pendant qu'un détachement militaire rend les honneurs.

Le 27 janvier, à Madrid, les petits archiducs — venus de Wartegg accompagnés par la comtesse Mensdorff, nouvelle dame d'honneur de Zita — retrouvent leur mère. Robert, convalescent, est resté en Suisse. A Lisbonne, le 1er février, tous embarquent pour Madère.

*

Le 2 février 1922, à sept heures du matin, le navire mouille dans le port de Funchal. Sur le quai, Charles est là. Avant le lever du jour, il guettait déjà l'apparition du bateau. Une photo le montre descendant l'échelle de coupée, serrant le petit Rodolphe dans ses bras. Ceux qui ont vu l'empereur en cet instant ont eu l'impression d'un homme brisé par la fatigue et l'émotion, amaigri, voûté, vieilli, blanchi. Les larmes ne cessaient de couler sur son visage.

Zita avait une mauvaise nouvelle à lui communiquer. Il était convenu qu'elle rapporterait de Suisse l'argent tiré de la vente des bijoux confiés à Bruno Steiner. A Zurich, un entretien avec leur mandataire l'avait instruite sur leur situation financière : leur prétendu homme de confiance avait disparu. Le peu d'argent qu'ils possédaient à Funchal avait été utilisé à couvrir les frais de voyage d'elle-même et des enfants. Que leur restait-il ? Rien.

Au Havre, en janvier, s'étaient embarqués un prêtre hongrois destiné à devenir leur aumônier, l'abbé Zsamboki, un précepteur autrichien et quatre domestiques. Ils arrivèrent à Madère le 7 février. Comment leur assurer un traitement ? Comment aider ceux qui étaient restés au Luxembourg, Ledochowski, Schonta ou Werkmann ? Comment régler la facture du Reid's ? Charles et Zita étaient effondrés : leur responsabilité était engagée vis-à-vis de ceux qui s'étaient placés à leur service. Ajoutons que leur éducation, leur rang ne leur avaient pas appris à affronter les préoccupations pécuniaires.

Dès l'arrivée à Funchal, en novembre, il était apparu que la villa Victoria était trop chère. Et maintenant, il fallait loger les enfants et une suite (l'archiduc Robert arrivera le 2 mars, avec l'archiduchesse Marie-Thérèse et la comtesse Kerssenbrock).

Le 18 février, la famille impériale déménage. Un propriétaire terrien de Madère, alerté sur l'impécuniosité de Charles, a mis gracieusement à sa disposition une maison qu'il possède sur les hauteurs de Funchal, la Quinta do Monte.

Bâtie au milieu d'un parc planté de chênes, de palmiers et d'eucalyptus, c'est une maison plutôt vaste, mais trop exiguë pour ceux qui vont s'y installer. La vue sur la mer est somptueuse... quand il y a du soleil. Car les hauteurs de Madère, en février, sont le royaume de la pluie et de la brume. La Quinta do Monte, comme les autres demeures patriciennes qui se dressent sur ces collines, constitue une résidence d'été : elle n'a pas été conçue pour être habitée l'hiver.

Presque une trentaine de personnes s'y entassent. Ultime cour impériale, qui résistera plusieurs semaines à ces triviaux ennemis : le froid et la faim.

Le 12 mars 1922, la femme de chambre de Zita écrit à sa famille, en Autriche. Il faut citer longuement cette lettre dépeignant leur vie quotidienne, car ses mots simples suffisent :

Nous nous sommes transportés de Funchal sur la montagne où il n'y avait presque pas de meubles et il a fallu louer presque tout à l'hôtel Victoria. Notre linge, la vaisselle, la verrerie n'étant pas encore arrivés, nous avons été obligés de nous faire prêter cela aussi par l'hôtel. (...) Nous n'avons vraiment eu que trois beaux jours : en dehors de cela, toujours du brouillard, de la pluie, de l'humidité. Sur ces montagnes, on a froid. Ici, nous n'avons pas de lumière électrique ; rien qu'un w.-c. dans toute la maison ; de l'eau seulement au premier étage, et en bas, à la cuisine. (...) Pour se chauffer, on n'a que du bois vert qui fume constamment. On ne fait la lessive qu'avec de l'eau froide et du savon. (...) La maison est très humide ; partout cela sent le moisi, et chacun peut voir sa propre respiration. Les uniques moyens de transport sont les autos ou les bœufs qu'on ne peut pas se payer ; en dehors de cela, il y a encore un funiculaire, mais qui ne marche pas tous les jours. On ne peut pas descendre à pied parce qu'on mettrait un jour entier pour remonter. Le pauvre empereur ne peut pas avoir de viande le soir, seulement des légumes et un entremets ; c'est ce qui nous fait le plus de peine. Pour nous, cela ne fait rien, cela ne me manque pas ; mais eux, ils n'ont même pas assez à manger. (...) Ce qui est le pire de tout, c'est que Sa Majesté doit accoucher au mois de mai et qu'on ne veut prendre ni garde, ni médecin. Il n'y a ici qu'une bonne d'enfants, mais elle n'a pas d'expérience. Alors il n'y aura même pas une vraie sage-femme. J'en suis désespérée.

J'écris à l'insu de Sa Majesté, mais je ne peux pas supporter qu'on laisse ici pour longtemps, dans une maison tout à fait insuffisante, ces deux innocentes créatures. On doit protester. Leurs Majestés ne bougeront pas ; elles se laisseraient plutôt enfermer, sans dire un mot, dans un trou de cave, au pain et à l'eau, si on l'exigeait ainsi. Dans notre chapelle, les champignons poussent sur les murs ; et on ne pourrait tenir dans les chambres si on n'y entretenait sans cesse du feu dans les cheminées. Nous nous y mettons naturellement tous ensemble pour aider le plus possible, mais quelquefois, on a envie de désespérer. Seulement, quand on voit avec quelle patience Leurs Majestés endurent tout cela, nous nous remettons au travail.

D'Autriche et de Hongrie, l'empereur reçoit un volumineux courrier auquel il répond régulièrement. Mais il est accablé. S'il ne se lamente jamais, pas plus que Zita, l'exil et les soucis matériels l'usent moralement autant que physiquement. Il a perdu son énergie d'antan.

Aucun projet politique n'est possible. Charles n'en a d'ailleurs ni la force ni le goût. Aussi se consacre-t-il à ses enfants. Otto de Habsbourg se rappellera ce séjour à Madère comme la seule période de sa vie où il aura vu son père de près.

*

Chaque jour, l'empereur effectue une promenade de deux heures. Parfois, il descend jusqu'à Funchal. Le 9 mars, c'est à vélo qu'il se rend en ville. Il veut acheter un cadeau pour Charles-Louis, dont l'anniversaire tombe le lendemain. Il fait bon. Charles refuse le pardessus qu'on lui tend. Quand il remonte par le funiculaire, l'air s'est refroidi.

Le 10 mars, l'archiduc Charles-Louis fête couché ses quatre ans : il est grippé. Son père frissonne aussi. Sans doute s'est-il enrhumé, la veille, lors de son excursion. Rien de grave, pense l'empereur. Les jours suivants, une lourde fatigue lui tombe sur les épaules. Le 14 mars, au milieu de l'après-midi, il annonce à Zita : « Je ne me sens pas bien. Je vais au lit. » Le lendemain, il a 39° de fièvre. Cinq jours durant, son état reste stationnaire.

Le 20 mars, venu de Hongrie, le fidèle Josef Karolyi débarque à la Quinta do Monte. « Le souverain me reçut au lit, raconte-t-il dans ses souvenirs. Il n'avait pratiquement plus de fièvre. Nous nous sommes peu inquiétés de sa maladie. Il ne s'en inquiétait pas davantage. J'avais apporté de nombreuses lettres qu'il lut aussitôt. »

Le 21 mars, au réveil, Charles est de nouveau fiévreux. Il tousse sans discontinuer. Depuis une semaine, par souci d'économie, il a refusé de faire venir un médecin. Cette fois, devant l'insistance de Zita, il s'incline. Décelant une bronchite, le praticien prescrit de l'aspirine et des cataplasmes. Le lendemain, la température atteint 40°.

L'archiduc Charles-Louis est guéri, mais c'est au tour d'Adélaïde d'attraper la grippe. L'épidémie frappe aussi le personnel. La comtesse Kerssenbrock soigne les enfants. Sans cesser de s'occuper d'eux, Zita surveille son mari, inquiète. Infatigable en dépit de sa grossesse, elle a l'œil à tout, ne dort jamais. Un deuxième médecin, appelé en consultation par son confrère, confirme le diagnostic : bronchite généralisée.

Sur l'organisme affaibli de Charles — faiblesse consécutive aux épreuves passées, aggravée par les privations et l'exil — la médication utilisée s'avère impuissante. Quelques années plus tard, sulfamides ou antibiotiques l'auraient sauvé.

De jour en jour, son état empire. Il occupait une petite chambre contiguë à celle de Zita, au premier étage. L'archiduchesse Marie-Thérèse lui cède la sienne, plus spacieuse, située au rez-de-chaussée, à côté du grand salon transformé en chapelle. La température ne varie pas : 39-40°. Quand elle diminue, elle s'élève de nouveau dans les heures suivantes.

L'angoisse s'installe. Les enfants se plaignant de ne plus voir leur père, l'impératrice les autorise à se rendre à son chevet. Pâle, non rasé, son visage étranger leur fait peur. Robert, avec ses six ans, se met à pleurer.

Zita prie. Elle prie et prie encore. Elle ne quitte plus son mari. Elle veille à ce qu'il dorme, à ce qu'il mange, à ce qu'il boive, à ce que le feu soit entretenu, pour chasser l'humidité qui imprègne les draps. Paul Morand, qui a écrit quelques superbes pages sur les heures dramatiques des Habsbourg, soupire : « Il ne restait qu'un grand amour conjugal transi, contre quoi la misère et la mort ne pouvaient rien... »

Dimanche 26 mars. L'empereur est malade depuis douze jours. A l'église Nossa Senhora do Monte, l'impératrice suit une procession organisée pour obtenir sa guérison. L'abbé Zsamboki célèbre la messe dans sa chambre. Le lendemain, il lui administre l'extrême-onction. Charles est épuisé, mais suit les prières rituelles de l'Église. Quand le prêtre a terminé son office, l'empereur ajoute : « Je pardonne à tous ceux qui œuvrent contre moi. Je continuerai à prier et à souffrir pour eux. » Otto, qui n'a pas dix ans, est présent. Son père a voulu qu'il soit là, « pour savoir, en tant que catholique, ce qu'il aurait à faire dans le même cas ».

Le 28 mars, l'espoir renaît. La température a baissé : 39°. Le soir, elle explose : 40°5. Les médecins (ils se relaient en permanence) constatent une double pneumonie. Ils appliquent des ventouses, procèdent à des injections d'essence de térébenthine : un supplice. Le 29 mars, à trois heures du matin, le cœur donne des signes de défaillance. Le médecin fait une piqûre de caféine. Nouvelle crise une heure plus tard : même traitement. Des difficultés respiratoires se manifestent. Le masque à oxygène entre en fonction.

Charles souffre atrocement. Mais ne récrimine pas. Avec patience, il endure les tortures qu'on lui fait subir. Pour ceux qui se penchent sur lui, il trouve une parole gentille, un sourire. Quand l'archiduchesse Marie-Thérèse le veille, il s'enquiert de son confort.

31 mars. Dix-septième jour de maladie. Charles délire. Son

corps est couvert de plaies et de brûlures. Les médecins posent des ventouses. Renouvellent les injections de térébenthine, puis d'adrénaline. Ce qu'ils tentent, c'est de le soulager. Le guérir ? Ils l'ont déjà exclu. Zita, elle, veut espérer contre l'espérance. Pas seulement pour elle et les enfants. Mais pour l'Autriche et la Hongrie. « Dieu, dit-elle à sa tante, a créé Charles pour qu'il accomplisse son devoir. Le pays a besoin de lui. » Et dans les prières qu'elle récite avec les petits, l'impératrice supplie que la vie de l'empereur soit épargnée d'abord pour sa patrie, ensuite pour sa famille.

« Nous traversons maintenant la souffrance, murmure Zita. Mais après viendra la résurrection. » C'est le Vendredi saint. Charles de Habsbourg commence sa Passion. « Quand on connaît la volonté de Dieu, dit-il à sa femme, tout est bien. » Il prie tout haut. Ses mains tremblantes ne lâchent pas le crucifix. Zita lui commande de ne pas se fatiguer. Mais lui, inlassable, persévère : « Je dois prier pour tant de gens. Je dois tant souffrir pour que mes peuples puissent se retrouver. »

Au l'aube du 1er avril, la fièvre chute. Mais c'est pour mieux remonter. Pour la première fois, Charles se plaint : il a du mal à respirer, ses articulations se paralysent. La douleur le tenaille. « Ce n'est plus qu'une question d'heures », annoncent les médecins. A neuf heures, comme chaque jour, le père Zsamboki lui apporte la communion. Dans un ostensoir, à la vue du mourant, le prêtre expose le saint sacrement.

« Viens, demande l'empereur à Zita. Assieds-toi près de moi, et aide-moi. » Quatre heures durant, elle se tiendra au bord du lit, dans une posture épuisante. De sa main gauche, tendre geste d'amour, elle soutient son mari, la tête posée sur son épaule.

C'est l'agonie. L'empereur commande de faire venir Otto : « Pour voir comment un chrétien retourne à son Créateur. » Le pouls baisse. Charles est lucide. Pour parler, il rassemble ses dernières forces. « Je t'aime tant. J'aime tellement mes enfants. Mais que ferons-nous avec le petit ? Rentrons chez nous. Je voudrais tant aller à la maison avec toi, je suis si fatigué. » Il balbutie quelques mots sur sa mère, qui est si loin. Zita lui dit de se reposer : « Pense seulement au Sauveur, qui est ici. Abandonne-toi à lui. » « Oui, répond-il, dans les bras du Sauveur, toi et moi, et nos enfants chéris. » Un regard vers l'ostensoir. L'abbé Zsamboki a compris : il lui donne de nouveau la communion. « Saint-Sauveur, si c'est Votre volonté, guérissez-moi, Saint-Sauveur, s'il vous plaît... »

Son teint bleuit : la vie le quitte. Il lui reste à offrir sa mort. Un pensée ultime pour les siens : « Bon Sauveur, protégez nos enfants chéris : Otto, Adélaïde, Robert, Félix, Charles-Louis, Rodolphe, Charlotte, et le tout, tout-petit. Protégez leur corps et leur âme, et laissez-les plutôt mourir que de commettre un péché mortel. » Puis sa tête roule sur l'épaule de Zita. Quelques minutes plus tard : « Jésus, viens, viens ! »

L'impératrice ne peut retenir un cri de détresse — un cri de femme : « Charles, qu'est-ce que je vais faire toute seule ? » Elle se reprend, et prie à voix haute : « Seigneur, que Votre volonté soit faite. » L'empereur râle. Il appelle encore : « Mon Jésus, quand Tu veux. » Un instant de silence. Puis, dans un souffle : « Jésus. » Et il se tait : pour toujours.

Samedi saint, 1er avril 1922, 12 h 23. A trente-quatre ans, l'empereur Charles Ier d'Autriche, quatrième roi de Hongrie de ce nom, a rendu son âme à Dieu.

Zita lui ferme les yeux. Avec un chapelet et un crucifix, elle joint ses mains. Agenouillée avec Otto, elle prie. Et sanglote.

Il lui faut toute sa foi pour accepter : Dieu lui a demandé le pire des sacrifices. Dans la chapelle, la famille récitait le rosaire : Zita lui fait part que tout est fini. Mais devant les autres, elle ne doit pas fléchir. Pour les enfants, pour sa propre dignité, elle doit tenir. La force, c'est de ne pas montrer qu'on est faible.

L'impératrice, ce jour-là, portait une robe rose. Ce fut la dernière fois qu'on la vit habillée de couleur.

*

Par télégramme, Pie XI (pape depuis deux mois) et Alphonse XIII sont prévenus du décès de l'empereur. L'évêque de Funchal, venu s'incliner devant la dépouille mortelle, propose que l'inhumation ait lieu dans l'église du Monte.

La comtesse Kerssenbrock se charge de la toilette funèbre. L'empereur est revêtu de son uniforme de maréchal. Sur sa vareuse, on épingle l'insigne de la Toison d'or. Le soir, le corps est embaumé, après que le cœur eut été prélevé : scellé dans un coffret d'argent, celui-ci accompagnera Zita dans ses exils futurs.

Les obsèques sont fixées au 5 avril. Au gouverneur qui offrait de faire rendre les honneurs par un bataillon portugais, Zita fit savoir que c'était impossible : le chef de la maison d'Autriche ne saurait être salué par des soldats étrangers sans avoir reçu l'hommage de sa propre armée.

Les autorités de l'île ont décrété le deuil. Le 5 avril, à Funchal, les drapeaux sont en berne, les magasins fermés. Venus de tous les points de Madère, plusieurs milliers de personnes se pressent autour de Nossa Senhora do Monte. Dans la chapelle de la maison, la foule défile devant l'empereur.

Après la mise en bière, un masque mortuaire est moulé. L'évêque de Funchal préside la levée du corps. Le cortège s'ébranle vers l'église. En tête, le clergé. Le cercueil est tiré sur une simple charrette à bras, selon l'usage local. Le comte Josef Karolyi tient un coussin avec les décorations de l'empereur. Zita et Otto marchent derrière. Suivent l'archiduchesse Marie-Thérèse avec Adélaïde et Robert, la comtesse Mensdorff et la comtesse Kerssenbrock avec les autres enfants. Les domestiques portent des couronnes de fleurs. Derrière encore, les notabilités locales, les consuls d'Espagne, de France, d'Angleterre.

Des forts de l'île sont tirés cent un coups de canon. Solennelles, recueillies, les obsèques déploient la splendeur dépouillée de la liturgie catholique. Sur le catafalque, l'étendard impérial. Et deux couronnes : l'une aux couleurs de l'Autriche, l'autre aux couleurs de la Hongrie. De Vienne, une troisième a été commandée par le général Arz, « au nom des officiers, sous-officiers et soldats de l'armée impériale et royale ».

Drapée dans un long voile noir, Zita se tient droite. A la fin de l'absoute, pendant que le cercueil est placé sous l'autel de Saint-Antoine, dans la chapelle de l'Immaculée Conception [1], l'évêque vient lui dire quelques mots. Un bref instant, elle s'affaisse, sanglote, serre Otto dans ses bras. Mais vite, elle se ressaisit. Tenir, toujours tenir. Au portail de l'église, elle reçoit les condoléances. Calme, majestueuse. Pour chacun, elle a un mot de reconnaissance. Digne, toujours être digne.

*

Prévenus dès l'aggravation de la maladie de l'empereur, les Parme débarqueront le 7 avril : la duchesse Maria Antonia, avec la princesse Isabelle et les princes Sixte, Xavier, Félix et René. Ils sont arrivés trop tard, mais cette présence constitue pour Zita un réconfort inestimable. Le 16 avril surviendra l'archiduc Maximilien, le frère de Charles.

Madère ? L'impératrice n'a plus rien à y faire. Le 19 mai, un mois et demi après la mort de Charles, Zita et ses enfants abandonnent l'île. Direction l'Espagne.

Alphonse XIII lui a offert l'asile. Avec le roi d'Angleterre, il a dû batailler pour faire admettre cette décision par la conférence des Ambassadeurs. A Paris, le 2 avril, Jacques Bainville notait dans son journal : « Un Habsbourg meurt de

---

1. Le tombeau de l'empereur Charles a été aménagé dans une chapelle latérale de l'église Nossa Senhora do Monte, où il se trouve aujourd'hui. Un nouveau mausolée y a été béni en janvier 1968, en présence de l'impératrice Zita. Au-dessous d'un grand crucifix en bois du Tyrol, une plaque de marbre porte l'inscription suivante :

> *Carolus I.D.G. Austriae Imperator,*
> *Bohemiae rex, etc., etc., etc.,*
> *Apostolicus Rex Ungariae, nomine IV,*
> *Natus Persenbeug, XVII-VIII-MDCCCLXXXVII,*
> *Mortuus Madeira, I-IV-MCMXXII,*
> *Adorans S.S. sacramentum praesens*
> *Dicens : « Fiat voluntas tua. »*
> (Charles Ier par la grâce de Dieu empereur d'Autriche,
> roi de Bohême, etc., etc., etc.,
> roi apostolique de Hongrie, quatrième du nom,
> né à Persenbeug, le 17 août 1887,
> mort à Madère, le 1er avril 1922,
> en adorant le Saint-Sacrement présent
> et en disant : « Que Votre volonté soit faite. »)

En 1975, l'impératrice Zita a fait déposer le cœur de l'empereur Charles à l'abbaye de Muri, en Suisse, dans la nouvelle crypte funéraire des Habsbourg.

pauvreté et Guillaume II vit dans une retraite dorée. Sa personne est sauve et sa fortune à l'abri. Contre Charles de Habsbourg, tout était permis. Le "gentilhomme européen" ignorait les précautions qu'un Hohenzollern n'avait pas manqué de prendre. On ne lui a pas laissé de quoi vivre — littéralement. L'épouvantable goujaterie est tout entière dans cette comparaison entre Guillaume II et Charles Ier. Phénomène nouveau chez les Français, presque toujours chevaleresques. Comment l'expliquer ? Par le romantisme austrophobe... »

Quelques minutes après la mort de Charles, Zita avait parlé à Otto. « Ton père dort de son dernier sommeil. Maintenant, l'empereur et roi, c'est toi. » Et, devant son fils de neuf ans, l'impératrice avait esquissé une révérence. Sa mère, ses frères et sœurs continueront à appeler Otto par son prénom. Pour les autres, désormais, il sera « Sa Majesté ». La maison de Habsbourg continuait.

12

Une veuve et huit orphelins

Le 20 mai 1922, l'impératrice débarque à Cadix avec sa famille. Le lendemain, elle est à Madrid. A Otto et Zita, le protocole a préparé l'accueil réservé aux souverains. Le roi, la reine, les infants, la reine mère, le gouvernement, le nonce apostolique les attendent à la gare. Les honneurs militaires leur sont rendus par le 38e bataillon espagnol, le bataillon François-Joseph Ier.

Leur sort apitoie Alphonse XIII. Élégance personnelle et compassion d'un monarque envers une dynastie déchue se conjuguent ici à la solidarité familiale. En dépit de la parenté de Zita avec la branche carliste des Bourbons, le roi n'oublie pas qu'elle est infante d'Espagne, comme tous les Parme. Un cousinage auquel s'ajoute un second lien, par les Habsbourg. La mère d'Alphonse XIII, la reine Marie-Christine, était archiduchesse d'Autriche. Jusqu'à sa mort, en 1929, cette maîtresse femme apportera un soutien sans faille à l'impératrice.

Alphonse XIII a mis le Pardo à la disposition de Zita. Située à vingt kilomètres au nord de la capitale, la résidence d'été des rois d'Espagne était inhabitée depuis une quarantaine d'années. On a dû en toute hâte y installer l'électricité et quelques commodités. Tapisseries, tableaux de maîtres, meubles précieux : le cadre est solennel. Il y a moins de quatre ans que l'impératrice a quitté Schönbrunn et la Hofburg : pourtant, dans ces hauts murs bâtis pour Charles Quint, elle se sent un peu perdue.

Sa grossesse arrivait à son terme. Le 31 mai 1922, elle accoucha de sa troisième fille. Le Pr Delug, qui aura mis au monde tous les enfants impériaux, était spécialement venu de

Vienne. Dans le palais, on ne trouva pas de quoi langer le nouveau-né : la comtesse Mensdorff dut déchirer son propre linge. Celle qui ne connaîtra jamais son père reçut le prénom que Charles, d'accord avec sa femme, avait choisi en hommage à l'impératrice assassinée : Élisabeth. Baptisée le 3 juin, l'archiduchesse eut pour parrain le roi Alphonse XIII, et pour marraine la reine mère.

Zita vient d'atteindre les trente ans. Elle est veuve. Elle a huit enfants. Joie et détresse mêlées, l'archiduchesse Élisabeth est née dans les larmes. L'impératrice éprouve de nouveau la douceur d'être mère. Mais celui qu'elle a aimé a disparu. Certes, Parme ou Habsbourg, ses parents sont nombreux à lui vouer une affection émue. Ils forment une présence, un soutien. Mais pour élever sa famille, pour affronter les traverses matérielles et morales de l'existence, elle est seule.

« Comment dois-je maintenant, subitement, décider de tout toute seule ? Charles dirigeait et réglait tout. » Cet aveu, confié à l'archiduchesse Marie-Thérèse, traduit son désarroi. Forte personnalité, l'impératrice ? Sans doute. Mais qu'elle ait pu paraître parfois plus résistante que son mari ne doit pas tromper. Zita n'était pas, comme cela s'écrit trivialement, « le seul homme de la famille ». L'empereur n'était pas un faible. Malgré ses hésitations, dans son action politique, il a témoigné d'une volonté tenace. Bien souvent, c'est lui qui guidait sa femme. En réalité, Charles et Zita formaient un couple d'exception, soudé en tout. Au gré des circonstances, chacun tour à tour a pu sembler plus fort que l'autre. L'impératrice possédait aussi un côté faible femme. Ce versant de son caractère, veuve, elle doit le gommer. Ses enfants n'ont plus qu'elle. Plus qu'une mère, elle doit être le chef de famille.

L'avenir des Habsbourg repose sur elle. Elle est veuve de l'empereur d'Autriche. Elle est impératrice d'Autriche et reine de Hongrie. Elle est la mère de l'empereur d'Autriche et roi de Hongrie. Sa vie s'articule désormais autour de ces trois axes.

Veuve, Zita n'aura jamais idée de se remarier : elle aura vécu un seul amour, qui aura empli sa vie. Symbole de cette fidélité, elle portera le deuil pour le restant de ses jours :

soixante-sept années, elle sera des pieds à la tête vêtue de noir. Ce sentiment est inséparable de sa foi profonde : Zita se sent surnaturellement unie à son mari. Tous les jours elle l'invoque dans ses prières — plus intensément quand se présentent les difficultés.

Impératrice et reine, Zita ne renoncera jamais à ses obligations dynastiques. Même dans l'exil, même dans le dénuement, sa position la lie : hériter donne des devoirs avant de conférer des droits.

Mère de l'empereur (en Espagne et par de nombreuses cours européennes, Otto est traité comme tel), Zita est aussi régente. En attendant la majorité de son fils aîné, elle devra lui inculquer sa mission, et assurer la continuité de la maison de Habsbourg.

Elle le dira à Werkmann, quelques mois plus tard : « J'ai un grand devoir politique, et peut-être celui-là seulement. Je dois élever mes enfants selon l'esprit de l'empereur, en faire des hommes bons qui craignent Dieu, et avant tout préparer Otto à son avenir. Aucun d'entre nous ne le connaît. L'histoire des peuples et des dynasties — qui ne compte pas le temps à l'aune d'une vie humaine, mais selon des mesures beaucoup plus longues — doit nous inspirer confiance. »

Non que Zita, à l'instar de ces émigrés qui n'avaient rien appris et rien oublié, rêve d'un retour en arrière. A Werkmann encore, elle livrera cette réflexion, riche d'intelligence politique : « Un fait est apparu dans presque tous les mouvements contre-révolutionnaires et dans beaucoup de tentatives de restauration : l'incapacité de certaines têtes à comprendre que le passé ne revient pas. L'histoire ne se refait pas. C'est ce que je dois enseigner à Otto. Toute révolution crée une situation qu'on ne peut ignorer. On ne doit pas oublier que même la monarchie aurait évolué dans le laps de temps où s'est déroulée une telle révolution. S'ils sont moralement fondés, on ne peut écarter les droits acquis lors d'une révolution, si on ne veut pas créer une nouvelle classe de dépossédés de leurs droits. »

Pour autant, Zita ne croit pas que l'histoire ait un sens inéluctable : en politique, pense-t-elle, tout désespoir est une sottise absolue. Pour l'Autriche, pour la Hongrie, la monarchie hériditaire correspond à une nécessité. Cette forme du pouvoir satisfait au besoin de toute société d'une puissance arbitrale au sommet de l'État, indépendante des partis. Institution inscrite dans la durée, symbole à visage humain de la continuité d'un peuple, la monarchie, professe l'impératrice, n'est pas un concept du passé, c'est une réalité éternelle. Otto, par sa naissance, est désigné pour prendre la tête de la maison de Habsbourg. Mais à ses fils cadets, Zita apprendra très vite, quand ils auront neuf ou dix ans, qu'ils devront se frayer un chemin dans le monde, avoir un métier.

Alphonse XIII proposait de prendre en charge les frais d'éducation d'Otto, dans le meilleur collège du royaume. Zita le remercia, mais déclina cette offre. Elle avait arrêté sa décision : elle s'installerait en Espagne, puisque ce pays avait la générosité de l'accueillir. Mais ses enfants seraient instruits selon les méthodes autrichiennes et hongroises. Et sous sa surveillance directe.

Élever ses huit enfants, faire de l'aîné le successeur de son père : après la terrible épreuve, voilà de quoi insuffler à Zita, sinon une nouvelle joie de vivre, au moins un équilibre. En tout cas, une raison d'espérer.

*

En Castille, les étés sont étouffants. Début juillet 1922, Zita envoie ses enfants au bord de la mer, sous la protection de l'archiduchesse Marie-Thérèse, à Bilbao. L'ancien consul austro-hongrois de cette ville lui transmit alors une proposition : à Lekeitio, sur la côte basque, la villa Uribarren était à louer pour six mois. Naguère résidence d'été de la reine Isabelle II, cette demeure de trente pièces sur trois étages convenait amplement aux besoins de la famille impériale. Accord conclu, l'impératrice, ses enfants et la suite y emménagèrent le 18 août 1922. Le loyer ? Zita n'avait pas plus d'argent qu'à Madère. Mais d'Autriche et de Hongrie, des amis se cotisèrent. Avec humilité, ce secours fut accepté.

Lekeitio comptait quatre mille âmes. Le curé, ses vicaires, l'alcade, le médecin et quelques familles bourgeoises étaient les rares notables de ce village de pêcheurs pauvres. La localité se situait à l'écart des grandes voies de communication. Ce lieu de séjour, rustique, faisait l'affaire : Zita était là pour s'occuper de ses enfants, non pour des mondanités auxquelles elle se soustraira désormais.

Le 1er janvier 1923, le propriétaire refuse de prolonger la location. Le 31 janvier, la famille est contrainte de s'installer à Saint-Sébastien, dans la dépendance d'un grand hôtel. Solution trop onéreuse, et incommode pour une troupe d'enfants exigeant de l'espace. Heureusement la reine mère Marie-Christine résidait dans la station balnéaire, sa villégiature favorite. Chaque jour, elle fit chercher ses jeunes cousins, pour qu'ils puissent s'ébattre dans le parc de sa propriété, le palais Miramar.

La villa Uribarren, cependant, fut mise en vente. Un patricien local, le comte Urquijo y Barra, ouvrit une souscription, et réussit à réunir les six cent mille pesetas nécessaires à son acquisition. Rénovée, la maison fut mise à la disposition de l'impératrice. L'acte d'achat stipulait que Zita pourrait en disposer aussi longtemps qu'elle le souhaitait, puis que la villa serait attribuée à une œuvre de bienfaisance.

Le 6 juin 1923, l'impératrice et les siens emménagent de nouveau à Lekeitio. Rues pavoisées, Te Deum, aubade, feu d'artifice : le village fête le retour de la famille impériale. Émotion populaire, témoignant de l'attachement suscité par Zita, par sa majesté tranquille et simple.

Six années sereines s'écoulèrent au Pays basque. Pour préparer Otto à ses responsabilités, la poigne d'un homme était indispensable. Faute d'un père, cet éducateur fut le comte Heinrich Degenfeld. Ce juriste (dont le père avait lui-même été précepteur de François-Ferdinand et d'Otto, le père de l'empereur Charles) ne quitta le service d'Otto de Habsbourg qu'avec la mort, dans les années 1960. Pendant quarante ans, il fut son maître, son conseiller, son ministre en exil.

La villa Uribarren devint une école privée pour les huit enfants impériaux. Zita s'attacha en premier lieu à réunir une équipe de professeurs pour Otto. Outre Degenfeld, cinq moines de l'abbaye bénédictine de Pannonhalma, en Hongrie, rejoignirent Lekeitio. Un précepteur autrichien se chargea du grec, de l'allemand et de la géographie. Une Anglaise et une

Française vinrent enseigner leurs langues respectives. Une religieuse hongroise et une institutrice autrichienne s'occupaient des plus jeunes.

Zita pria deux personnalités de présider une commission chargée d'élaborer le plan de formation d'Otto, et de vérifier le progrès de ses connaissances. Max Hussarek, ancien Premier ministre de l'empereur Charles, et Janos Zichy, ancien ministre hongrois de l'Enseignement, assumèrent cette fonction. Ils habitaient Vienne et Budapest, et venaient à Lekeitio pour faire passer ses examens au jeune « empereur et roi ». Les matières qui lui étaient enseignées correspondaient au programme des lycées de l'ancienne Autriche-Hongrie. Mais on y avait ajouté les principales langues de l'ex-empire (en plus de l'allemand et du hongrois, le serbo-croate et le tchèque), et un apprentissage plus détaillé de l'histoire de la monarchie des Habsbourg.

Les horaires d'Otto valaient ceux de tout pensionnaire. Étude de 6 à 8 heures, pause d'une demi-heure, cours de 8 h 30 à 12 heures puis de 14 à 17 heures, devoirs de 17 à 19 heures. Le soir, Degenfeld ou l'un des professeurs lui dispensaient une leçon politique. Intelligent, Otto était d'un caractère sérieux, appliqué. L'archiduchesse Charlotte confiera un jour que, pour son frère aîné, l'enfance avait pris fin à l'âge de dix ans... En Autriche, certains s'inquiétèrent même de la rigueur de cet emploi du temps. Mais Zita resta sourde à ces critiques. Et Otto de Habsbourg, tout en avouant que l'éducation conçue par sa mère était on ne peut plus stricte, lui en fut toujours reconnaissant.

Zita surveille elle-même le travail de ses enfants. Tous les jours, elle regarde leurs devoirs, les interroge, parle avec leurs professeurs. Lors des examens, muette, elle se tient au fond de la pièce.

Rigueur ne signifie pas tristesse. Jeux ou disputes, quelle famille nombreuse ne retentit jamais de cris ? La comtesse Mensdorff racontera avoir vu Otto, vers onze ans, imiter les aboiements d'un chien, puis entrer, l'air sérieux, dans un salon où l'attendait un ennuyeux visiteur, revenir ensuite dans l'antichambre, et se remettre à aboyer...

Il n'y avait pas que l'étude, dans la vie des jeunes Habsbourg. La détente, le plein air, le sport avaient leur place : promenades, plage, tennis, escrime. Et l'équitation : Otto apprit à monter avec Ledochowski, l'ancien aide de camp de son père, qui fit de nombreux séjours à Lekeitio.

La musique, seconde nature autrichienne, n'était pas négligée. Jeune, Zita avait aimé le piano. Depuis la mort de Charles, elle avait renoncé à jouer pour elle-même, mais initiait ses enfants au clavier. Et leur faisait donner des leçons de chant. Avec un succès inégal : Otto resta rebelle à la musique classique.

Chaque jour couchée à minuit, l'impératrice se lève à 5 heures. A 5 h 30, à la basilique de Lekeitio, elle assiste à la messe, au milieu des femmes de pêcheurs. De retour à 7 heures, elle réveille les enfants. Ceux-ci font leur lit eux-mêmes, cirent leurs chaussures. Pendant qu'ils se préparent, Zita lit à l'un ou l'autre quelque extrait de la vie du saint du jour. A 7 h 30, la maisonnée se retrouve à la chapelle pour la messe. L'office est servi tour à tour par les garçons.

La piété de Zita ne se dément jamais. C'est elle qui apprend le catéchisme aux plus petits. Ils firent tous leur première communion à quatre ans, avant de savoir lire et écrire. Pour chacun, elle confectionnait un livre de prières, dans lequel elle collait des images pieuses. La prière du soir se disait en famille, sous sa direction.

La situation financière s'améliora. De Suisse, les avocats de l'impératrice eurent beau transmettre maintes requêtes à la conférence des Ambassadeurs, rien ne vint de ce côté-là. Mais au cours des années 1920, quelques revenus se libérèrent. Leurs sequestres levés, et mis en location, les biens immobiliers acquis à titre privé par Charles et Zita finirent par rapporter un peu d'argent. Le vignoble rhénan de Johannisberg, offert par l'empereur François Ier à Metternich, recommença à verser un pourcentage de ses bénéfices aux Habsbourg, conformément à un contrat conclu en... 1816.

A Vienne, le margrave Pallavicini s'était fait un devoir de recueillir des dons auprès de grandes familles austro-hongroises. Plus qu'un appoint, ceux-ci constituaient une ressource indispensable. Pas exclusivement pour les hôtes de la villa Uribarren. Zita aidait tous les Habsbourg — eux aussi, en 1919, avaient été dépossédés de leur patrimoine — et les serviteurs de l'empereur dont elle connaissait la gêne.

Ce n'était plus la misère de Madère. L'aisance ne régnait pas pour autant : les intendants de la maison, le baron et la baronne Gudenus, devaient épargner, compter au plus juste. Le goût du luxe était si étranger à Zita qu'à titre personnel il ne lui en coûtait rien. Mais, devenus adultes, ses enfants comprirent qu'ils avaient grandi dans une famille désargentée.

Lekeitio était isolé, mais non coupé du monde. La maison était abonnée à plusieurs journaux — autrichiens, hongrois, français, anglais. A la veillée, ils étaient lus, discutés. On écoutait la radio (un cadeau), et l'impératrice livrait son analyse de l'actualité. Si les archiducs parlaient allemand entre eux, l'impératrice conduisait chaque jour la conversation dans une langue différente : allemand le lundi, hongrois le mardi, français le mercredi, anglais le jeudi, etc.

A l'écart de la haute société, la famille n'était pas refermée sur elle-même. Les enfants vivaient au contact des pêcheurs du village. Zita organisait des excursions ; la reine Marie-Christine mettait alors une automobile et un chauffeur à sa disposition. Parfois, c'était pour visiter une usine à Bilbao — curiosité insolite, à cette époque, pour une famille royale.

Les visiteurs n'étaient pas rares. Autrichiens, hongrois, humbles pèlerins de Lourdes ou anciens ministres, ils venaient témoigner de leur fidélité. En 1923 et en 1928, l'ancien aumônier de la maison impériale, Mgr Seydl, vint administrer la confirmation aux cinq aînés, puis aux trois derniers (les huit enfants de Zita reçurent ce sacrement très jeunes) : chaque fois, le prélat effectuait un séjour de plusieurs semaines à Lekeitio. L'archiduchesse Maria Josefa ou la duchesse de Parme venaient voir leurs petits-enfants. A Noël, précieuses attentions, les présents arrivaient du pays : les Tyroliens offrirent une crèche, puis un sapin chaque année.

Degenfeld faisant office de chancelier, Zita entretenait une correspondance nourrie avec l'Autriche et la Hongrie. Pour déjouer la censure, des noms de code étaient utilisés. L'impératrice voyageait exceptionnellement. En 1925, elle effectua un pèlerinage à Lourdes. Incognito, elle passa la nuit sur un lit de camp, dans un dortoir, au milieu d'une quarantaine de femmes. En 1927, elle se rendit au mariage de son frère Xavier avec Madeleine de Bourbon-Busset, au château de Lignières, dans le Cher.

Au printemps de cette même année 1927, Zita accompagna Otto jusqu'au Luxembourg. Agé de quatorze ans, il devait, conformément au vœu exprimé par son père, compléter sa formation spirituelle et philosophique par un séjour dans un monastère bénédictin. Il passa quatorze mois à Clervaux, à l'abbaye Saint-Maurice et Saint-Maur. Ce couvent avait été choisi à double titre. Il dépendait de la congrégation de Solesmes, où trois sœurs de l'impératrice étaient religieuses (Adélaïde depuis 1908, Franziska depuis 1913 et Maria Antonia depuis 1919). Par ailleurs, son frère Félix, prince consort du Grand-Duché, veillerait sur son neveu. Sur la route du Luxembourg, en passant par Nancy, l'impératrice avait fait découvrir à son fils, dans l'église des Cordeliers, les tombeaux de ses ancêtres les ducs de Lorraine (en 1736, François III de Lorraine avait épousé l'impératrice Marie-Thérèse de Habsbourg).

*

A son retour en Espagne, Otto aborde sa dix-septième année : la fin de ses études secondaires approche. Ses frères et sœurs le suivront vite. Lekeitio, ce village, ne convient plus à ces jeunes gens qui s'acheminent vers l'âge adulte. Zita, en outre, a retrouvé une certaine paix intérieure. Elle comprend que sa famille, après une période de repli, doit s'ouvrir au monde. Ses enfants, comme leur père en son temps, doivent être confrontés à des condisciples.

Il faut envisager un autre asile. Où s'installer ? Dans une ville universitaire, et nécessairement dans un État acceptant d'héberger la famille impériale. Le séjour d'Otto au Luxembourg a fait germer l'idée de la Belgique. D'anciennes attaches lient ce royaume à l'Autriche : de Charles Quint à Joseph II, les Habsbourg régnèrent sur les Pays-Bas méridionaux. Et la famille royale belge, une de plus, cousine avec les Habsbourg. Le père de la reine Élisabeth, le duc en Bavière, était le frère de Sissi ; sa mère, Marie-José de Bragance, était une sœur de la duchesse de Parme : la reine des Belges était donc cousine germaine de Zita.

En juin 1929, incognito, l'impératrice se rend à Bruxelles. Albert Ier, son cousin par alliance, donne son assentiment à son installation dans le pays. Le gouvernement confirme cet accord, à condition que les Habsbourg observent la plus stricte neutralité politique. Pour Otto, le roi conseille l'université catholique de Louvain. Fondée en 1425, elle est une des plus anciennes d'Europe. Une des plus dynamiques, aussi, puisque ses quatre mille étudiants y bénéficient d'un système très moderne de cours et de séminaires.

Où trouver un toit en Belgique ? En l'attente d'une solution définitive, le comte Hippolyte d'Ursel, propriétaire d'un vaste hôtel particulier au centre de la capitale, offre son hospitalité. Le 15 septembre 1929, Zita arrive à Bruxelles, avec les plus jeunes de ses enfants. Le lendemain, *La Libre Belgique* publie un compte rendu de l'événement — dans le ton de l'époque :

« La souveraine, venant d'Espagne, a débarqué dimanche à la gare du Midi. La nouvelle avait été tenue secrète pour répondre au désir de cette femme admirable qui, veuve d'un prince mort en exil, errante elle-même depuis de nombreuses années en terre étrangère, veut demeurer ignorée entièrement du monde et des honneurs. L'adversité la plus sombre s'est abattue sur son foyer. Elle l'a acceptée avec un esprit de résignation qui s'est imposé à l'admiration de chacun. Tous les cœurs droits, quelque opinion qu'ils professent quant au gouvernement des nations, s'inclineront devant les malheurs de la famille impériale. Ils accueilleront avec une joie mêlée de fierté la nouvelle de l'arrivée de l'impératrice Zita.

« C'est à 17 h 18 que s'est arrêté, sur la voie 16, le rapide de Paris. Le convoi étant démesurément long, il nous faut déployer des prodiges d'attention pour découvrir la famille impériale parmi la foule qui débarque. Mais une dame entourée de quatre enfants attire vite nos regards. La souveraine est vêtue si simplement qu'elle a dû passer inaperçue durant son voyage. Un petit manteau noir, un chapeau de même couleur.

Pas la moindre garniture. Ses yeux, qui veulent exprimer un merci joyeux, trahissent dans leur regard profond une douloureuse odyssée. Mais on chuchote : le nom de Zita se répète dix fois, vingt fois et, instantanément, les têtes se découvrent... »

Les Habsbourg restèrent quatre mois chez Hippolyte d'Ursel. Un Français, le marquis Jean de Croix, proposa de leur louer son château de Ham, à Steenokkerzeel. Un tramway reliait à la capitale ce village d'ouvriers et d'agriculteurs situé à quinze kilomètres au nord-est de Bruxelles. La demeure, un grand bâtiment carré, était un ouvrage du XVIe siècle. En dépit des aménagements intérieurs rapidement installés par son propriétaire (l'eau courante, le chauffage central), le confort était rudimentaire. Dans ce bâtiment médiéval, plein d'escaliers et de recoins, l'espace était restreint. Flanqué de quatre tours, entouré d'eau sur trois côtés, ce château fortifié possédait toutefois l'essentiel : du caractère. Zita et les siens emménagèrent fin janvier 1930. Ils y vivront dix ans.

Le recteur de l'université de Louvain avait admis le duc de Bar (Otto était inscrit sous ce patronyme figurant dans la titulature des Habsbourg-Lorraine) avec un statut spécial : le nouvel étudiant n'était pas encore bachelier. S'attendait-il à ce que le jeune prince suive ses études avec dilettantisme ? C'était mal le connaître. En 1929-1930, à l'institut de philosophie de l'université de Louvain, Otto suit une année préparatoire de philosophie thomiste, récompensée d'une « grande distinction ». A la fin de l'année, une dernière fois, la famille retourne pour les vacances d'été à Lekeitio. C'est là qu'Otto passe son baccalauréat. Devant la commission qui a veillé pendant huit ans sur sa formation, il est soumis aux épreuves écrites et orales. Signé le 1er octobre 1930, son certificat atteste : « Avec ce diplôme de bachelier, la commission d'examen déclare terminées les études secondaires de Sa Majesté l'empereur et roi Otto, avec la mention Très Bien. » Trois semaines plus tard, à Louvain, Otto s'inscrit à l'École des sciences politiques et sociales. Il en sortira en juin 1935, avec un doctorat. Sa thèse, *Coutumes et droits successoraux de la classe paysanne et l'indivision des propriétés rurales en Autriche*, rédigée en allemand puis traduite par lui-même et soutenue en français, lui vaudra la distinction *summa cum laude*, la plus haute.

Initialement, à Steenokkerzeel, Otto prenait chaque jour son vélo, gagnait la gare la plus proche, où il empruntait le train pour Louvain, situé à moins de trente kilomètres de Bruxelles. Bientôt une voiture l'emmena avec sa sœur Adelaïde, elle aussi inscrite à l'université. Plus tard, il conduisit lui-même.

Une autre automobile — la première avait été mise à la disposition de sa sœur par Félix de Luxembourg, celle-ci offerte par des amis — conduisait les cadets à Bruxelles. Robert, Félix, Charles-Louis et Rodolphe fréquentaient le collège Saint-Michel, tenu par les jésuites. Charlotte et Élisabeth allaient au lycée des Dames de Marie. Université ou écoles, ces établissements étaient francophones : les enfants de Zita parleront parfaitement le français.

Le château de Ham, comme auparavant la Quinta del Monte et la villa Uribarren, est le siège d'une minuscule Cour en exil. Chacun des hôtes y a sa fonction, mais en réalité, tous forment une seconde famille autour des Habsbourg. Et chacun est un peu à la fois homme ou femme de confiance de Zita, professeur et éducateur des enfants. La comtesse Kerssenbrock suit l'impératrice depuis Schönbrunn ; la comtesse Mensdorff depuis Madère ; le comte Degenfeld, le baron et la baronne Gudenus depuis Lekeitio. A Steenokkerzeel, un bénédictin hongrois, le père Weber, est devenu l'aumônier de la maison. Gouvernantes ou répétiteurs se succèdent. Une descendante de Junot, mademoiselle d'Abrantès, enseigna quelques années les langues aux plus jeunes. Une secrétaire, un ou deux chauffeurs et quelques domestiques complètent la maisonnée régulière.

Dès sa majorité, des volontaires se relaient auprès d'Otto. Conseillers venus de Vienne (comme Edmund Czernin, un neveu de l'ancien ministre) et de Budapest (comme Alexander Pallavicini), ou jeunes gens de son âge, ils lui tiennent compagnie à tour de rôle. Et lui dépeignent la vie en Autriche ou en Hongrie. Zita a trop médité sur l'exemple du comte de Chambord, son aïeul, pour ignorer les dangers de l'exil : elle tient à ce que, tout en restant fidèle à ses principes, son fils prenne la mesure des réalités.

Sous son toit, Zita maintient l'étiquette. Elle est impératrice et reine. Chacun s'adresse à elle avec les formes requises, les dames lui font la révérence de cour, et les visiteurs la quittent en marchant à reculons, comme à Schönbrunn. Rien de forcé : sa majesté naturelle en impose, même si sa simplicité la rend proche de ceux qui la servent. Mais à Steenokkerzeel comme en Espagne, le train de vie n'a rien de royal. Au contraire. Un journaliste autrichien, retenu à dîner, se rappelait un menu composé de pommes de terre, de sardines à l'huile, d'édam, et accompagné d'eau. A Louvain, « l'empereur et roi » Otto déjeune comme tout le monde : au restaurant universitaire.

Tout comme en Espagne, garçons et filles pratiquent de nombreux sports. A la belle saison, il leur arrive de filer jusqu'aux plages de la mer du Nord. Tradition Habsbourg oblige, Otto s'est découvert une passion, la chasse. Dans l'étable du château, les plus petits soignent les animaux qui leur ont été offerts (en 1938, vingt-cinq chèvres et moutons). Quand ils sont retenus par leur travail, Zita s'occupe elle-même d'apporter la nourriture et de changer la paille. Zita passe de longues heures à cultiver les roses et les tulipes de son jardin.

Avec l'âge, les enfants ont acquis le droit de sortir. Non pour des futilités, leur mère ne le permettrait pas. Mais à Bruxelles, théâtres, salles de concerts et musées sont des lieux fréquentables. *A fortiori* quand se produisent les Petits Chanteurs de Vienne ou les marionnettes de Salzbourg. Pour les petits, il y a le cirque. Et pour tous, les grands matchs sportifs. Avec une euphorie partagée, le soir où l'équipe nationale d'Autriche écrasa sur leur terrain les footballeurs belges.

En février 1934, priée à la prestation de serment du roi Léopold III, Zita accepta cet honneur. Mais en général, elle ne sortait pas. La noblesse belge ne manquait pas de l'inviter, avant de se décourager. Au marquis de Croix qui la conviait à une garden-party, elle répondit : « Volontiers, mais je n'ai rien à me mettre. » Prétexte ? Sans doute. Elle qui, jadis si à l'aise, dansait et aimait les soirées, a renoncé à ces plaisirs. Pour toujours. Parce qu'elle est veuve ? Plus profondément, parce que la vie l'a tant éprouvée qu'elle met de la gravité en toute chose. Et même de l'austérité. Un visiteur avouera : « J'ai vu souvent l'impératrice sourire. Rire, jamais. » Trait de caractère qui s'estompera de nombreuses années plus tard. Au fond, seule sa famille lui procure de la joie. Et quelques proches. L'ayant vue s'entretenir au téléphone avec Hunyady, qui avait partagé son infortune à Madère, un témoin rapportera : « Elle parlait avec lui cordialement et simplement, comme une vieille amie. »

Outre les fidèles, ne sont reçus que des parents au château de Ham. Les souverains belges, la reine Élisabeth et Albert Ier (qui meurt en 1934), puis leur fils Léopold III et la reine Astrid ; le grand-duc et la grande-duchesse de Luxembourg ; les Bourbons-Parme ; les princes de Hohenberg, fils de François-Ferdinand.

Rare exception, l'impératrice reçut le prince héritier Umberto d'Italie, venu se fiancer à Bruxelles avec la princesse Marie-José, fille du roi Albert. Jeunes mariés, eux aussi exilés en Belgique, le comte et la comtesse de Paris rendirent une visite protocolaire. « Une dame d'honneur, se souvient Isabelle d'Orléans, nous a reçus et introduits dans un grand salon où l'impératrice, entièrement vêtue de noir, nous attendait. Elle était à contre-jour, debout devant une fenêtre et ainsi nous n'apercevions qu'une grande et mince silhouette. Révérence, baise-main, et puis elle se met sur un grand canapé. Nous nous installons en face. Deux dames d'honneur nous servent le thé et après quelques instants d'une conversation fluette, l'impératrice s'est levée et nous a dit au revoir. Nous nous sommes alors retirés à reculons vers la porte... »

*

Le 20 novembre 1930, Otto fête ses dix-huit ans — âge de la majorité pour l'héritier de la dynastie autrichienne. Pour l'impératrice, cette échéance prenait un sens aigu : son fils devenait de plein droit chef de la maison de Habsbourg. Depuis la mort de l'empereur Charles, Zita avait exercé une régence morale, préparé son aîné à sa charge. Mission accomplie, son mandat touchait à son terme.

Au château de Ham, cette cérémonie se tint en cercle privé, au milieu d'une quarantaine de personnes. La presse en fut écartée : un reporter belge, qui s'était glissé parmi les extras recrutés pour la journée, dut déguerpir, démasqué. La veille étaient arrivés l'archiduchesse Marie Josefa et l'archiduc Maximilien, grand-mère et oncle paternels d'Otto. D'Autriche et de Hongrie, quelques invités, dont tous les professeurs d'Otto. La poste avait livré quatre sacs de lettres et de télégrammes de félicitations. Parmi eux, un message du roi et de la reine des Belges et un pli du Vatican, apportant la bénédiction du pape.

La journée commença par une première messe dans la chapelle. Puis on se réunit dans le grand salon. Zita, toute en noir, portait l'insigne de l'ordre de la Croix étoilée (l'ordre féminin de la maison d'Autriche). Otto était en jaquette. L'impératrice lut une courte allocution, dans laquelle elle déclara achevé son tutorat sur son fils, et salua en lui le chef de maison. Otto s'inclina profondément, et répondit : il remerciait sa mère pour l'amour et le dévouement qu'elle lui avait portés. Il la pria, jusqu'à ce que ses études fussent terminées, de l'aider et de le représenter si nécessaire. Un protocole fut signé. Puis une seconde messe d'action de grâce fut célébrée par Mgr Seydl.

Otto de Habsbourg expliquera par quelle logique cet acte solennel avait porté ses fruits : le sens de sa charge s'est imposé à lui peu à peu. Quelques années encore, Zita prit les décisions au nom de la famille. Mais en consultant le jeune archiduc au préalable. Entre mère et fils, lors de cette période de transition, ce fut, selon l'expression d'Otto, « un partenariat à cinquante-cinquante ».

Néanmoins, cette date du 20 novembre 1930 représente un tournant. Progressivement, l'impératrice va s'effacer derrière Otto, comme elle l'était derrière son mari. Un tournant facile ? Sûrement pas, eu égard à sa forte personnalité. Elle a accepté ce changement de perspective parce que cette transmission était inscrite dans les faits. Et aussi parce qu'elle savait l'influence qu'une femme peut exercer. Otto, comme ses frères et sœurs, se sentait très proche de sa mère. Un témoin a raconté comment, à Steenokkerzeel, Zita fit un jour irruption dans le salon où il discutait avec des amis : « Elle se dirigea vers son fils et fit devant lui une profonde révérence. Je n'oublierai jamais le regard plein d'amour et d'admiration que lui jeta son fils aîné. »

*

Toute dynastie utilise des signes, qui symbolisent sa légitimité, sa pérennité. Pour les Habsbourg, l'ordre de la Toison d'or est de ceux-là. Fondé en 1430 par le duc de Bourgogne, Philippe le Bon, il était passé à la maison d'Autriche par le mariage de Maximilien Ier avec Marie de Bourgogne, fille du Téméraire. Après l'extinction de la lignée espagnole des Habsbourg, l'ordre s'était scindé en deux, le roi d'Espagne le décernant comme l'empereur.

Depuis 1922, l'archiduc Maximilien, le frère de Charles, assurait la maîtrise de l'ordre, en attendant la majorité de son neveu. En novembre 1932, Otto annonça son intention d'exercer cette charge. Premier acte, la nomination de sept nouveaux chevaliers, parmi lesquels son frère Robert, le duc Max de Hohenberg, le comte Degenfeld et le baron Gudenus. La remise des colliers eut lieu à Steenokkerzeel, en février 1933. Selon un rite immémorial, on avait laissé reposer toute la nuit une épée sur l'autel de la chapelle. Elle servit à armer chevalier Otto lui-même, puis les sept impétrants. Soixante ans plus tard, l'archiduc Otto est toujours grand-maître de l'ordre de la Toison d'or, dont les cinquante et un colliers ne peuvent être remis qu'à des membres de la maison de Habsbourg, de la haute noblesse ou à des chefs d'État.

Otto n'avait plus besoin de sa mère pour voyager. La Belgique, par sa position géographique, lui permettait de sillonner l'Europe. Et d'abord la France, patrie de ses aïeux Bourbons. Avec Degenfeld, ses oncles Sixte et Xavier de Parme, parfois en compagnie de sa sœur Adélaïde, l'archiduc put découvrir la Provence, les châteaux de la Loire, Verdun et les champs de bataille de la Grande Guerre. A Paris, où il se rendait souvent, il rencontra Lyautey, Franchet d'Esperey. En Suède, le roi Gustave V lui réserva un accueil semi-officiel. Alphonse XIII entreprit de faire présenter Otto au roi d'Angleterre, mais George V dut renoncer à le recevoir, sous la pression du Foreign Office.

Zita, elle, quitta la Belgique à de rares occasions. Lors de sa visite à Steenokkerzeel, le prince héritier Umberto lui avait transmis une invitation de ses parents. L'impératrice commença par hésiter : les rapports entre l'Italie et l'Autriche restaient tendus, à cause du Tyrol du Sud, annexé de force en 1919. Mais à partir de l'année 1930, un rapprochement diplomatique entre Rome et Vienne la décida. Revoir l'Italie, c'était renouer avec sa jeunesse.

Le 1er juin 1931, Zita débarque à la villa delle Pianore. Sa mère et ses plus jeunes frères et sœurs y vivent de nouveau. Moments de bonheur, dans cette maison quittée vingt ans auparavant. Le 9 juin, au Vatican, l'impératrice est reçue en audience privée par Pie XI. De retour chez la duchesse de Parme, elle est invitée, le 13 juin, chez le roi Victor-Emmanuel III et la reine Hélène, dans leur résidence d'été de San Rossore. Le lendemain, le couple royal rend visite à Pianore. Rencontres amicales, sans caractère politique. En 1939, la princesse Maria, fille cadette du roi d'Italie, épousera Louis de Bourbon-Parme, un des plus jeunes frères de Zita.

Ses autres rares déplacements revêtirent un caractère purement familial. Jour de joie, pour le mariage de son frère Gaëtan, à Paris, en 1931, avec Margarethe von Thurn und Taxis. Jour de deuil, à l'abbaye de Souvigny, dans le Bourbonnais, en 1934, pour les obsèques de Sixte, fauché par une septicémie à quarante-huit ans. Tout comme son frère Xavier, ce prince qui s'était cent fois entremis pour les Habsbourg avait été un ange tutélaire pour Zita.

*

Janvier 1933. Otto part pour quelques semaines à Berlin. But : compléter ses recherches pour sa thèse dans les bibliothèques de la capitale allemande. L'archiduc arrive sous le nom de duc de Bar. Mais sa présence n'échappe pas à la presse : le 19 janvier, il est photographié dans les travées du public, au Landtag de Prusse.

A Potsdam, Otto rend visite aux Hohenzollern. Quelques

jours plus tard, il rencontre le prince August Wilhelm de Prusse. Militant et député national-socialiste, le quatrième fils de Guillaume II le reçoit en uniforme de la SA. Et se propose de lui aménager un rendez-vous avec Hitler et Goering. Offre aussitôt déclinée... Le 28 janvier, audience chez Hindenburg, à la présidence de la République. Le vieux maréchal porte les décorations que François-Joseph et Charles lui avaient remises. « Voyez-vous, Majesté, lui dit-il, il n'y a dans cette ville qu'un seul être qui hait les Habsbourg, et c'est un Autrichien. »

Cet « Autrichien », Otto était allé l'écouter un soir, au Bülowplatz. « J'étais au milieu d'un groupe de communistes qui avaient décidé d'en découdre avec lui, a raconté l'archiduc à Jean-Paul Picaper. Mais Hitler se mit à parler et il les subjugua tous. Quand il repartit, sous les acclamations de la foule, une forêt de bras se levaient autour de sa voiture. »

Le 30 janvier, Hindenburg nommait Adolf Hitler chancelier. Le soir même, Otto reprenait le train. Contre la folie à croix gammée qui avait saisi l'Allemagne, menaçait l'Autriche et braverait l'Europe entière, il allait, soutenu par Zita, mener un combat inégal, mais sans merci. Une croisade qui reste l'honneur des Habsbourg.

13

Les Habsbourg contre Hitler

Engelbert Dollfuss devint chancelier d'Autriche en 1932. De nos jours, cet homme a mauvaise presse. Certains le qualifient de dictateur. C'est passer sur l'essentiel : Dollfuss fut surtout celui qui mit toute sa volonté, son énergie et son courage au service de l'indépendance autrichienne. Pour ce faire, il est vrai, il emprunta une autre voie que la démocratie parlementaire. Mais dans l'Europe de l'entre-deux-guerres, à la tête d'un pays déchiré par l'antagonisme de partis prêts à la guerre civile, sous la menace constante du nazisme, avec le seul appui diplomatique de l'Italie mussolinienne, pouvait-il en être autrement ?

Au cours de ces années-là, le génie autrichien restait fécond. De Fritz Lang à Robert Musil, d'Oskar Kokoschka à Joseph Roth, en passant par les huit savants à qui furent décernés le prix Nobel de science ou de médecine, le talent s'était réfugié dans la vie intellectuelle. Modeste héritière par son nom d'un empire prestigieux, l'Autriche doutait cependant de sa légitimité politique. L'œuvre de Dollfuss consista à lui conférer une raison d'exister. Contre le national-socialisme qui s'emparait de l'Allemagne, au nom de l'Autriche catholique, ce petit chancelier (il mesurait 1,51 mètre) se dressa seul. Et ce fut sa grandeur.

Au cours de la décennie précédente, Vienne avait déjà eu son homme providentiel. Mgr Seipel, chancelier chrétien-social de 1922 à 1932, avait sauvé la République de la faillite, grâce aux prêts de la SDN. Ce succès économique n'avait pas résorbé les ferments de division. La gauche possédait sa milice armée, fondée en 1920, le Republikanischer Schutzbund (Ligue de défense républicaine) ; marxiste, anticléricale, elle était essentiellement implantée à Vienne, municipalité socialiste, et dans les villes industrielles. Par contrecoup, en 1925, le prince Starhemberg avait regroupé sous le drapeau de la Heimwehr (Défense de la patrie) les associations patriotiques, conservatrices et chrétiennes — surtout dans l'Autriche rurale et alpine. Chaque camp pouvait mobiliser 30 000 hommes. Ce contexte explosif devait s'aggraver avec l'apparition d'un troisième parti : les nationaux-socialistes. En avril 1932, ceux-ci remportèrent 336 000 voix aux élections régionales de Vienne, de Basse-Autriche et de Salzbourg, et occupèrent quinze des cent sièges du conseil municipal de la capitale.

Un mois plus tard, à quarante ans, Dollfuss accède au pouvoir. Fils spirituel de Mgr Seipel, il place son action sous l'égide de la doctrine sociale de l'Église. Né dans une famille paysanne pauvre, adhérent au parti chrétien-social, son parcours a fait de lui une figure vénérée de l'Autriche rurale : il a été président de la puissante Union des paysans de Basse-Autriche, initiateur des assurances sociales agricoles, ministre de l'Agriculture.

Le 20 mai 1932, devenu chef d'un gouvernement disposant d'une seule voix de majorité, il a l'intention de renouveler la coalition entre les chrétiens-sociaux et les sociaux-démocrates. Mais il se heurte au refus des chefs socialistes auxquels il propose un ministère : Karl Renner, Julius Deutsch et Karl Seitz, le maire de Vienne. Car l'objectif central du programme socialiste reste le rattachement à l'Allemagne, l'Anschluss. En mai 1933 (Hitler est chancelier à Berlin), le parti social-démocrate déclarera encore : « Le rattachement à une Allemagne libre et pacifique demeure notre but dans l'avenir. » Dollfuss, lui, est viscéralement hostile à toute idée d'Anschluss. La patrie, pour lui, ce n'est pas la grande Allemagne, c'est l'Autriche.

Et puisque celle-ci est devenue une moindre puissance, il va entreprendre de lui rendre le sens de sa valeur, sa fierté, par l'exaltation de son rôle spécifique dans le concert des nations. Pénétré de la mission de son pays, il va s'obstiner à susciter un patriotisme autrichien, et même plus : une mystique autrichienne, telle que l'écrivain Anton Wildgans, en 1930, l'avait chantée dans son *Discours sur l'Autriche*.

Faute d'un accord à gauche, Dollfuss se cherche des alliés à droite. Le Schutzbund socialiste dissimulait à peine ses buts insurrectionnels : en mars 1933, il est dissous, mais son action se poursuit dans la clandestinité. En mai, sur un incident de procédure électorale, les trois présidents du Parlement démissionnent. Utilisant une loi qui l'autorise à endosser les pleins pouvoirs, le chancelier en profite pour mettre l'Assemblée en veilleuse. L'armée, la police et la Heimwehr le soutiennent. Le même mois, le gouvernement crée le Front patriotique. Sous l'emblème de la croix potencée des croisés, il réunit les adhésions par dizaines de milliers.

Depuis le mois de janvier précédent, la nomination de Hitler à la chancellerie stimulait le parti national-socialiste autrichien. Le nazisme ? Cette idéologie inspire de la répulsion à Dollfuss. Parce que ses principes sont contraires à la morale catholique, parce que son dessein avoué est d'annexer l'Autriche à l'Allemagne.

Entre Berlin et Vienne, les hostilités ne tardent pas. Lors d'un voyage en Autriche, le ministre bavarois de la Justice se livre à des déclarations hostiles à l'égard de Dollfuss. Il est prestement reconduit à la frontière. Par mesure de rétorsion, le Reich instaure une taxe de mille marks pour tout citoyen allemand se rendant en Autriche — étranglant le tourisme, industrie indispensable au pays. La propagande des nazis autrichiens s'intensifie. Ils passent de la violence physique contre leurs adversaires aux attentats contre les bâtiments publics. Le chancelier ne se laisse pas intimider. En juin 1933, il expulse le chef nazi Theo Habicht, et fait arrêter plus d'un millier de ses militants. Les attentats reprennent de plus belle. Cinq jours plus tard, Dollfuss recourt aux grands moyens : le parti nazi est interdit, cinq mille de ses membres sont internés. Ceux qui se sont enfuis en Allemagne, avec la bénédiction de Berlin, y constituent une Légion autrichienne, base arrière pour l'action terroriste.

Le 11 septembre 1933, au Prater, dans une forêt d'oriflammes aux couleurs nationales autrichiennes (rouge-blanc-rouge), le Front patriotique rassemble quatre-vingt mille personnes : Dollfuss célèbre le deux cent cinquantième anniversaire de la victoire remportée sur les Turcs, en 1683, lors du siège de Vienne. Exaltant la vocation chrétienne de l'Autriche contre les barbares qui campent aux portes de la cité, il déclenche l'enthousiasme de la foule, qui a compris le symbole.

Le même mois, espérant toujours une ouverture à gauche, le chancelier autorise la tenue à Vienne du congrès socialiste international (où Léon Blum représente les Français). Avec les modérés de la social-démocratie, il négocie en secret pour faire adhérer les syndicats au Front patriotique. Mais les activistes du Schutzbund clandestin ne désarment pas. Au contraire : les rapports de police signalent la constitution de caches de matériel de guerre. Les meneurs rouges ont décidé d'appeler à la grève insurrectionnelle en cas de dissolution du parti ou des syndicats, ou d'agression contre la municipalité socialiste de Vienne. Mais Dollfuss n'a l'intention d'appliquer aucune de ces trois mesures. A la demande de Léon Blum, Édouard Daladier — le président du Conseil — fait intervenir l'ambassadeur de France à Vienne, Gabriel Puaux, afin d'obtenir des garanties pour les socialistes autrichiens. Dollfuss les accorde. Cependant, sur sa droite, il doit résister aux pressions de la Heimwehr, qui prône une offensive préventive contre le Schutzbund.

A son corps défendant, les événements vont s'emballer. A l'aube du 12 février 1934, à Linz, la police lance une perquisition contre le siège du parti social-démocrate, pour y saisir les armes qui y sont entreposées. Des coups de feu éclatent ; quel côté tira le premier, on ne l'a jamais su. C'est l'étincelle qui met le feu aux poudres. L'incident dégénère, une bataille rangée s'étend à toute la ville. Le mouvement fait tache d'huile : Graz, Innsbruck, Krems, Steyr. A huit heures du matin, Otto Bauer a déclenché la grève insurrectionnelle, sans qu'aucune des trois conditions évoquées par le Schutzbund soit réunie. A un diplomate, Karl Renner lâche cet aveu : « Nous venons de déclarer la grève : la folie est commise. »

Dès le début de l'après-midi, il apparaît que les masses ouvrières ne suivent pas : c'est un échec. Dans les faubourgs de Vienne, des combats se déroulent dans les bastions sociaux-démocrates, mettant aux prises les miliciens marxistes et les forces de l'ordre. Ils durèrent quatre jours, laissant 196 morts et 300 blessés du côté des socialistes,

128 morts et 400 blessés chez les forces gouvernementales. L'émeute réprimée, le parti social-démocrate est interdit, de nombreuses arrestations sont opérées, les socialistes rejoignant les nazis dans les camps d'internement. Renner et Seitz emprisonnés, Deutsch et Bauer s'enfuient en Tchécoslovaquie. Dans une brochure publiée à Prague quelques mois plus tard, Otto Bauer fit son mea culpa : « Peut-être nous sommes-nous montrés, quand nous étions puissants, trop peu disposés à l'entente avec les chrétiens-sociaux. Rebutés par notre intransigeance, ils se tournèrent vers les Heimwehren, et la catastrophe s'ensuivit. Nous avons penché trop à gauche. » Aveu capital, qui disculpe Dollfuss d'avoir provoqué cette guerre civile de quatre jours.

Le 18 février, le chancelier prêche l'apaisement : « Il ne s'agissait pas d'un combat du monde ouvrier contre le gouvernement, mais d'un combat de petits groupes d'extrémistes contre l'État et la société. Le principal souci est maintenant l'aide aux familles des victimes, y compris les familles des insurgés. » Dollfuss veilla personnellement à ce que Renner et Seitz soient libérés le plus tôt possible. Car le vrai danger, à ses yeux, émanait de la croix gammée. Devant cent mille paysans réunis à Vienne, il stigmatisa « les terroristes nazis ». Contre ces derniers, il avait besoin des sociaux-démocrates. Grâces et amnisties ouvrirent peu à peu les portes des prisons.

Le 1er mai 1934, « au nom de Dieu de qui émane tout droit », une nouvelle Constitution est promulguée. L'Autriche devient un État fédéral, corporatif et chrétien. Le chef de l'État est élu par les maires (le président de la République, Wilhelm Miklas, restant en fonction), et nomme le chancelier. Cinq assemblées consultatives élisent la Diète. Les organisations professionnelles, regroupées en sept corporations, associent employeurs et employés. L'État n'exerçant aucune mainmise sur la société, et notamment pas sur la jeunesse, ce régime ne peut être assimilé au fascisme : en réalité, comme le Portugal de Salazar, il puise son inspiration dans l'encyclique sociale *Quadragesimo Anno*, publiée par Pie XI en 1931. L'Église d'Autriche apporte d'ailleurs un appui sans équivoque à l'action de Dollfuss — barrage contre le paganisme nazi. En décembre 1933, une lettre collective des évêques a condamné « la folie nationale-socialiste » et « l'antisémitisme racial ».

Et à l'étranger, de quel soutien bénéficie le pays ? A Paris, Dollfuss s'est entretenu avec Daladier. En février 1934, la France et l'Angleterre ont publié une déclaration commune, réaffirmant leur attachement à l'indépendance autrichienne. Mais cette résolution les déchargeait de leur responsabilité sur la Société des Nations : autant dire qu'elle ne reposait sur aucune garantie. Vienne possède alors un seul allié : l'Italie. Par le protocole de Rome, en mars 1934, l'Italie, la Hongrie et l'Autriche ont conclu un pacte d'amitié, qui est aussi un pacte de défiance à l'égard de l'Allemagne. Mussolini, à l'époque, ne tient pas à voir le Reich s'installer sur le Brenner. Sa première rencontre avec Hitler, à Venise, le 14 juin 1934, se passe mal. Le Duce, en revanche, est lié à Dollfuss par des affinités personnelles. Il va le prouver.

Hitler, lui, veut en finir avec ce petit homme qui le nargue. Le 25 juillet 1934, Berlin téléguide un putsch organisé par les nazis autrichiens. A Vienne, cent cinquante-quatre conjurés investissent la radio et la chancellerie, dont les portes sont restées ouvertes à la suite d'un quiproquo. Un petit groupe parvient jusqu'aux bureaux du chancelier, qui est abattu à coups de revolver. Sans l'assistance d'un médecin ni d'un prêtre, Engelbert Dollfuss agonise pendant trois heures. Dans un souffle, ses derniers mots sont des paroles d'amour : « Que Dieu leur pardonne. J'embrasse ma femme et mes enfants. » Première victime sanglante du nazisme, il mourait pour avoir mené, intrépide et solitaire, le combat pour la foi et la liberté de sa patrie, dans une Europe qui se couchait.

Dans la capitale, les forces de l'ordre avaient maîtrisé la situation. Kurt von Schuschnigg, ministre de la Justice et de l'Enseignement, fut nommé chancelier. En Carinthie et en Styrie, provinces où les nazis étaient le plus implantés, de véritables batailles rangées opposèrent l'armée et la Heimwehr aux rebelles. En deux jours, l'insurrection nazie fut brisée par les armes. Arrêtés, les putschistes furent condamnés à mort, et pendus. Ivre de rage, Hitler dut désavouer toute implication de l'Allemagne dans l'affaire. Aveu rétrospectif, après l'Anschluss, l'assassin de Dolffuss, l'adjudant Planetta, fut consacré héros national allemand.

Dès l'annonce du putsch, Mussolini avait massé quatre divisions sur le Brenner et à la frontière de la Carinthie : un avertissement à Hitler. Avec son langage fleuri, le Duce confia son sentiment au *Popolo di Roma*, le 29 juillet 1934 : « Que sont les nazis ? Des assassins et des pédérastes. »

*

Des services religieux à la mémoire du chancelier défunt furent dits dans toutes les capitales européennes. A Notre-Dame de Paris, Louis Barthou, le ministre des Affaires étrangères, représentait le gouvernement. De Steenokkerzeel, l'impératrice Zita envoya un télégramme à la veuve de Dollfuss : « Je prends profondément part à la douleur qui vous frappe, vous et vos enfants. J'implore Dieu de vous donner force et courage, et une récompense éternelle au défenseur héroïque de l'indépendance autrichienne. »

Lors des funérailles nationales du chancelier — à Vienne, le 28 juillet 1934 — parmi les fleurs qui entouraient le cercueil se remarquait une couronne ornée d'un ruban : « Otto-Zita. » Ce même jour, dans la chapelle du château de Ham, une messe de requiem réunissait la famille impériale.

Les Habsbourg avaient admiré le patriotisme de Dollfuss, sa hardiesse, son ardeur antinazie. Ils avaient suivi son action sociale avec sympathie. Sa politique ? Elle n'avait pas toujours entraîné leur approbation. Après l'insurrection socialiste de février 1934, Otto avait supplié Vienne d'éviter les condamnations à mort (il y en eut neuf). Le chancelier, pensait l'archiduc, gouvernait sur une base trop étroite : la menace allemande requérait l'union de tous les Autrichiens.

Dans la Constitution de 1934, le mot « République » avait disparu, et les armoiries de l'État avaient retrouvé l'aigle bicéphale, emblème impérial. Mais Dollfuss n'était pas de tradition monarchiste. Aux interlocuteurs qui, devant lui, citaient Otto comme « Son Altesse Impériale » ou « l'empereur », il répondait en évoquant « le jeune monsieur ». Cependant, il recherchait l'appui des fidèles de la monarchie. Dès son accès au pouvoir, des négociations visant à lever les lois anti-Habsbourg de 1919 avaient débuté. Et les convictions du chancelier, républicain dans sa jeunesse, évoluaient. A l'automne 1933, il avouait à Max von Hohenberg, président des associations légitimistes : « Je me rapproche de plus en plus de votre point de vue. » Son entourage comptait des monarchistes : son ministre Schuschnigg ; Ludwig Draxler, avocat de la Heimwehr (après-guerre, avocat des Habsbourg) ; son ami intime, Ernst Karl Winter. Avec ce dernier, philosophe thomiste et sociologue catholique, il avait fait la guerre dans les chasseurs tyroliens. Il l'avait désigné maire adjoint de Vienne, en lui assignant un objectif : travailler au rapprochement avec les sociaux-démocrates.

Le 23 juillet 1934, Winter avait eu une longue conversation avec Dollfuss. Le chancelier lui avait confié sa résolution d'unir toutes les familles de pensée contre le péril nazi. Il espérait d'un côté se concilier les sociaux-démocrates, et, de l'autre, conclure rapidement les tractations sur le statut des Habsbourg, souhaitant intégrer les monarchistes au Front patriotique. Sur le principe, avait affirmé Dollfuss, il était favorable à la restauration monarchique. Il croyait seulement que celle-ci n'était pas opportune, car ni Mussolini ni la Petite Entente ne l'accepteraient. Au lendemain de cette discussion, le chancelier avait été assassiné.

*

La monarchie ? Dollfuss, on l'a dit, n'était pas un fidèle des Habsbourg. Si une telle idée lui était venue, c'est qu'elle ne relevait pas de la nostalgie. Elle répondait à un autre ressort. Hitler au pouvoir à Berlin, les patriotes autrichiens durent décupler leurs forces. Dans ce but, pour susciter une large mobilisation, ils firent appel à tout ce qui octroyait une signification à une Autriche indépendante. Cette quête, immanquablement, menait à l'histoire, à la civilisation et aux gloires de la vieille Autriche impériale et catholique. Se battre au nom de la légitimité autrichienne, c'était se placer dans l'orbite spirituelle des Habsbourg — dynastie qui, pendant sept cents ans, avait incarné cette légitimité. Au cours des années 1930, dans la lutte pour la liberté de l'Autriche, le courant monarchiste allait jouer alors un rôle singulièrement méconnu.

Dès l'hiver 1918-1919, dans une quasi-clandestinité, des cercles s'étaient formés, comme le Comité central du prince Johannes Liechtenstein. Recrutant hauts fonctionnaires et hommes politiques, ce comité bénéficiait de relations étendues dans la haute société. De son côté, l'ancien commandant de la garde impériale, le colonel Gustav Wolff, avait monté en 1920 un réseau d'officiers et sous-officiers agissant à ciel ouvert, les Schwarz-Gelben Legitimisten (les noirs et jaunes, couleurs des Habsbourg), baptisés plus tard Kaisertreue Volkspartei (Parti populaire de la fidélité impériale). Portant plus sur les classes moyennes, son influence s'étendait en province, en Styrie, en Carinthie, et surtout au Tyrol.

Pour les élections de 1923, un accord avec les chrétiens-sociaux avait réservé des sièges aux monarchistes. Mais les mauvais résultats de la droite n'avaient permis de faire entrer qu'un seul député au Parlement. Après cet échec, Friedrich von Wiesner et Hans Karl von Zessner-Spitzenberg avaient entrepris de relancer le mouvement, autour d'une organisation fondée en 1921, Reichsbund der Österreicher (Fédération des Autrichiens). But : « Maintien et réveil de la pensée autrichienne et de la notion de patrie ; souci de l'histoire autrichienne et de la continuation de la tradition des Habsbourg, qui était un esprit supranational, en vue de l'union politique et morale des peuples de l'ancienne monarchie austro-hongroise ; combat de la propagande contraire et adaptation de ces idées aux conditions actuelles, afin de pouvoir les appliquer dans l'avenir. »

Après la mort de l'empereur Charles, le cardinal Piffl avait célébré une messe de requiem à la cathédrale Saint-Étienne ; manifestation semi-officielle, puisque les ministres chrétiens-sociaux y avaient pris part. Le vaste édifice n'avait pu contenir toute l'assistance. Mais pendant la décennie 1920, les vrais militants monarchistes étaient peu nombreux. En juin 1922, la police viennoise signalait la distribution de tracts : « Vive l'empereur Otto. » Activisme sentimental, sans impact politique. C'est le national-socialisme, par antithèse, qui allait réveiller la conscience autrichienne. Et provoquer une réaction dont les hérauts de la dynastie profitèrent.

A partir de 1931, le Reichsbund connaît un développement subit. La ligue se dote d'une organisation de jeunes, Ottonia (allusion au prétendant au trône). Ces deux formations, la même année, adhèrent à une confédération, Der Eiserne Ring (L'Anneau de fer). En 1938, cette organisation centrale du légitimisme regroupe cinquante associations, dont le Reichsbund et Ottonia, avec leurs vingt mille adhérents, forment le gros des troupes. Viennent ensuite les corporations étudiantes : le Corps-Ottonen, pratiquant le duel rituel des universités germaniques, ou les corporations non combattantes, les Landsmannschaften — la première d'entre elles, la Maximiliana, ayant été fondée en 1922. Au sein de l'Eiserner Ring, on recense également des amicales d'officiers, une association de la noblesse, une alliance des ouvriers légitimistes (avec des groupes de choc, Die Schwarzgelbe Aktion der Jugend), des organisations féminines, des troupes de scouts, des cercles culturels, des sociétés de maintien des coutumes régionales.

Présidé par le duc Max von Hohenberg, Der Eiserne Ring est administré par Friedrich von Wiesner. Fils aîné de François-Ferdinand, Hohenberg apporte le prestige de sa lignée et l'étendue de ses relations. Wiesner, ancien diplomate, remarquable organisateur, fournit au mouvement sa tête opérationnelle. Depuis Vienne, il effectue d'innombrables allers et retours vers la Belgique, pour conférer avec Otto. Aucun passéisme chez cet homme ancré dans la tradition, aucun sectarisme chez ce catholique : protestants et juifs ont leur place chez les légitimistes. Wiesner a compris que l'idée monarchiste peut séduire si elle se présente non comme une revendication de droits historiques, mais comme l'alternative aux difficultés autrichiennes du moment. Et sur cette ligne-là, il se trouve en harmonie avec Otto et Zita.

Si les monarchistes soutinrent Dollfuss dans son combat pour l'indépendance de l'Autriche, c'était un soutien critique : ils réclamaient sans cesse un rapprochement avec les sociaux-démocrates. Pour Wiesner, c'était un calcul stratégique : dans le monde ouvrier, ils discernait un champ d'expansion potentiel pour la cause monarchique, et entretenait des contacts à cet effet. Après les troubles de février 1934, il avait lancé un appel aux travailleurs, dénonçant la lutte des classes comme une fausse solution, rappelant les lois sociales des Habsbourg, soulignant le caractère arbitral de la monarchie.

Les progrès du légitimisme, au cours des années 1930, s'effectuent sur un arrière-fond de vive activité intellectuelle. Journaux, revues, colloques contribuent à l'élaboration d'un véritable corps de doctrine, exaltant l'idée autrichienne contre le nazisme, la monarchie chrétienne et sociale contre le capitalisme libéral, la pluralité et le respect des minorités contre le racisme, l'amitié avec les pays de l'ancien empire contre le nationalisme exacerbé.

Der Österreicher, un mensuel fondé en 1925, devient l'organe officiel du légitimisme, et passe hebdomadaire sous la direction de Karl Werkmann, l'ancien secrétaire de l'empereur Charles. On y retrouve ces thèmes, explicités par de multiples revues : *Vaterland* (Patrie), de Wilhelm Schmid ; *Österreichische Akademische Blätter* (Feuilles universitaires autrichiennes), éditées par les étudiants des Landsmannschaften ; *Wiener Politische Blätter* (Feuilles politiques viennoises) d'Ernst Karl Winter ; *Monatshefte für österreichische Aktivisten* (Cahiers mensuels pour les militants autrichiens), publiés à Salzbourg par Hermann M. Görgen. Zessner-Spitzenberg dirige la Société autrichienne pour les arts et les sciences, dont la présidence d'honneur appartient à Otto. Il consacre une revue, *Gedächtnis-Jahrbuch* (Le Livre du souvenir), à la mémoire de l'empereur Charles et de la dynastie des Habsbourg. Dietrich von Hildebrand, philosophe catholique allemand, ami intime du cardinal Pacelli (futur Pie XII), émigre en 1933 en Autriche, où il se fait naturaliser. Il édite un hebdomadaire, *Der Christliche Ständestaat* (L'État corporatif chrétien). Sans être explicitement monarchiste, cette publication offre une convergence d'idées avec le légitimisme. Opposant la civilisation des Habsbourg à l'esprit prussien, elle développe des notions sociales chrétiennes, et s'inscrit dans la filiation de Karl von Vogelsang, le théoricien catholique social autrichien, mort à Vienne quarante ans plus tôt.

Fondée en 1927, Die Österreichische Aktion (dénomination dont l'analogie avec l'Action française est volontaire), à la fois revue et association, veut poser les bases d'une définition du pays. On trouve dans ce groupe Alfred Missong, Ernst Karl Winter, Hans Karl von Zessner-Spitzenberg, Wilhelm Schmid et August Maria Knoll. Qu'est-ce que l'Autriche ? A cette question réitérée depuis 1918, ces légitimistes catholiques répondent par l'affirmation d'une identité irréductible, fondement d'une nation qui ne demande qu'à s'établir dans l'histoire. Ils aiment à rappeler que dans les universités médiévales, les étudiants natifs de Vienne étaient déjà regroupés sous le signe de la *natio austriaca*.

Les monarchistes se livrent à une analyse implacable du nazisme. Alfred Missong (sous le pseudonyme de Thomas Murner) dans *Nazispiegel* (Le Miroir nazi), ou le père Cyrill Fischer, un franciscain, avec son livre de poche *Die Hakenkreuzler* (Ceux de la croix gammée), deux ouvrages parus en 1932, démontent la mécanique hitlérienne avec une prescience étonnante. Montrant comment le mythe de la race et du sang est antinomique à la foi catholique, ils prédisent que le totalitarisme national-socialiste finira dans l'apocalypse.

Vers 1935, le courant monarchiste représente trente mille adhérents. En soi, cet effectif n'est pas considérable (encore que, rapporté à la population française de la même époque, il équivaut à un mouvement politique de deux cent mille personnes). Mais son rayonnement s'étend bien au-delà, car ses partisans occupent une position sociale : officiers, professeurs de lycée ou d'université, maires, directeurs de banque, industriels, magistrats, fonctionnaires, étudiants. Dans une province comme le Tyrol, les légitimistes bénéficient d'une réelle implantation populaire.

La capacité de pénétration de leurs idées est importante. Il faut ici saisir la perspective chronologique : au début des années 1930, les enfants exceptés, tout Autrichien a vécu sous la monarchie. La quasi-totalité des fonctionnaires ou des officiers ont servi dans l'administration ou l'armée impériales. Tout adulte se rappelle le prestige du pays sous François-Joseph, sa prospérité, la douceur de l'ère *k.u.k.* (*kaiserlich und königlich* : impériale et royale). Il y a eu rupture avec la dynastie, mais ce n'est pas de l'histoire ancienne : une douzaine d'années. Et à part l'aile la plus extrémiste de la social-démocratie, les Autrichiens ne sont jamais que des républicains par défaut. Tout spécialement à droite, chez les chrétiens-sociaux. Au sein même de l'État, on trouve des fidèles des Habsbourg, qui le font discrètement savoir à Steenokkerzeel. Ainsi Johann Schober : vice-chancelier et ministre de l'Intérieur en 1929-1930, chef de la police jusqu'en 1932, il écrit à Zita et Otto pour leur exprimer son loyalisme.

L'impératrice et son fils occupent en tout la présidence de quatre cent soixante-quinze associations : union chrétienne des commerçants de Vienne, association des femmes chrétiennes, associations catholiques ouvrières, compagnies de tirailleurs tyroliens, corporations étudiantes. En décembre 1931, le village tyrolien d'Ampass nomme Otto citoyen d'honneur. Ce sont les prémices d'une vague : en 1938, 1 603 municipalités (dont un millier au Tyrol) auront décerné le même certificat au chef de la maison de Habsbourg, sur un total de 4 400 communes autrichiennes, soit plus du tiers.

C'est cette impulsion populaire, plus encore que sa déclaration de majorité, qui fait entrer Otto dans l'exercice de ses responsabilités. Depuis la mort de son père, de droit, il était « l'empereur ». Souveraineté toute théorique, qui avait ému peu de monde. A partir de 1930, le contexte change. Spontanément, des Autrichiens pensent à lui. Face au spectre du nazisme, c'est vers la figure paternelle et protectrice de l'empereur qu'ils se tournent — celui-ci fût-il un jeune homme de dix-huit ans.

Une tâche colossale l'attend : entretiens avec les chefs monarchistes à Steenokkerzeel, correspondances multiples. Jusqu'en 1935, il poursuit ce travail de front avec ses études, et en concertation avec sa mère. Zita, sans jamais se substituer à Otto, lui prodigue ses conseils. En juillet 1930, Wiesner ayant soumis à l'impératrice le texte du programme légitimiste qui allait être publié, celle-ci intervint sur deux points. En ce qui concernait la forme, elle regrettait que son fils fût désigné comme « Otto d'Autriche », et non comme « Sa Majesté Otto Ier ». Il fallut la convaincre que la première formule était la plus appropriée. Quant au fond, on lui donna raison : Zita avait souligné que les idées sociales des monarchistes, comme leur refus total de l'Anschluss, n'étaient pas affirmées avec assez de vigueur. Une nouvelle rédaction reçut son aval.

Sa propre pensée, Otto la diffuse par les centaines de lettres qu'il expédie en Autriche. Sa position, insiste-t-il chaque fois, le place au-dessus des partis. Cette indépendance est la clef de l'équilibre social à retrouver selon lui : « La masse ouvrière a été le jouet du libéralisme et du socialisme », écrit-il aux ouvriers catholiques d'Innsbruck. A une association viennoise, il déclare : « Je voudrais bâtir la monarchie sociale chrétienne de l'avenir sur les principes fondamentaux énoncés par les grands papes qui témoignaient de préoccupations sociales. En lieu et place de la lutte des classes, nous voulons introduire la fraternité chrétienne dans la vie publique. Plus de confrontation entre les classes, mais réconciliation et justice sociale, voilà notre devise. L'empereur n'appartient pas à un parti ou à un groupe déterminé, il est là pour le peuple tout entier. »

*

Dollfuss assassiné, Otto crut son moment venu. Il avait vingt-quatre ans. Rien ne pouvait lui être incriminé, puisqu'il n'avait été mêlé ni à la République ni à l'État corporatif. Il disposait d'un relais, avec un mouvement monarchiste en plein essor. En Autriche comme dans le monde entier, l'opinion avait été révoltée par l'attentat nazi. Après la disparition d'une figure charismatique comme le chancelier défunt, il fallait frapper un grand coup : ce ne pouvait être que son retour au pays. Le 26 juillet, deux jours après le putsch, Max von Hohenberg rencontra Schuschnigg, et lui annonça la résolution d'Otto. Quelques heures plus tard, à Steenokkerzeel, un télégramme communiqua la réponse du nouveau chancelier : elle était négative.

Dans le vide laissé par Dollfuss, tout aurait été possible. En 1934, Hitler possédait une grande capacité de nuire, mais ne se serait pas opposé par les armes à un retour des

Habsbourg. Faute de moyens : jusqu'en 1938, la montée en puissance du Reich reposait sur un bluff. La Petite Entente ne serait pas intervenue, car Paris et Londres ne l'aurait pas permis, jugeant l'Autriche quantité trop négligeable pour justifier un conflit régional. Quant à Mussolini, alors antiallemand, sans doute n'aurait-il pas été hostile à la présence d'Otto à Vienne. S'il a jamais existé la moindre chance que la monarchie fût restaurée en Autriche, c'est bien à ce moment-là.

Kurt von Schuschnigg était une personnalité complexe. Un homme fin, racé, intelligent. Très sûr de lui, mais en même temps discret, réservé, se livrant difficilement. Courageux, et même courageux physiquement — il l'avait prouvé, en 1930, en fondant les Ostmärkische Sturmscharen, un service d'ordre destiné à protéger les manifestations catholiques. Chrétien, patriote, noble, tyrolien, il avait tout pour exécrer le nazisme. Comme tant de sa génération, il avait cependant été nourri par une certaine conception « grand-autrichienne ». A la fois fidèle aux Habsbourg et imprégné de leur rôle historique dans l'espace germanique, il était pénétré de la part commune d'héritage des Autrichiens et des Allemands. Celle de la langue, de la culture. « Une nation, deux États », disait Mgr Seipel : Schuschnigg n'était pas loin de partager cette idée. Dollfuss avait parfois eu recours à cette rhétorique de « l'Autriche allemande », lorsqu'il voulait signifier que Vienne était devenue le refuge de la civilisation germanique, l'Allemagne étant passée aux barbares. Mais avec ce qu'il pouvait avoir gardé de brutalité paysanne, faire tirer sur les Prussiens n'aurait provoqué aucun état d'âme au petit chancelier. A Schuschnigg, si. Dans l'esprit de cet intellectuel, le débat sur l'identité de l'Autriche n'était pas tranché.

Il était pourtant monarchiste, et sincèrement. Pendant les quatre années où il occupa la chancellerie, il soupesa si permettre le retour d'Otto était opportun, évalua les chances d'une restauration, balançant sans jamais donner de réponse. Quatre ans durant, Schuschnigg éluda la décision, réclamant de gagner du temps. Quatre ans durant, Otto ne se découragea pas, revenant à la charge, inlassable. Il n'empêche : de 1934 à 1938, la restauration de la monarchie en Autriche constituait plus qu'une hypothèse d'école. C'était une éventualité débattue tant dans le pays que dans les chancelleries. Les Habsbourg et leurs fidèles étant les seuls qui n'aient jamais varié dans leur rejet absolu de l'Anschluss, l'histoire du légitimisme, dès lors, épousa intimement la cause de l'indépendance autrichienne.

*

Schuschnigg avait suggéré à Dollfuss de distinguer deux questions : d'une part le principe de la restauration, d'autre part la possibilité d'autoriser la famille impériale à résider dans le pays. Au printemps 1933, mandaté par le chancelier, il avait rencontré Otto à Paris, pour discuter de la levée des lois anti-Habsbourg.

Devenu chef du gouvernement, Schuschnigg diligente les négociations. Dans un souci d'apaisement, en décembre 1934, Zita publie une déclaration, par le biais de son avocat : « La confiscation des biens privés de la famille impériale a été une iniquité. Sa Majesté ne désire pas tant la restitution de ses biens que le geste d'excuses qui reconnaîtra l'injustice commise vis-à-vis d'elle. L'impératrice, consciente de la situation financière et économique de l'Autriche actuelle, ne veut une restitution de ses biens que sous une forme et à une époque qui excluent tout embarras grave pour les finances de l'État. » Ce geste élégant facilita le dénouement des discussions.

Le 10 juillet 1935, le Parlement autrichien vote l'abrogation des lois d'avril 1919. Les Habsbourg ont licence de recouvrer leurs biens privés — les palais d'État et leurs collections restant propriété nationale. Dans la pratique, sauf pour quelques immeubles qui rapportèrent des loyers, l'imbroglio juridique est tel qu'il ne sera pas démêlé avant l'Anschluss.

L'essentiel, c'est le droit de pénétrer en Autriche. Otto est convenu d'en user, pour lui, exclusivement en accord avec Schuschnigg. Zita, elle, n'envisage pas de rentrer autrement qu'en impératrice : non par orgueil, mais par fidélité à la mémoire de Charles. Cependant, encouragés par elle, trois de ses enfants eurent la joie de fouler leur sol natal. En 1936,

Adélaïde a vingt-deux ans. Parallèlement au doctorat de sciences économiques qu'elle achève à Louvain, la complice d'Otto se rend régulièrement en Autriche, visitant différentes institutions sociales en vue de sa thèse. De Vienne au Tyrol, elle se fait l'ambassadrice de son frère. La première fois, à Salzbourg, elle reçoit l'accueil enthousiaste de la jeunesse catholique. L'archiduc Félix, étudiant en droit à Louvain, fête ses vingt et un ans en entrant à l'Académie militaire de Wiener Neustadt. Parmi ses professeurs, des officiers qui ont servi l'empereur Charles. En 1937, Charles-Louis passe son baccalauréat au Schottengymnasium, le collège viennois que fréquenta son père.

*

En politique étrangère, Schuschnigg s'attache à suivre la ligne inaugurée par Dollfuss : préserver l'indépendance de l'Autriche, faire face à l'Allemagne. Dès son accession au pouvoir, il effectue le tour des capitales européennes. En septembre 1934, Louis Barthou le met en garde : « Ne restaurez pas les Habsbourg. » Paris et Londres, cependant, l'assurent de leur soutien. Ces bonnes paroles risquent de n'aboutir à rien, appréhende Schuschnigg. C'est à Rome que l'écho est le plus chaleureux. Contre l'Allemagne, l'Italie est encore l'alliée de la France et de l'Angleterre. A Stresa, en avril 1935, les trois pays ont résolu de n'accepter aucune violation du traité de Versailles, et garanti l'indépendance autrichienne.

Une entrevue secrète entre Schuschnigg et Otto a lieu en septembre 1935, à Mulhouse. L'archiduc a préparé cette deuxième rencontre avec sa mère, comme celles qui suivront. Le chancelier, qui appelle Otto « Votre Majesté », lui affirme que la restauration est impossible avant un an, en raison de l'hostilité de Mussolini. Afin d'en avoir le cœur net, l'archiduc dépêche Wiesner à Rome, deux mois plus tard : le Duce s'y déclare favorable à la monarchie autrichienne. Mais entretemps, en octobre 1935, le front de Stresa s'est rompu. Ambitionnant de léguer un empire colonial à l'Italie, Mussolini est parti à la conquête de l'Éthiopie. La guerre d'Abyssinie provoque un des rares désaccords jamais surgis entre Otto et sa mère : l'archiduc prend parti pour l'Italie, protectrice de l'Autriche ; Zita, pour le Négus, ayant supputé les conséquences internationales de ce conflit africain. Paris et Londres incitent la Société des Nations à adopter des sanctions à l'égard de Rome. Le résultat s'avère inexorable : repoussé par la France et l'Angleterre, Mussolini va se rapprocher de l'Allemagne, avant de se jeter dans les bras de Hitler. L'Autriche aura perdu alors son seul défenseur.

Après l'assassinat de Dollfuss, Hitler avait nommé Franz von Papen ambassadeur en Autriche : catholique, habile diplomate, cet ancien chancelier du Reich était chargé de renouer le dialogue avec Vienne. Après douze mois de pourparlers, la politique séductrice de Papen triomphe le 11 juillet 1936. Aux termes de la convention austro-allemande signée ce jour-là, l'Allemagne reconnaît la souveraineté de l'Autriche, et admet que le sort des nationaux-socialistes de ce pays relève de la politique intérieure, dans laquelle Berlin s'engage à ne pas s'immiscer. En contrepartie, deux amis de l'Allemagne, Edmund Glaise-Horstenau et Guido Schmidt (des nationaux-allemands plus que des nazis) entrent au gouvernement.

Schuschnigg pria Otto de faire savoir à Paris (où l'archiduc entretenait de nombreux contacts) qu'il s'agissait d'une concession tactique, ne remettant en cause ni la volonté d'indépendance du pays, ni sa recherche d'un soutien anglo-français. Mais Otto refusa cette mission. A ses yeux, une faute majeure avait été commise : l'accord serait une duperie, altérant la capacité de résistance de l'Autriche.

En septembre 1936, à Genève, le chancelier rencontre l'archiduc pour la troisième fois. Schuschnigg se justifie. Il affirme être toujours partisan de la restauration. Le temps qui devait être gagné depuis juillet 1934, réplique Otto, intraitable, a en réalité été perdu. L'atmosphère est glaciale.

Berlin, cependant, accroît sa pression sur Vienne. Goering va répétant que le Reich respectera l'accord du 11 juillet 1936, à l'exception d'un cas : le retour des Habsbourg. A l'automne 1936, il glisse à l'ambassadeur d'Autriche à Belgrade : « Les divisions qui occuperaient l'Autriche en cas de restauration sont déjà désignées. »

Au cours de l'hiver 1936-1937, Schuschnigg sonde une nouvelle fois Mussolini. Mais le dictateur a choisi son camp : en janvier 1937, à Rome, il confie à Goering que l'Italie ne fera pas obstacle à l'Anschluss. A Vienne, en février 1937, Neurath, le ministre des Affaires étrangères allemand, menace Schuschnigg : « Une restauration des Habsbourg, pour l'Autriche, serait le meilleur moyen de se suicider. » C'est à cette époque que l'état-major de la Wehrmacht élabore un plan d'intervention militaire pour contraindre l'Autriche à renoncer à la monarchie. Nom de code : Otto. En décembre 1937, à l'abbaye d'Einsiedeln, en Suisse, se déroule la quatrième entrevue entre Schuschnigg et Otto. Le prétendant s'enquiert des mesures adoptées pour organiser la résistance armée à l'Allemagne. La réponse fournie est vague.

Aussitôt en poste à Vienne, Papen avait averti Berlin des progrès de l'idée monarchiste. Un recrutement nouveau renforçait les forces traditionnelles du légitimisme. Dans la bourgeoisie libérale juive, comme dans les milieux populaires, des milliers d'Autrichiens plaçaient leurs espoirs dans les Habsbourg. « La restauration de la monarchie, souligne Martin Fuchs [juif légitimiste, alors attaché de presse à l'ambassade d'Autriche à Paris], était le seul moyen de combler l'abîme tragique qu'avait ouvert février 1934, et de rétablir l'unité nationale sur les bases d'une conception purement autrichienne. Après une guerre civile, une paix véritable ne pouvait être imposée que par un pouvoir suprême, un arbitre au-dessus des partis. »

Si nombreux sont les ouvriers à se tourner vers la famille impériale que le social-démocrate Otto Bauer, exilé à Prague, s'en alarme. Il estime — il l'écrit dans ses cahiers — que les Habsbourg sont plus dangereux que Hitler. L'air de la Bohême, faut-il croire, entretient la haine antidynastique. C'est à Beneš, ministre des Affaires étrangères de la Tchécoslovaquie, qu'on doit d'avoir prononcé, en 1934, cette inénarrable parole : « Plutôt Hitler que les Habsbourg ! »

L'accord austro-allemand du 11 juillet 1936 avait entaché la crédibilité du Front patriotique. Comment une formation gouvernementale pourrait-elle critiquer une convention ratifiée par le chancelier lui-même ? Le légitimisme tire bénéfice de cette ambiguïté. Aux yeux des patriotes, le mouvement monarchiste, libre de tout compromis, apparaît comme le fer de lance du refus du national-socialisme.

La propagande nazie se déchaîne. Dès 1934, *Der Angriff*, le journal de Goebbels, attaquait Zita, « la dame en noir » : « Qu'espère cette femme de la maison de Bourbon-Parme, dont l'ambition a conduit un faible empereur à trahir l'Allemagne au milieu de la guerre ? Que cherche Zita, qui a poussé deux fois son mari dans un putsch qui s'est pulvérisé comme un rêve blafard, sous le bruit des rires et des mitrailleuses ? » Nouvelle charge, dans les mêmes colonnes, en 1937 : « Depuis des années, en compagnie de sa ribambelle d'enfants, la grisonnante ex-impératrice Zita s'entraîne à des cours de maintien dans le goût du cérémonial de cour espagnol, afin qu'un jour, à la Hofburg, dans une mascarade légitimiste, elle sache se tenir comme il faut. »

Interdit depuis 1933, le parti national-socialiste n'en continue pas moins son action illégale, soutenu en sous-main par l'argent allemand. En mai 1937, ses chefs ordonnent le sabotage des réunions légitimistes. De sanglantes bagarres mettent aux prises les militants de la croix gammée et les monarchistes. D'autant plus fréquentes, d'autant plus acharnées que les adeptes des Habsbourg ont le vent en poupe. Le 20 novembre 1937, pour le vingt-cinquième anniversaire d'Otto, un grand rassemblement légitimiste se tient au Konzerthaus de Vienne. La foule est immense, plusieurs milliers de personnes n'ayant trouvé place dans l'enceinte. La moitié de la salle est remplie de jeunes et d'ouvriers. L'archiduc Félix, en uniforme d'élève officier, et l'archiduchesse Adélaïde sont follement acclamés, tandis que l'assistance scande le slogan « Nous voulons l'empereur ». Une campagne de propagande aboutit, le 11 janvier 1938, à la tenue simultanée de soixante meetings dans tout le pays, dont plusieurs dans la capitale. Ce jour-là, cent mille Autrichiens ont répondu à l'appel des légitimistes. A la fureur des nazis.

*

Le 25 janvier 1938, Schuschnigg détient les preuves d'un complot fomenté par les nazis autrichiens. Les conspirateurs sont arrêtés. Cette mesure de salut public fait monter la pression d'un cran. Papen, toujours habile, convainc le chancelier de rencontrer directement Hitler, afin d'aplanir les difficultés entre les deux États. Schuschnigg n'est pas dupe, mais il accepte. Auparavant, il téléphone à Rome et s'entretient avec les ambassadeurs de France et d'Angleterre : aucune aide concrète ne lui est garantie.

C'est donc seul, moralement et physiquement, qu'il doit affronter ce qui s'avéra un traquenard. En quittant Salzbourg, le 12 février 1938, il donne consigne de fermer la frontière, et de mettre l'armée en alerte, s'il n'est pas rentré à huit heures du soir. Dans le nid d'aigle de Hitler, à Berchtesgaden, il fut traité comme jamais ne le fut chef de gouvernement en visite à l'étranger.

Entouré de tout son état-major militaire, le chancelier allemand soumet Schuschnigg à une invraisemblable séance d'intimidation psychologique. A ce grand fumeur, on interdit la cigarette, parce que le tabac incommode Hitler. On commence par lui dérouler les plans d'invasion de l'Autriche. Comédien hors normes, Hitler alterne l'imploration et la menace, se roule par terre, mord le tapis, mêle les pleurs et les hurlements, sous le regard effaré du chancelier autrichien. « Comment, glapit le Führer, avez-vous osé opprimer et torturer mon peuple, mon peuple allemand d'Autriche ? Vous allez vous incliner comme le monde entier devra s'incliner, ou je vous brise. » Huit heures durant, Schuschnigg s'arcboute. Qui, dans la même situation, peut assurer qu'il aurait obtenu un meilleur résultat ? Sur les onze clauses imposées par les Allemands, le chancelier en refuse huit. Il en reste trois : le Reich s'engagera à respecter l'indépendance de l'Autriche ; en contrepartie, le ministère de l'Intérieur sera attribué à un national-socialiste ; les nazis emprisonnés seront graciés. La signature du président Miklas doit valider ces décisions, stipule toutefois Schuschnigg. L'Autrichien sort de cette entrevue anéanti. Et muni de deux certitudes : Hitler est un dément, l'Europe court à la guerre.

A sa place, Dollfuss aurait révélé la vérité, alerté la terre entière. Schuschnigg, lui, se tait, écrasé par son lourd secret. Wilhelm Miklas commence par refuser les concessions accordées à Berchtesgaden. Mais il connaît les préparatifs militaires allemands, et constate l'isolement international du pays. Effrayé, il finit par se résoudre à décréter l'amnistie des nazis autrichiens. Puis, le 15 février, à avaliser la nomination à l'Intérieur d'Arthur Seyss-Inquart, un avocat national-socialiste.

Les sectataires de la croix gammée jubilent. Dans la rue, ils se déchaînent. Chez les patriotes, c'est l'abattement. Schuschnigg, découragé, désespéré, scrute le moindre appui de l'étranger. Le 21 février, il est reçu à Paris. Quasi honteusement : on fait débarquer son train dans la petite gare de Reuilly. Et rien d'autre ne lui est offert que des assurances verbales.

Otto a pris la mesure des circonstances. L'heure n'est plus aux discussions politiques, mais à l'unité nationale. Conscient du lustre de son nom, sachant que des milliers d'yeux regardent vers lui, il rêve d'incarner le vouloir-vivre de son peuple. S'il brûle de rentrer en Autriche, ce n'est plus pour y devenir empereur, mais pour prendre la tête du gouvernement. Miklas serait resté chef de l'État ; un social-démocrate et un chrétien-social seraient devenus vice-chanceliers ; le Parlement aurait été rétabli dans tous ses droits ; le général Wilhelm Zehner — le secrétaire d'État à la Défense, un patriote pur sang, depuis longtemps en contact avec lui — aurait reçu carte blanche ; la Heimwehr, intégrée par Schuschnigg dans le Front patriotique, aurait été reconstituée et armée ; le Schutzbund (avec lequel Wiesner avait des contacts) aurait été mobilisé : toute l'Autriche contre Hitler...

Le 17 février 1938, à Steenokkerzeel — sans en référer à ses conseillers habituels, pas même à Wiesner —, Otto écrit à Schuschnigg. Une lettre seulement lue par Zita, qui lui a apporté quelques corrections :

« En cette heure, je dois élever la voix, je dois vous parler à vous qui portez aujourd'hui, devant Dieu et le peuple, une si lourde responsabilité pour ma patrie. Cette responsabilité est terrible. Elle l'est vis-à-vis du peuple qui voit en vous le défenseur de l'idée d'indépendance et qui veut vous soutenir dans cette politique. » Après avoir rappelé sa condamnation de l'accord austro-allemand de juillet 1936, Otto souligne l'incompatibilité entre le paganisme du IIIe Reich et la civilisation catholique. Il réclame la paix avec la gauche : « Les ouvriers ont prouvé ces jours derniers qu'ils sont des patriotes. » Puis il exige que plus aucune concession ne soit faite à l'Allemagne. « Si vous croyez ne plus pouvoir résister à la pression des Allemands ou des nationaux-allemands, je vous prie, quelle que soit la situation, de me céder les fonctions de chancelier. » Insistant sur le fait qu'il n'attend pas la restauration de la monarchie, mais un poste de chancelier dans le cadre de la Constitution actuelle, Otto conclut : « Si j'agis comme je le fais, c'est seulement parce que je considère que tel est mon devoir, car lorsque l'Autriche est en danger, l'héritier de la maison d'Autriche doit tenir ou mourir avec son pays. »

Schuschnigg recevra cette lettre le 25 février. Le 2 mars, il lui répondra, en arguant être seul juge de la situation. Mais auparavant, le 24 février, le chancelier est sorti de sa prostration. Devant le Parlement autrichien, il martèle un discours. Un cri tonitruant : « L'Autriche demeurera libre ; et pour qu'elle le demeure, nous combattrons jusqu'à la mort. Jusqu'à la mort, rouge-blanc-rouge, Österreich. »

L'espoir renaît. De la droite à la gauche, un sursaut patriotique saisit le pays. Les organisations syndicales sociales-démocrates lancent une pétition : pour la liberté de l'Autriche, en quarante-huit heures, un million de signatures sont recueillies. A l'ambassadeur de Belgique qui le félicite pour son intervention, Schuschnigg rétorque : « Oui, on m'a beaucoup applaudi à l'étranger. Mais je reste seul. » A Paris, lors du débat de politique étrangère du 26 février, de l'extrême gauche à l'extrême droite, l'Assemblée se prononce pour l'indépendance de l'Autriche. Mais où sont les actes du gouvernement ?

Avec leurs 38 000 adhérents dans tout le pays, les nationaux-socialistes formaient une minorité très active, mais une minorité. Sur 1 800 000 Viennois, on ne comptait pas plus de 5 000 militants nazis. A Innsbruck, ils étaient un millier, pour 60 000 habitants. A Graz, leur quartier général, ils étaient 8 000, pour une population de 100 000 personnes. Or, dans cette ville, Seyss-Inquart tint une réunion publique devant

20 000 assistants. Comment expliquer ce chiffre énorme ? G.E.R. Gedye, correspondant à Vienne du *Daily Express*, mena l'enquête. Ses découvertes nous éclairent sur les techniques de propagande des nationaux-socialistes : tous les militants d'Innsbruck, de Salzbourg, de Linz et de Klagenfurt avaient été dirigés sur Graz. Ce cirque ambulant se renouvela à Linz, dans les jours suivants. Chef-d'œuvre de manipulation des foules, les nazis donnaient ainsi l'impression de contrôler les grandes cités autrichiennes.

Le 4 mars, Schuschnigg reçoit les syndicats. Mais cette tentative de réconciliation vient trop tard. En Bavière, des mouvements de troupes sont signalés. Le 8 mars, Wollzeile 7, au siège de l'Eiserner Ring, se tient une conférence au sommet des chefs légitimistes. Avant de se rendre en Autriche, Otto prend conseil. Les participants délibèrent et conviennent que sa venue est inutile : elle ferait de lui un otage entre les mains de Hitler. Par téléphone, ils le lui font savoir. L'assemblée se sépare. Placide, Karl Werkmann sourit tristement à ses amis : « Les dés sont jetés. Nous nous reverrons à Dachau. »

Le mercredi 9 mars, Schuschnigg joue son va-tout. A Innsbruck, sur sa terre natale, il annonce qu'un référendum aura lieu dans quatre jours, le dimanche 13 mars 1938. Les Autrichiens auront à répondre à cette question : « Êtes-vous pour une Autriche indépendante et sociale, chrétienne, germanique et unie ? » Le chancelier n'est plus le même homme. Il s'est dépouillé de sa réserve pour endosser les habits du tribun. Galvanisé, lyrique, il termine sa harangue par le vieux cri de guerre d'Andreas Hofer, l'injonction que le chouan du Tyrol, il y a cent trente ans, avait lancée en dialecte pour appeler ses paysans à bouter l'occupant napoléonien : « *Mannder, 's ischt Zeit* », « Hommes, il est temps ! »

Sur les esprits, l'effet est immédiat. Chez les patriotes, c'est l'effervescence. Du Front patriotique aux sociaux-démocrates, on se mobilise pour le succès du référendum. Les légitimistes lancent aussi leurs forces dans la bataille. Mais Wiesner reste persuadé que l'Allemagne envahira le pays.

A la question posée aux électeurs, les observateurs prévoient 65 à 80 p. cent de oui. A condition que la consultation se déroule... Car quelqu'un sait pertinemment que l'Autriche votera contre son rattachement à l'Allemagne : Adolf Hitler. A l'annonce du scrutin, il a pris son parti. Ce plébiscite ne doit pas avoir lieu. Le Führer commande le déclenchement du plan Otto. Dès le jeudi 10 mars, à la frontière, les préparatifs militaires sont ostensibles. En Autriche, on le sait. A Steenokkerzeel aussi : Otto et Zita, pendus au téléphone, suivent les événements heure par heure.

A Vienne, en province, la tension est électrique. Distributeurs de tracts, colleurs d'affiches, camions haut-parleurs, groupes de manifestants, porteurs de banderoles et de drapeaux rouge-blanc-rouge parcourent les rues. Entre patriotes et partisans de la croix gammée, les invectives jaillissent. Et les coups. Dans la capitale, une escouade nazie met le siège sous les fenêtres de la centrale monarchiste. Les portes ont été barricadées. De la rue, les cris jaillissent : « Crevez, traîtres », « Avec la crapule d'Otto, on va vous jeter dans la crypte des Capucins ». Les nervis lancent des pierres. Matraque en main, le service d'ordre légitimiste fait une sortie, cogne, et revient, la place dégagée.

De la frontière, les nouvelles sont de plus en plus menaçantes. Les organisations patriotiques commencent à détruire leurs listes. Dans les locaux de l'Eiserner Ring, on brûle archives et fichiers. Trente mille noms à faire disparaître. C'est trop long : dans la nuit, August Lovrek, le président des étudiants légitimistes, va en jeter une partie dans le canal du Danube.

Vendredi 11 mars, à l'aube, les Allemands ferment la frontière. A 9 h 30, Schuschnigg reçoit un ultimatum de Berlin : le référendum doit être annulé. Sinon, les troupes du Reich interviendront. La radio autrichienne ne diffuse plus que de la musique. Entrecoupée, tous les quarts d'heure, d'un message : « Tous les réservistes célibataires de la classe 15 sont tenus de se présenter immédiatement. » Le chancelier téléphone. Mussolini est injoignable. Londres diffère sa réponse. Paris, Chautemps ayant démissionné la veille, n'a plus de gouvernement. L'Autriche est seule, désespérément seule.

A 14 h 30, Schuschnigg recule. Il décommande le référendum. Hitler est prévenu. Goering appelle Seyss-Inquart, lui ordonne d'obtenir la démission du chancelier et de prendre sa place. A 15 h 30, Schuschnigg remet la décision entre les mains de Miklas. C'est en vain que le chef de l'État lui cherche un successeur. A 20 heures, à la radio, Schuschnigg fait ses adieux. Il termine son allocution par trois mots : « Dieu protège l'Autriche. » Puis éclate en sanglots. A minuit, Miklas se déclare empêché d'exercer ses fonctions. Par un artifice constitutionnel, Seyss-Inquart devient chancelier : il le sera vingt-quatre heures.

A Vienne, c'est l'hystérie. Des bandes d'enragés parcourent les rues en hurlant : « Heil Hitler ! Mort aux juifs ! Schuschnigg à la potence ! Au poteau les catholiques ! » La police municipale avait été noyautée par les nazis : les agents arborent des brassards à croix gammée.

Dans les formations patriotiques, on détruit frénétiquement les papiers compromettants. A son domicile, Wiesner brûle la correspondance avec les Habsbourg.

Samedi 12 mars. A l'aérodrome d'Aspern, des avions de la Luftwaffe débarquent des SS et des SA. A Vienne, ils s'emparent des bâtiments officiels. La VIIIe armée allemande viole la frontière, et prend le contrôle de Salzbourg, d'Innsbruck, de Linz. Puis fond sur la capitale.

Schuschnigg refuse de fuir. Il est prisonnier chez lui, avant d'être interné par la Gestapo. A quatre-vingts kilomètres de la capitale, aux postes-frontières avec la Tchécoslovaquie et la Hongrie, se pressent de longues files de fugitifs : sociaux-démocrates, juifs, membres du Front patriotique, catholiques, monarchistes. En voiture, Alexander Pallavicini parvient à faire passer en Hongrie les deux enfants de Zita, l'archiduc Félix et sa sœur Adélaïde. Par la Yougoslavie, l'Italie et la France, ils rejoindront la Belgique une semaine plus tard. La veuve de Dollfuss se réfugie avec ses enfants à l'ambassade de France, d'où un diplomate les conduira *in extremis* en Tchécoslovaquie.

Dimanche 13 mars. Hitler fait son entrée à Linz. C'est là qu'il annonce solennellement l'Anschluss. Il attendra le mardi 15 pour goûter sa revanche sur Vienne, cette capitale qui l'a jadis méprisé et qu'il a haïe. Sur la place des Héros, Heldenplatz, deux cent mille fanatiques l'acclament. Selon la méthode éprouvée, ils ont été amenés de tout le pays, par trains, camions et autocars.

Pour les autres, la terreur a commencé. Les nazis avaient préparé à l'avance leurs listes de suspects. Débutent les premières vagues d'arrestation. Les internés sont brutalisés. Dans les familles juives, les suicides se multiplient.

Finis Austriae ?

14

Combat pour l'Autriche

L'Autriche a été conquise sans un coup de feu. Pourquoi ? Le patriotisme de son armée était certain, son moral excellent, sa loyauté éprouvée : les listes trouvées dans les archives établissent qu'elle ne comptait pas plus de 5 p. cent de sympathisants nazis. Vendredi 11 mars, à l'Académie militaire de Wiener Neustadt, le major général Tovarek avait distribué des munitions à ses quatre cents cadets. Ils attendirent en vain la consigne d'en faire usage. Le secrétaire d'État à la Défense, le général Zehner, et le chef d'état-major, le maréchal Jansa, étaient prêts à riposter à l'attaque allemande. Leur plan ne fut pas appliqué. Les régiments de première ligne auraient pu tenir vingt-quatre heures. En quarante-huit heures, six divisions auraient rejoint la zone de combat — cinquante mille autres hommes étant mobilisables dans les cinq jours suivants. Un baroud d'honneur : la bataille aurait duré une semaine. Mais l'Autriche aurait symbolisé la résistance à l'agression nazie, comme la Pologne de 1940. Alors que la postérité retient une autre image : ces foules, saluant bras levé les blindés de Hitler...

En annulant le plébiscite, Schuschnigg avait commandé à ses troupes de se retirer à quinze kilomètres de la frontière. Le 12 mars, aucun ordre d'assaut ne leur fut transmis. Ni les hommes ni les moyens ne faisaient défaut pour défendre le pays. Ce qui avait manqué, c'était la volonté politique de tirer sur les envahisseurs. Tragique paradoxe du patriotisme autrichien : il fut la victime de celui qui voulait le guider. Schuschnigg — il l'avoua dans son allocution d'adieu — refusait de « faire couler du sang allemand ». En mars 1938, le drame de l'Autriche fut celui des incertitudes de son identité nationale en gestation.

D'ailleurs, le terme d'Anschluss qui s'est imposé pour désigner ces événements constitue en soi une victoire de la propagande nazie. L'Autriche n'a pas choisi volontairement son rattachement à l'Allemagne : elle a subi une invasion militaire classique, suivie de son intégration forcée dans le Reich. Au milieu de l'indifférence internationale. La France resta muette ; l'Angleterre (le 2 avril) reconnut le fait accompli ; le secrétaire d'État américain, Cordell Hull, reçut sans broncher l'ambassadeur d'Allemagne venu lui notifier la nouvelle. Les seules protestations émanèrent du Chili, du Mexique, de la Chine et de l'URSS. Après l'Autriche, quelques mois plus tard, viendrait le tour de la Tchécoslovaquie... La Seconde Guerre mondiale était en marche.

Le 13 mars 1938, l'armée autrichienne est fondue dans la Wehrmacht. Son commandant en chef et vingt généraux sont révoqués ; un tiers des officiers sont mis à la retraite, les autres sont disséminés à travers le Reich. Le général Zehner ? Assassiné.

Soixante-seize mille arrestations sont opérées en trois jours : cadres de l'État corporatif, membres du Front patriotique, légitimistes, militants catholiques, sociaux-démocrates, professeurs, journalistes. Des mesures antisémites sont mises en œuvre. Six mille fonctionnaires sont congédiés. Le schilling supprimé, l'or et les devises de la Banque nationale sont transférés à Berlin. Tous les diplomates résidant en Autriche sont écroués, ceux de l'étranger révoqués. A Londres, Georg von Franckenstein refuse de remettre son ambassade aux Allemands : il y est contraint par les autorités britanniques !

La nationalité autrichienne est supprimée. Les exilés, leurs biens saisis, sont déchus de leur nationalité « allemande ». A l'annonce de cette mesure, le prince Ernst Rüdiger von Starhemberg — surpris par l'Anschluss alors qu'il se trouvait en voyage de noces aux États-Unis — s'exclama, méprisant : « De quelle nationalité Hitler croit-il me priver ? Je suis autrichien depuis le XIIe siècle. » En 1940, l'ancien chef de la Heimwehr s'engagea dans l'aviation française.

Il restait à Hitler de donner au monde l'impression que le peuple autrichien le suivait. Le 13 mars, dans son discours de la Heldenplatz, il avait fait savoir que, dans un mois, un plébiscite ratifierait l'Anschluss. Deux jours plus tard, il rencontre le cardinal-archevêque de Vienne, Mgr Innitzer. Il lui promet de respecter l'Église. Le 18 mars, le prélat fait signer à plusieurs évêques une déclaration invitant les fidèles au respect envers les nouvelles autorités. Le 27 mars, Mgr Innitzer adresse ce texte au gauleiter Bürckel, accompagné d'une lettre manuscrite où il affirme qu'il votera oui au plébiscite — lettre terminée par un fatal « Heil Hitler ». Ce même cardinal, pourtant, a soutenu Dollfuss et Schuschnigg dans leur lutte pour l'indépendance de l'Autriche ; en octobre 1934, il avait dénoncé « le matérialisme du sang et de la race, l'hérésie nationale-socialiste ». Le 2 avril 1938, *L'Osservatore Romano* signale que le mandement épiscopal du 18 mars a été « rédigé et souscrit sans aucune entente ou approbation postérieure du Saint-Siège ». Convoqué à Rome, le cardinal Innitzer est reçu le 6 avril par Pie XI. Au nom des évêques autrichiens, il signe une nouvelle proclamation (publiée par *L'Osservatore Romano* le 7 avril 1938), expliquant que la déclaration précédente « ne voulait pas être une approbation de ce qui n'était pas et n'est pas compatible avec la loi de Dieu, la liberté et les droits de l'Église catholique ». En Autriche, les nazis contrôlant tous les moyens d'information, cette volte-face ne fut pas connue. En revanche, ceux-ci diffusèrent sous forme de tracts et d'affiches la première déclaration épiscopale, ainsi que la lettre de Mgr Innitzer à Bürckel.

L'Église circonvenue, le plébiscite nazi bénéficia d'un autre soutien. Le 3 avril, Karl Renner se prononça pour le oui, les sociaux-démocrates ayant toujours été partisans du rattachement de l'Autriche à l'Allemagne.

Le 10 avril 1938, l'Autriche approuve l'Anschluss à 99,73 p. cent : score digne du régime totalitaire qui s'installe. Pays occupé, État démantelé, élites emprisonnées, presse muselée, climat de terreur, bourrage de crâne par la propagande, tout a contribué à ce résultat qui ne reflète nullement les sentiments majoritaires de la population. Détail significatif : les prêtres, religieux et séminaristes autrichiens habitant à Rome ont voté non. A 99 p. cent !

L'Autriche perd son unité (elle est partagée en sept Gaue, la division administrative du Reich) et jusqu'à son nom, les sept provinces formant l'Ostmark. Mot prohibé, Österreich devient un signe de ralliement.

Car en esprit, l'Autriche ne cesse de vivre. Après le plébiscite truqué, plusieurs milliers de personnes sont libérées. Malgré la répression, des groupes de résistance se forment, dans l'armée, dans les entreprises, chez les étudiants.

Le 7 octobre 1938, à Vienne, huit mille jeunes catholiques sont réunis dans la cathédrale Saint-Étienne, pour la fête du Rosaire. A la fin de la cérémonie, se répandant aux alentours, ils scandent : « Autriche, Autriche ; notre Führer, c'est le Christ. » Ce fut la seule manifestation de rue antinazie de toute l'histoire du IIIe Reich, et c'est en Autriche qu'elle a eu lieu. Le lendemain, une centaine de sbires de la Hitlerjugend mettent à sac le palais épiscopal. Un prêtre meurt, défenestré. Mgr Innitzer ne doit la vie sauve qu'au fait d'avoir été caché par ses collaborateurs. Dans la journée, les responsables des associations catholiques sont arrêtés, les facultés de théologie et les écoles chrétiennes fermées, les organisations de jeunesse (corporations étudiantes, Action catholique, scouts) interdites. L'aide financière de l'État à l'Église est supprimée.

En décembre 1938, le père Otto Neururer (curé de Götzens, au Tyrol) est arrêté pour avoir refusé de marier une de ses paroissiennes à un divorcé, membre du parti national-socialiste. Incarcéré à Dachau puis à Buchenwald, il est surpris à donner la communion. En mai 1940, il est pendu par les pieds jusqu'à ce que mort s'ensuive (Jean-Paul II a béatifié ce martyr en 1996). De 1938 à 1945, sur 7 500 prêtres autrichiens, 1 500 furent interdits d'enseignement et de sermon, 724 firent de la prison, 110 furent déportés en camp de concentration, 90 y moururent.

Pendant ces sept années d'occupation, 2 700 résistants furent exécutés, dont 700 dans la capitale. Rien qu'à Vienne, on compta 17 000 procédures politiques. Un système dictatorial quadrillait le pays ; à partir de la guerre, les hommes valides étaient mobilisés. Face à une masse passive, et devant une partie de la population complice du régime, cette résistance était certes minoritaire. Mais suffisante pour donner du fil à retordre aux nazis. Digne, en tout cas, d'être citée au tribunal de la mémoire.

Ces rebelles étaient sociaux-démocrates, quelquefois communistes. Mais beaucoup — oubliés, eux, par l'histoire officielle — étaient patriotes et catholiques. C'est à l'encontre de ces derniers que la Gestapo et les tribunaux lançaient le chef d'accusation le plus grave : « menées sécessionnistes ». Car ils luttaient contre le nazisme, mais aussi pour l'indépendance de l'Autriche. Parmi ces héros, les fidèles des Habsbourg se tenaient au premier rang.

Dès l'Anschluss, les légitimistes sont pris dans la tourmente. Locaux pillés, biens saisis, leurs formations sont dissoutes. Friedrich von Wiesner, arrêté chez lui le 13 mars, va de prison en prison, avant d'échouer à Buchenwald. Hans Karl von Zessner-Spitzenberg est cueilli par la Gestapo, le 18 mars, alors qu'il assiste à la messe. Le 1er avril, il part dans le premier train pour Dachau, où il meurt le 1er août 1938. Dans le même convoi se trouvaient plusieurs figures monarchistes : Max et Ernst von Hohenberg (les fils de l'archiduc François-Ferdinand), Ludwig Draxler, Karl Werkmann, August Lovrek. Schuschnigg les rejoignit plus tard.

Jusqu'à la libération, les réseaux monarchistes s'illustrent dans la résistance. En mai 1938, un chanoine de l'abbaye de Klosterneuburg, le père Roman Karl Scholz, fonde un mouvement : Österreichische Freiheitsbewegung (Mouvement autrichien de la liberté). « Prussiens dehors, proclament ses tracts : Nous ne voulons pas être une colonie, l'Autriche aux Autrichiens. » Un avocat, Jacob Kastelic, monte une association animée du même esprit, Grossösterreichische Freiheitsbewegung, à l'instar de son confrère, Karl Lederer, créateur de l'alliance Österreichischer Kampfbund (Ligue de combat autrichienne). Ces réseaux clandestins (mille membres à eux trois) s'apprêtent à fusionner, en juillet 1940, lorsque leurs chefs et deux cents de leurs militants sont arrêtés. Nul ne parle sous la torture : les autres échappent à la prison, mais les responsables sont décapités. A Vienne, Erich Thanner maintient une activité légitimiste jusqu'à l'automne 1939 ; il est incarcéré, mais son œuvre continue. Le capitaine Karl Burian, un des fondateurs du Corps-Ottonen, est exécuté en mars 1944 pour avoir tissé une organisation de résistance monarchiste. Au Tyrol, en Carinthie, d'importants groupes furent démantelés par la Gestapo. Österreichische Volksfront (Front du peuple autrichien), Österreichische Kaisertreue Front (Front autrichien de la fidélité impériale), Antifaschistische Freiheitsbewegungs Österreichs (Mouvement de la liberté antifasciste d'Autriche) : le Centre de documentation de la résistance, à Vienne, conserve la trace de groupements qui agirent, pendant toute la guerre, pour le renversement du régime national-socialiste et le rétablissement des Habsbourg. Les chiffres des victimes dans les corporations étudiantes légitimistes d'avant l'Anschluss témoignent de leur engagement : sur trois cents membres des Landsmannschaften, soixante-dix participèrent à la résistance, furent détenus par la Gestapo ou séjournèrent en camp de concentration.

*

Au lendemain de l'Anschluss, Zita restant à Steenokkerzeel, Otto quitte la Belgique pour Paris. La capitale française, par son crédit mondial, par les relations que l'archiduc y entretient, constitue le carrefour le plus adéquat pour une action de longue haleine : le combat pour l'Autriche. Depuis 1918, seuls les Habsbourg avaient maintenu sans discontinuer l'idée autrichienne. Ils avaient inspiré le courant patriotique des années 1930. Maintenant, le pays envahi, Otto ne vit que pour lui rendre son nom, sa liberté. Il va alors s'attacher, d'une part, à défendre ses compatriotes émigrés, et d'autre part à faire admettre que l'Anschluss a été un acte de violence, et que s'impose le rétablissement d'une Autriche souveraine.

A Paris, le 15 mars 1938, le « duc de Bar » prend ses quartiers à l'hôtel Cayré, 4 boulevard Raspail. Jusqu'en juin 1940, la résistance légitimiste en exil siégea dans ce modeste établissement.

Dès son arrivée, Otto réunit les hommes disponibles. Ils sont vingt-cinq, échappés d'Autriche par la Suisse ou réfugiés à Paris depuis plusieurs mois. Il leur définit un objectif : jusqu'à la libération, ne plus lutter au nom de la monarchie, mais au nom de l'indépendance du pays, avec tous les Autrichiens volontaires. Dans un communiqué à la presse française, l'archiduc dénonce la violation du droit international par l'Allemagne, souligne la nullité du plébiscite qui aura lieu sous la pression des troupes étrangères, réclame le soutien des puissances occidentales au peuple autrichien. Cette déclaration lui valut un mandat d'arrêt, le 29 mars, à Vienne. Le 20 avril 1938, le *Völkischer Beobachter*, le quotidien nazi, consacra une page au « rejeton dégénéré des Habsbourg, criminel en fuite, fils de Charles, l'empereur traître ». Cette attaque servit de prélude au décret du ministère de la Justice, signé à Vienne le 22 avril 1938, déclarant Otto de Habsbourg coupable de haute trahison.

Aucun émigré autrichien n'a autant de relations que l'archiduc Otto. Privilège de son nom, les portes s'ouvrent devant lui. D'abord celles du gouvernement français. Entre mars 1938 et mai 1940, il fut reçu par le président du Conseil, Édouard Daladier, puis par son successeur Paul Reynaud ; par les ministres Georges Mandel, Anatole de Monzie, Louis Marin, Albert Sarraut, César Campinchi, Pierre Laval, Jean Giraudoux, par le maréchal Pétain ou Léon Blum. Il a ses entrées au Quai d'Orsay, et des contacts avec le 2e bureau. Dans le milieu des intellectuels catholiques, il bénéficie de l'amitié de l'historien Jean de Pange et du publiciste Robert d'Harcourt. Otto a vingt-six ans, mais son intelligence, sa maturité et ses connaissances impressionnent ses interlocuteurs.

L'archiduc met d'abord à profit son entregent pour aider ses compatriotes réfugiés à l'étranger. Plusieurs milliers d'Autrichiens, et parmi eux de nombreux juifs (cent mille Israélites quittèrent l'Autriche entre mars 1938 et mai 1939) s'installent en France. Première tâche d'Otto : leur obtenir l'attribution du statut de réfugié politique et le maintien, au regard du droit international, de la nationalité autrichienne.

Ce dessein, singulièrement, se heurta aux divisions de l'émigration. Les sociaux-démocrates, en effet, ne démordaient pas de leur hostilité à l'idée autrichienne. En avril 1938, à Bruxelles, Otto Bauer, Julius Deutsch et Friedrich

Adler (fils de Victor Adler, le fondateur du parti) adoptent une résolution : « Le rattachement de l'Autriche à l'Allemagne est considéré comme un fait acquis. Nous refusons expressément l'idée de séparer l'Autriche de l'Allemagne. Le devoir du mouvement ouvrier d'Autriche n'est pas de combattre pour le rétablissement de la souveraineté de l'Autriche, mais pour la transformation de l'actuelle Allemagne nazie en une Allemagne socialiste. » De passage à Paris, Otto Bauer renouvela cette profession de foi : « Le rétablissement de l'Autriche est un slogan réactionnaire. Nous sommes le rameau autrichien de la nation allemande. »

Collaborateurs d'Otto, Martin Fuchs, Ernst Hoor et Alfred Kupscha fondent l'Entraide autrichienne. Cette association secourt des centaines de malheureux qui, ayant tout perdu, débarquent dans un pays dont ils ne parlent pas la langue. Elle s'occupe pour eux des démarches administratives, leur trouve des papiers, un logement, du travail. Montée par des monarchistes, cette œuvre traite ses dossiers sans considération d'opinions ou de religion — beaucoup de socialistes et de juifs ayant recours à elle. Les légitimistes sont également influents auprès de l'Accueil aux Autrichiens, une association française présidée par François Mauriac, soutenue par l'archevêque de Paris, le cardinal Verdier.

L'action d'Otto s'exerce aussi dans le domaine de l'information. En 1939, la radio française crée des émissions autrichiennes d'un quart d'heure, diffusées trois fois par jour à partir d'un émetteur situé à Strasbourg. Elles sont confiées à Georg Bittner, ancien rédacteur en chef de l'*Österreicher*, l'hebdomadaire légitimiste.

En France, les monarchistes ont leur organe, *Die Österreichische Post* (Le Courrier autrichien), édité par Martin Fuchs. Ce bimensuel, publié à Paris de 1938 à 1940, défend les thèmes qui formaient le corps de doctrine légitimiste avant l'Anschluss : indépendance autrichienne, monarchie sociale, solidarité danubienne. Parmi ses rédacteurs, des noms insignes : le romancier Franz Werfel, et surtout Joseph Roth. Juif et socialiste, ce dernier avait effectué en 1933 une double conversion : vers le catholicisme et la monarchie. Devenu le chantre nostalgique de la vieille Autriche impériale, l'écrivain discernait dans les Habsbourg la seule réponse civilisée à la barbarie nazie. Exilé à Paris, Roth place sa plume étincelante au service de ses nouvelles fidélités. La première version de *La Crypte des Capucins* (suite de son chef-d'œuvre, *La Marche de Radetzky)* paraît dans l'*Österreichische Post.* Ce court roman décrit la fin de l'Autriche à travers la vie d'un officier qui, le 12 mars 1938, alors que la croix gammée flotte sur Vienne, se réfugie dans la crypte impériale, parce que là est l'Autriche. Usé par le désespoir et l'alcool, Joseph Roth rendit l'âme à l'hôpital Necker, en mai 1939. Lors de ses obsèques (à Thiais, dans un triste cimetière de banlieue), Heinrich Degenfeld déposa sur sa tombe une couronne enrubannée de jaune et noir, portant un simple nom : Otto.

Au printemps 1939, l'archiduc négocie avec Paris la création d'un Centre militaire pour les Autrichiens. Une unité autrichienne aurait été formée au sein de l'armée française, les anciens officiers y étant intégrés avec leur grade. Le projet était sur le point d'aboutir lorsque la déclaration de guerre l'enterra. En septembre 1939, lors de l'invasion de la Pologne et de la déclaration de guerre, puis de nouveau en mai 1940, lors de l'attaque allemande, Otto réussit à faire libérer les Autrichiens internés comme Allemands par les autorités militaires. Avec Daladier, il traite en vue de constituer un gouvernement en exil. Celui-ci, multipartite, aurait mis entre parenthèses les désaccords politiques des Autrichiens. L'entreprise échoua à cause de l'intransigeance anti-Habsbourg des chefs socialistes, de leur refus de principe de la souveraineté autrichienne, et de l'opposition de l'Angleterre — les exilés tchèques, eux aussi hostiles aux Habsbourg, étaient influents à Londres.

Pendant toute cette période, Otto travaille énormément. En septembre 1939, de Steenokkerzeel, Zita lui écrit pour se plaindre de ne plus le voir. Mais elle peut être fière de son fils. Chef de la maison de Habsbourg, digne successeur de son père, il se bat sans relâche pour son pays, au nom de toutes les valeurs dont il a hérité. Il incarne si bien la volonté de résistance de l'âme autrichienne que les nazis persistent à s'en prendre à lui, jeune prince exilé. Le 27 janvier 1940, à Vienne, au cours d'une manifestation de masse du parti national-socialiste, le gauleiter Bürckel prononce un discours contre Otto : « Que le fils d'une Bourbon française et du traître Charles ne vaille pas mieux que son père, c'est normal. Cet Otto, qui est un apatride, ne pouvait être qu'un bandit international. » Le Reich a déchu Zita et ses enfants de leur nationalité « allemande ». Dès l'Anschluss, le ministère de l'Intérieur a ordonné de retirer de la crypte des Capucins le buste de l'empereur Charles, déposé en 1931. Dans cette même crypte impériale, en 1942, l'enterrement de la mère de Charles, l'archiduchesse Maria Josefa, puis celui de l'archiduchesse Marie-Thérèse, en 1944, durent avoir lieu en catimini, sur ordre des occupants. Parce qu'ils incarnaient la mémoire de l'Autriche, les Habsbourg continuaient à faire peur aux nazis.

*

Le 9 mai 1940, à Steenokkerzeel, la famille était réunie au complet (presque : Félix résidait aux États-Unis). C'était l'anniversaire de l'impératrice, qui fêtait ses quarante-huit ans. Mais cette date se trouva être celle où, après huit mois de « drôle de guerre », l'état-major de la Wehrmacht lança ses Panzer dans la course folle qui, à travers la Belgique et la France, les conduisit cinq semaines plus tard sur les plages de l'Atlantique.

Dans la soirée, au château de Ham, le téléphone sonne sans discontinuer. Le roi des Belges et le grand-duc de Luxembourg avertissent : les Allemands attaquent. Dans les moments de crise, Zita est toujours maîtresse d'elle-même. Et sous son toit, c'est elle qui commande. Aussi ordonne-t-elle qu'on soit prêt à partir, mais qu'on se couche. Avant l'aube du 10 mai, un avion survole le secteur, poursuivi par les canons de la DCA. Puis résonne un grondement sourd : des dizaines de Messerschmitt. Pas de temps à perdre : les dix-sept occupants de la maison s'entassent dans trois voitures, avec quelques valises : l'impératrice, ses sept enfants, trois neveux (fils de la grande-duchesse de Luxembourg), Degenfeld, la comtesse Kerssenbrock et le personnel. Les archives et les bagages les plus précieux étaient partis pour la France depuis plusieurs mois. Deux heures après le départ de la famille impériale, la toiture du château explose sous une bombe. « Une petite attention de Hitler », dira Otto.

Première halte à Bruxelles. Otto et Charles-Louis organisent la fuite des milliers d'émigrés autrichiens résidant dans la capitale belge. Le convoi franchit la frontière française, et passe la nuit à l'hôtel, à Dunkerque. Le lendemain, étape à Laon. Zita a préparé depuis plusieurs semaines cet itinéraire qui les mène le surlendemain au château de Bostz, dans l'Allier, chez Xavier de Bourbon-Parme.

Otto est resté à Paris. Toujours le même souci : s'entremettre pour les Autrichiens, faire élargir ceux qui, sans discernement, ont été internés comme « Allemands ». Au Quai d'Orsay, place Beauvau, l'archiduc frappe à toutes les portes. Dans un pays où l'État démissionne, où des dizaines de milliers de fugitifs envahissent les routes, il réussit le miracle de faire évacuer plusieurs centaines de ses compatriotes, après leur avoir obtenu des visas.

Le 10 juin, le gouvernement abandonne Paris pour Tours. Otto se rappelle l'ambiance irréelle de la capitale déserte, au soir du 9 juin : invité par l'ambassadeur américain en Belgique, il dîne au Ritz, où le service continue comme si de rien n'était. Sur le livre d'or du palace, la signature qui figure juste après la sienne est celle de Rommel.

Le 10, Otto et ses collaborateurs quittent Paris. L'archiduc a téléphoné à sa mère, dans l'Allier : elle doit fuir. Rendez-vous à Bordeaux. Le 16 juin, la famille impériale se retrouve en Dordogne, au château de Lamonzie-Montastruc, où les Luxembourg ont également échoué. L'ambassadeur des États-Unis, William Bullitt, est un ami d'Otto. Il offre de faire partir les archives des Habsbourg par la valise diplomatique : onze caisses, chargées sur le dernier navire en partance pour l'Amérique.

Devenu chef du gouvernement, le maréchal Pétain demande l'armistice. Une foule de réfugiés traîne dans Bordeaux. Parmi les étrangers, fuyant la croix gammée, des juifs, des antinazis — allemands ou autrichiens. Otto démarche le consul d'Espagne et celui du Portugal. Ce dernier, en cinq jours, ne délivre pas moins de trente mille visas pour son pays ! L'archiduc se fait remettre par les diplomates de Franco et de Salazar les papiers qui sont la clef du salut pour tout Autrichien.

Avant l'armistice (signé le 22 juin 1940), Otto a été prévenu : les Allemands veulent sa tête. Dès le 18, toute la famille a pris la direction du sud, au milieu du flot anarchique de l'exode. A la frontière espagnole, l'attente est interminable. Le chef du poste de douane reconnaît cependant Zita : « Mais c'est l'impératrice de Lekeitio ! » Et il ordonne de la laisser passer, « elle et tous ceux qui l'accompagnent ». Interrogé sur la composition de sa caravane, Otto, au culot, désigne tous ceux qui se tiennent derrière eux. Juifs, communistes ou socialistes, anciens des Brigades internationales pour certains, une centaine d'Autrichiens pénétrèrent ainsi en Espagne, sous l'aile des Habsbourg : magnifique exemple du caractère non partisan de la dynastie, geste d'autant plus généreux qu'il ne fut pas payé de la réciproque.

Le pays que l'impératrice et les siens traversent n'est plus le même que celui quitté dix ans auparavant. La plus effroyable des guerres civiles l'a ravagé. Dans ce conflit, des proches de Zita ont été impliqués. En 1936, avant de mourir sans héritier, le dernier prétendant carliste, don Alfonso Carlos (oncle de Zita), avait désigné son neveu Xavier de Bourbon-Parme « régent de la Communion traditionaliste », avec mission de maintenir les principes du carlisme. De 1936 à 1939, non seulement Xavier, mais aussi la princesse Isabelle et le prince Gaëtan (deux frères et une sœur de Zita) avaient apporté leur soutien aux requetes carlistes [1].

Au Portugal, un débat s'engage au sein de la famille. Faut-il rejoindre l'Angleterre, comme le fait l'archiduc Robert ? L'Amérique ? Au printemps, Otto y a séjourné deux mois. Sur l'entremise de William Bullitt, il s'était rendu à l'invita-

1. Xavier de Bourbon-Parme poursuivit longtemps une action en Espagne. Tout en assumant la régence de la Communion traditionaliste, il fit déclaration de prétention au trône, en 1952 et en 1956 ; puis renonça, en 1975, lors de l'avènement de Juan Carlos. Son fils aîné, Carlos Hugo (actuel duc de Parme), provoqua l'éclatement du mouvement carliste en voulant lui donner une inflexion « socialiste autogestionnaire », s'opposant violemment à son frère cadet, Sixte-Henri. En 1978, il a renoncé à toute revendication politique.

tion de Roosevelt. A la Maison-Blanche, il avait pu exposer la situation de l'Autriche, démontrer que l'Anschluss n'avait pas été un rattachement volontaire, mais une invasion militaire. Otto avait visité New York, Washington, Chicago, Detroit. Au Capitole, il avait été reçu avec les honneurs réservés à un chef d'État. « Altesse impériale, avait déclaré le sénateur Barcley, nous vous saluons comme le représentant de la volonté de vivre de l'Autriche. »

A Lisbonne, Salazar convoque Otto. Il le met en garde : si le Reich lui demande de le livrer, le Portugal ne pourra résister longtemps aux pressions allemandes. Et les agents secrets ne manquent pas, qui pourraient tenter de l'assassiner. Fin juin, Otto s'envole pour les États-Unis. Félix, qui se trouve là-bas, va voir Roosevelt. Le 9 juillet, le Président a transmis des consignes à son ambassadeur au Portugal : des visas américains sont délivrés pour toute la famille impériale et sa suite.

Le 16 juillet, Zita prend l'avion pour la deuxième fois de sa vie. Après une escale forcée aux Açores, en raison d'un incident technique, l'impératrice débarque à New York, le 27 juillet 1940. Les journalistes guettaient son arrivée. Le lendemain, la presse diffuse le communiqué suivant : « L'impératrice, qui croit fermement à la démocratie en Europe, est persuadée de la victoire de la liberté et de la chrétienté sur le totalitarisme barbare. Ses idées sur l'avenir de l'Europe sont les mêmes que celles exprimées par l'archiduc Otto. Elle croit à une confédération des États d'Europe centrale, reposant sur le principe démocratique, qui devra être édifiée dans le bassin danubien après la défaite du nazisme. Une telle alliance d'États pourrait constituer un rempart contre les agressions futures du pangermanisme et du bolchevisme. »

*

L'archiduc Félix avait quitté Steenokkerzeel en 1939. Surpris à New York par la déclaration de guerre, il était resté aux États-Unis. Il y avait entamé un cycle de conférences sur l'Autriche et l'Europe centrale. Félix s'accoutuma si bien au Nouveau Monde qu'il y resta toute sa vie. Cet été 1940, pour accueillir les siens, il a tout préparé. Un de ses amis, le financier Calvin Bullock, prête une maison à Royalston, près de Boston, dans le Massachusetts.

Ce n'est qu'un abri provisoire. Les plus jeunes des enfants de Zita n'ont pas terminé leurs études. En Belgique, le français est devenu leur langue scolaire usuelle : le Canada français paraît d'autant plus un havre propice que c'est une terre catholique. En octobre 1940, l'archevêque de Québec, le cardinal Villeneuve, déniche un nouveau gîte pour l'impératrice : la villa Saint-Joseph. A quelques kilomètres de Québec, sur le domaine du couvent des Sœurs de Jeanne d'Arc, une simple maison en bois, à l'américaine. Il n'y a qu'un étage, et les pièces sont petites. Mais c'est suffisant, car la famille est dispersée.

Otto vit aux États-Unis ; à New York et Washington, il poursuit son action politique. Adélaïde le suit ; elle travaille comme assistante sociale à New York et y donne des cours de sociologie à l'université. Robert, en Angleterre, a débuté sa carrière professionnelle dans une société d'import-export. Félix œuvre avec Otto, parcourant l'Amérique du Nord et du Sud, nouant des contacts, prononçant des centaines des conférences.

Avec leur mère ne vivent plus que les quatre derniers. Charles-Louis et Rodolphe sont inscrits à l'université Laval, à Québec, dont ils sortiront, l'un en 1941, l'autre en 1942 ; ils rejoindront ensuite Otto et Félix aux États-Unis, et s'engageront dans l'armée américaine. Charlotte passe un diplôme d'économie à l'université Laval, en 1942 ; elle s'installe ensuite à New York, y étudie les sciences sociales à l'université Fordham ; de 1943 à 1955, elle sera assistante sociale à la Caritas de New York. Élisabeth obtient son baccalauréat à Québec, s'inscrit en sciences politiques à l'université Laval, puis devient assistante sociale à New York et Washington.

Le cursus universitaire des enfants de Zita a de quoi faire rêver bien des parents ! Doctorat de sciences politiques pour Otto, Adélaïde et Robert ; diplôme en droit pour Félix ; doctorat en droit et en sciences politiques pour Charles-Louis ; doctorat en sciences sociales et économiques pour Rodolphe ; diplôme d'économie et de sciences sociales pour Charlotte ; diplôme de sciences politiques pour Élisabeth. Ce palmarès illustre surtout les centres d'intérêt qui prédominent dans la famille. Politique, économie ou sociologie, il s'agit toujours du bien commun de la cité.

Au fur et à mesure qu'ils se lancent, Zita voit moins ses enfants, même s'ils effectuent de courts séjours à Québec (y compris Robert, débarqué un jour d'Angleterre). Auprès d'elle, l'impératrice a toujours l'indispensable comtesse Kerssenbrock et Heinrich Degenfeld, jusqu'à ce que ce dernier aille assister Otto aux États-Unis. Deux mois après son emménagement arrive sa mère, la duchesse Maria Antonia, accompagnée de sa fille Isabelle.

Après l'Espagne et la Belgique, l'exil continuait. Cela faisait maintenant plus de vingt ans que Zita avait quitté l'Autriche. Reverrait-elle jamais sa patrie ? L'impératrice et Otto ne doutèrent jamais de la victoire sur l'Allemagne, et de leur retour en Europe. L'archiduchesse Adélaïde, elle, avouera avoir cru partir pour l'Amérique avec un billet sans retour. C'est la vieille duchesse de Parme qui lui remontait le moral. « Ne jamais renoncer », enseignait-elle à sa petite-fille.

L'argent ? Il n'y en a toujours pas. Pour mener son entreprise, Otto contracte des dettes qu'il mettra des années à rembourser, longtemps après la guerre. C'est toujours la générosité des amis qui permet aux jeunes gens de poursuivre leurs études, mais les ressources venant d'Europe sont taries. Dès qu'ils le peuvent, archiducs et archiduchesses exercent une activité professionnelle. Quand il s'agit d'aménager la maison de Québec, chacun tapisse lui-même sa chambre.

Dans cette demeure encore, Zita a transformé une pièce en chapelle, où un prêtre canadien vient tous les matins célébrer la messe. Le train de vie est spartiate. Invitée à la villa Saint-Joseph, la princesse Alice (femme du gouverneur du Canada et petite-fille de la reine Victoria) découvre un salon aux fenêtres sans rideaux, au sol recouvert de linoléum. Du thé et des biscuits secs lui sont offerts, pendant que ses hôtes se contentent d'un verre d'eau. « J'avais l'impression, se souviendra-t-elle, qu'ils étaient très pauvres. »

*

Dès son arrivée aux États-Unis, Otto revoit Roosevelt. Auprès des Américains, il entreprend la même tâche qu'à Paris. Rencontrant députés et sénateurs, secrétaires d'États et journalistes, l'archiduc applique aux intérêts de son pays disparu la méthode du lobbying. But : aboutir à ce que les États-Unis considèrent l'Anschluss comme nul et non avenu en droit ; puis, à partir de leur entrée dans le conflit, obtenir qu'ils inscrivent le rétablissement d'une Autriche indépendante parmi leurs buts de guerre.

Otto est aidé par quelques fidèles, réfugiés en Amérique : Martin Fuchs, Georg Bittner, Hans Rott (un ancien ministre), Walter von Schuschnigg (cousin du chancelier, ancien consul à Lisbonne, l'homme qui, en novembre 1918, s'était présenté à Schönbrunn avec ses cadets pour assurer la protection de l'empereur). Ces monarchistes se trouvent en communion de pensée avec leurs compatriotes qui espèrent aussi en une renaissance de l'Autriche. Avec Guido Zernatto (l'ancien secrétaire du Front patriotique), Franz von Hildebrand (le fils du philosophe catholique), le chef d'orchestre Bruno Walter et l'écrivain Franz Werfel, ils fondent un Comité national autrichien (Austrian National Committee) et un Mouvement des Autrichiens libres (The Free Austrian Movement).

Quelques initiatives prises par ce groupe rencontrèrent des succès ayant la valeur de symboles. Le 25 juillet 1942, pour le huitième anniversaire de l'assassinat de Dollfuss, une journée de l'Autriche se tint dans quinze États de l'Union. En novembre 1943, la poste américaine émit une série de timbres sur les nations agressées par Hitler. Sur l'intervention d'Otto, l'Autriche eut le sien. La flamme d'émission du premier jour reproduisait un timbre austro-hongrois de 1917, à l'effigie de l'empereur Charles. Dans le registre sentimental, la famille du baron von Trapp (entrée dans la légende du cinéma naïf, avec *La Mélodie du bonheur*) fit beaucoup pour la cause patriotique : les Américains purent découvrir le répertoire traditionnel autrichien, grâce à ces chanteurs dévoués aux Habsbourg, qui avaient fui l'Anschluss.

Otto tenta de créer une représentation nationale des Autrichiens, dont Richard Coudenhove-Kalergi, une personnalité indépendante, aurait pris la tête. Comme en Europe avant la guerre, le projet achoppa, en janvier 1942, sur les clivages de l'émigration. Réfugié aux États-Unis, le socialiste Julius Deutsch avait de son côté fondé une association, Austrian Labor Committee, qui continuait à prêcher la haine anti-Habsbourg, et à nier la légitimité d'une Autriche indépendante. Dans un article publié à New York en 1942, K.H. Sailer, un émigré social-démocrate, clamait son animosité à l'égard des patriotes : « Il n'y a pas de doute que l'Autriche fait partie du sol allemand. Toute tentative d'approfondir la différence entre les Autrichiens et les autres Allemands, et même de parler de nation autrichienne, est de la basse besogne. » Dans ses Mémoires, Julius Deutsch déplore l'influence exercée aux États-Unis par la famille impériale. « Les chances des monarchistes étaient ici encore plus grandes qu'en France. L'ex-impératrice Zita et son fils Otto jouaient un rôle significatif dans la société ; dans les réceptions et les dîners, ils dominaient. Même à Washington, à la Maison-Blanche, ils étaient des hôtes bien vus. »

En Europe, Otto, héritier du trône de Hongrie, n'avait jamais cessé de suivre les affaires magyares. A Steenokkerzeel, les légitimistes hongrois étaient souvent de passage. Représenté à l'Assemblée, le parti des petits propriétaires manifestait son attachement à la dynastie. Élu député, Antal Sigray (qui, préfet, avait assisté Charles, à Pâques 1921, lors de la première tentative de restauration) avait fondé un mouvement monarchiste, Magyar Szentkorona-Szövetség (Ligue de la couronne magyare de saint Étienne). Dans les années 1930, celui-ci avait connu un essor certain.

En Amérique, la Hongrie retient aussi l'attention de l'archiduc Otto, que ses fidèles regardent comme le roi Otto II. Le chef légitimiste Antal Sigray et Pal Teleki, le Premier ministre, favorables aux puissances occidentales, sont en contact avec lui. Au début du conflit mondial, le pays reste neutre. Son objectif demeure la révision du traité de Trianon, qui l'a amputé des deux tiers de sa superficie historique. En avril 1941, l'Axe attaque la Yougoslavie. Dans le but de récupérer d'anciens territoires hongrois, Horthy laisse passer les troupes allemandes, puis entre en guerre contre l'URSS

— provoquant le suicide de Teleki. Allié du IIIe Reich, il n'éprouve pour autant aucune sympathie pour le nazisme, à l'égard duquel il conserve ses distances : 140 000 Polonais se sont réfugiés en Hongrie, dont 14 000 juifs, à qui furent attribués des papiers d'identité chrétiens. Mais à la fin de 1941, l'amiral finit par déclarer la guerre à l'Angleterre et aux États-Unis. En Hongrie, les opposants à l'alliance allemande espèrent de plus en plus en Otto.

L'enjeu hongrois prend place dans une perspective plus large. Le Reich vaincu, qu'adviendra-t-il de l'Europe centrale et balkanique ? Staline prétend annexer cette zone au monde communiste. Churchill, qui a pressenti le danger, aspire à mettre la stratégie soviétique en échec. Arbitre de cette partie à trois : les États-Unis. A New York et à Washington, pour les territoires qui formaient naguère l'empire des Habsbourg, Otto s'attache donc à faire pencher la balance du côté de la liberté, en prônant la constitution d'une fédération danubienne quand la guerre sera terminée.

Auprès des autorités américaines, les influences contraires ne manquent pas. Cordell Hull, le secrétaire d'État aux Affaires étrangères, se montre de plus en plus accommodant pour Staline et Beneš (réfugié à Londres, ami de Moscou, le président tchèque joue la carte communiste en Europe de l'Est). Harry Hopkins, le conseiller spécial de Roosevelt, n'échappe pas à l'emprise soviétique. Pour ne pas mécontenter les Russes, Roosevelt déconseille à Otto la formation d'un gouvernement autrichien en exil. En revanche, il lui propose la création d'une unité autrichienne au sein de l'armée américaine. Celle-ci voit le jour en novembre 1942. Les archiducs Félix, Charles-Louis et Rodolphe sont les premiers inscrits. Cependant, les émigrés sociaux-démocrates montent une campagne hostile contre cette formation. Avec le soutien de Beneš : en visite aux États-Unis, celui-ci s'exclame : « Nous avons ici, en Amérique, un ennemi bien pire que Hitler : Otto de Habsbourg. » Son recrutement étant trop faible, le bataillon autrichien est dissous en 1943.

Après plusieurs mois d'efforts, Otto remporta quand même un succès. En juin 1943, Roosevelt lui écrivit (« My dear Otto ») pour lui signifier que les États-Unis voulaient la restauration d'une Autriche souveraine. En juillet 1943, la Chambre des représentants adopta une résolution : l'Anschluss était condamné, la nationalité autrichienne reconnue.

La victoire arrachée par les Habsbourg s'était jouée également en Angleterre. A Londres, l'archiduc Robert poursuivait une action parallèle à celle de son frère. Avec Georg von Franckenstein, il essaya de créer un Comité national autrichien, regroupant tous les partis. Ici aussi, ce projet échoua à cause de l'opposition des émigrés sociaux-démocrates, appuyés par Anthony Eden. Le ministre britannique des Affaires étrangères ne dissimulait pas son austrophobie : « L'Autriche, qu'est-ce que c'est ? Cinq archiducs et quelques centaines de juifs. » Robert, méthodiquement, agissait auprès de la classe politique anglaise, et rencontrait régulièrement Winston Churchill. Comme Otto le lui avait demandé dès juillet 1940, il était aussi en contact avec de Gaulle.

Pendant l'été 1943, quand les Alliés s'apprêtent à se concerter avec Staline en vue de la future organisation de l'Europe, le Premier ministre anglais prépare avec Robert de Habsbourg les résolutions concernant l'Autriche. En août, Roosevelt et Churchill se rencontrent à Québec. Otto obtient une entrevue de Churchill, confirme les propositions de son frère, qu'il récapitule dans un mémorandum adressé à Roosevelt. En septembre, pour en discuter, il a rendez-vous avec le président américain. Deux jours avant la date retenue, il est terrassé par la grippe. Faire remettre l'audience ? L'enjeu est trop urgent. Seule solution, se faire représenter. Et Otto ne connaît qu'une personne en qui il place une confiance totale, et qui possède l'expérience politique nécessaire pour parler avec un chef d'État : sa mère. Le 11 septembre 1943, dans la maison personnelle de Roosevelt — à Hyde Park, sur l'Hudson — c'est donc l'impératrice Zita qui va plaider pour l'Autriche et pour le projet de fédération danubienne.

Le 1er novembre 1943, à Moscou, les États-Unis, la Grande-Bretagne et l'URSS reconnaissent à l'Autriche le statut d'agressé, et déclarent viser au rétablissement de sa souveraineté. Molotov ajoute toutefois une clause contradictoire, incriminant le pays de responsabilité dans la guerre, et précisant que son sort final ne pourra être réglé qu'en fonction de sa résistance intérieure à l'Allemagne. Les Soviétiques, c'était clair, convoitaient l'Autriche.

Le Premier ministre magyar, Miklos Kallay, venait d'entrer en contact avec Otto. Il était prêt à faire basculer la Hongrie du côté des Alliés, si un débarquement militaire avait lieu dans les Balkans. Pour négocier, il réclamait l'envoi d'un émissaire au Portugal, où Budapest possédait une légation. Avec l'accord de Roosevelt, l'archiduc Charles-Louis partit pour Lisbonne.

A la conférence de Téhéran, en décembre 1943, Churchill est seul à défendre un projet de débarquement en Italie, du côté de Trieste, dont l'objectif serait d'attaquer l'Allemagne à revers par le sud, et de foncer sur Vienne et Budapest. Roosevelt, malade, fasciné par Staline (« Uncle Joe »), cède devant les Soviétiques. C'est en Normandie et en Provence que les Alliés prennent pied, pendant l'été 1944. L'Armée rouge, de son côté, progresse et s'empare du bassin danubien. En mars 1944, les Allemands envahissent la Hongrie. Miklos Kallay démissionne, Antal Sigray est emprisonné. En octobre, Horthy demande l'armistice aux Soviétiques, mais il est enlevé par les SS, et conduit de force en Allemagne[1].

En janvier 1945, les Russes occupent toute la Hongrie. A Yalta, en février, Roosevelt, moribond, leur livre l'Europe orientale. L'époque rêve d'une pacifique démocratie universelle — mythe qui prendra fin avec la guerre froide. Entre deux résistants yougoslaves, l'Occident préfère le marxiste Tito au royaliste Mihaïlovitch — à l'indignation d'Otto et Zita, qui protestent auprès de Roosevelt et de Churchill. En Hongrie, aux élections libres d'octobre 1945, le parti des petits propriétaires remporte 60 p. cent des voix. Quatre ans plus tard, Staline y installera un pouvoir communiste. La nuit totalitaire sera de nouveau tombée sur les anciens territoires des Habsbourg.

Et l'Autriche ? Débarqué sur le Vieux Continent en octobre 1944, Otto s'entretient avec de Gaulle à Paris. Sa préoccupation est de savoir si les Américains pourront pénétrer les premiers dans Vienne. Mais la campagne d'Alle-

1. A la fin de la guerre, Horthy se réfugia au Portugal, où il est mort en 1957.

magne, au cours de l'hiver 1944-1945, s'avère plus dure que prévu. Les archiducs Rodolphe et Charles-Louis (ce dernier revenu de Lisbonne, sa mission inutile) rejoignent clandestinement le Tyrol. Les nazis y règnent encore en maîtres. Quelques réseaux de résistance s'activent sous les ordres du général Kirsch, un légitimiste. Courageux mais peu nombreux, non soutenus par les Alliés, ils n'ont pas le poids des partisans communistes autrichiens — basés en Yougoslavie, armés par Tito et Staline.

Le 13 avril 1945, l'Armée rouge entre dans Vienne. Américains, Anglais et Français occupant l'Autriche par l'ouest du pays, les combats cessent le 7 mai. Le 1er mai, un gouvernement provisoire a proclamé la république, et rétabli la Constitution de 1920. Dans la résistance, à partir de 1943, les socialistes s'étaient tardivement ralliés à l'idée d'une Autriche indépendante. Le pays est exsangue, et occupé comme une nation vaincue. Mais l'essentiel est sauf, qui réserve l'avenir : sa souveraineté est rétablie.

Arrivé au Tyrol en juin 1945, Otto y retrouve ses frères Charles-Louis et Rodolphe, puis Robert. Libérés des camps de concentration, Friedrich von Wiesner, August Lovrek, Erich Thanner reconstituent un groupe monarchiste. Au Tyrol, dans la zone d'occupation française, le général Béthouart ferme les yeux sur leurs activités. A Vienne, où l'occupation est quadripartite, Otto veut présenter des candidats aux premières élections de novembre 1945. Français, Américains et Britanniques sont d'accord, mais les Russes mettent leur veto. Lors du scrutin, les communistes laminés, la majorité échoit aux chrétiens-sociaux, qui renouent une coalition avec les sociaux-démocrates. Authentique patriote catholique sorti de Dachau et Mauthausen, Léopold Figl devient chancelier. Mais le socialiste Karl Renner devient chef de l'État. Socialiste également, le ministre de l'Intérieur décide l'application de la loi anti-Habsbourg, reconduite avec la Constitution : en janvier 1946, à Innsbruck, les quatre fils de Zita reçoivent une lettre de Renner, leur intimant l'ordre de quitter le territoire national. Renner, celui qui avait appelé à voter oui au plébiscite nazi d'avril 1938 chassait ceux qui, sept années durant, avaient lutté pour le droit à l'existence de l'Autriche ! Pour les Habsbourg, l'exil continuait.

*

Lors de ces années de guerre, Zita a franchi le cap de la cinquantaine. Tous ses enfants sont adultes. N'ayant plus à se soucier de leur éducation, elle peut accorder son temps aux autres — Autrichiens, Hongrois. A Québec, elle entretient une correspondance considérable. Les réfugiés qui sollicitent un soutien sont certains de trouver auprès d'elle une interlocutrice vigilante.

Avant même la fin des opérations militaires sur le Vieux Continent, l'impératrice a entrepris d'attirer l'attention sur le sort des populations civiles. D'expérience, elle connaît les difficultés des périodes d'après-guerre. Il faudra donc, raisonnait-elle, venir en aide à l'Autriche. Prenant les devants, Zita démarche de riches donateurs, qui promettent leur concours. Puis, à l'invitation d'organisations caritatives catholiques, elle entame une série de conférences au Canada (une cinquantaine en tout). Elle y évoque l'Europe centrale, ses villes bombardées, les maisons éventrées, sans lumière, sans chauffage, sans électricité ; le manque de vêtements, de nourriture, de soins. Et pour ces pays lointains, la dame en noir fait naître l'émotion, réveille la générosité. La première fois, elle a lu un texte préparé. Enhardie, elle parle ensuite sans notes, répondant librement aux questions de l'assistance.

A Québec, les dons en nature affluent : médicaments, habits, chaussures. Zita remercie chacun par une lettre personnelle. Avec sa mère, la duchesse de Parme, sa sœur, la princesse Isabelle, et avec sa dernière fille, Élisabeth, l'impératrice classe, nettoie, empaquette. Pour mettre en caisse, les scouts et guides catholiques se sont mis à sa disposition (Élisabeth est cheftaine, première archiduchesse d'Autriche adhérente au mouvement de lord Baden-Powell). Le produit de la première série de conférences est offert au diocèse de Salzbourg, en zone d'occupation américaine.

Devant ce succès, en 1946 et en 1947, Zita organise une seconde tournée, aux États-Unis. Elle prépare elle-même ses déplacements. Le plus souvent, elle dort dans des institutions religieuses et voyage en train, avec un billet de troisième classe. A New York, Denver, Saint Joseph, Saint Louis, Boston, Philadelphie, Pittsburgh, Kansas City et jusqu'en Floride, l'impératrice intercède pour l'Autriche. A Chicago, elle ne prononce pas moins de six conférences, chacune réunissant un millier d'auditeurs. L'une d'elles est retransmise en direct à la radio. Les journaux américains interviewent Zita : bousculant sa modestie naturelle, elle se prête à l'exercice, avec l'espoir que cette publicité portera des fruits. Grâce à l'association Care (Cooperative for Americans Remittances to Europe), elle assure l'envoi de milliers de colis à Vienne, à Graz, au Tyrol. Pour les églises détruites, l'impératrice collecte aussi objets et ornements liturgiques.

En 1948, la situation de l'Autriche s'étant améliorée, cette action prend fin. A Québec, les religieuses annoncent à Zita leur intention de récupérer la villa Saint-Joseph. Une nouvelle fois, il faut déménager. Où ? Otto parcourt le monde, donnant des conférences et publiant des articles pour gagner sa vie. Adélaïde et Élisabeth se trouvent en Europe, où elles s'emploient au service des réfugiés. Les autres sont installés en Amérique : banquier, Robert voyage entre les États-Unis et l'Orient ; Félix dirige une société à Mexico ; respectivement banquier, financier et assistante sociale, Charles-Louis, Rodolphe et Charlotte travaillent tous trois à New York. Zita a donc intérêt à se rapprocher de cette ville.

A Noël 1948, l'impératrice emménage à Tuxedo, à soixante kilomètres de New York. Ses enfants lui ont acheté une maison (jadis habitée par Mark Twain). Ils viennent y passer les week-ends. La duchesse Maria Antonia est retournée en Europe, avec la princesse Isabelle. Heureusement, la comtesse Kerssenbrock est toujours là.

Zita vécut ici deux années, simplement. Non sans avoir rendu un ultime service à sa patrie. Le Sénat américain débattait du plan Marshall. Certains parlementaires entendaient exclure l'Autriche du programme d'aide à la reconstruction européenne, arguant des foules qui avaient salué Hitler, en 1938. En concertation avec Otto, l'impératrice mit au point une contre-offensive. Elle invita personnellement une cinquantaine d'épouses de sénateurs, à qui elle exposa la réalité de l'Anschluss. Celles-ci entreprirent ensuite de convaincre leurs maris. Lors du vote, le résultat fut positif, et l'Autriche bénéficia des subsides d'outre-Atlantique.

Ce fut le dernier acte politique de Zita.

15

La grand-mère de l'Europe

« Charles est la récompense que Dieu a réservée à l'Autriche, pour tout ce qu'elle a fait pour l'Église. » En ouvrant son courrier, à Tuxedo, un matin, Zita s'est-elle remémoré cette phrase prononcée devant elle par Pie X, en 1911, lorsqu'elle était fiancée ? Peut-être. Car la lettre qu'elle reçut de Vienne ce jour de 1948 la bouleversa, touchant au point intime où se croisaient sa foi en Dieu et ce qui fut l'amour de sa vie. Le Vatican lançait l'enquête préalable à l'ouverture d'une procédure de béatification de l'empereur Charles. Zita était priée de répondre à un questionnaire en cent soixante points, sur son union conjugale et la personnalité de son mari.

Le bienheureux Charles d'Autriche ? Peu après sa mort, l'idée s'était imposée à ceux qu'avaient frappés la piété du souverain et sa fin édifiante. « Charles, avait dit l'archiduchesse Marie-Thérèse, est un saint. Il a vécu comme un saint. Il est mort comme un saint. » Le jour de Pâques 1923, Wilhelm Miklas écrivait au cardinal Piffl : « Une année seulement s'est écoulée depuis que l'empereur s'en est retourné, et déjà des milliers de personnes, non seulement en Autriche mais sur toute la terre, ne parlent pas autrement de lui que comme d'un saint du ciel. » Le futur président de la République autrichienne adjurait le primat d'Autriche d'intercéder auprès du pape, en vue de la constitution d'un dossier de béatification.

En 1925, l'approbation ecclésiastique avait été conférée à la Kaiser-Karl-Gebetsliga, une ligue de prière créée pour obtenir la canonisation de l'empereur. Présidée par Hans Karl von Zessner-Spitzenberg et Emmy Gehrig, l'association avait réuni de multiples témoignages de catholiques déclarant invoquer Charles dans leurs prières. En 1938, lors de l'Anschluss, les responsables de la ligue arrêtés, la secrétaire avait brûlé les archives, pour éviter que les noms des vingt-cinq mille adhérents ne tombent aux mains de la Gestapo. Après la guerre, Emmy Gehrig avait entrepris de reconstituer son organisation, accumulant de nouveau les signes de ferveur inspirés par la figure de Charles, et même des témoignages de guérisons survenues à son invocation. Le questionnaire rédigé par Zita allait prendre place parmi les documents qui, collationnés, permettraient au cardinal Innitzer de signer — à Vienne, le 11 juillet 1949 — l'acte introduisant l'examen de la cause de Charles.

Le 3 novembre 1949, Radio-Vatican annonçait officiellement l'ouverture du procès de béatification et de canonisation du « serviteur de Dieu, Charles, de la maison d'Autriche, empereur d'Autriche et roi de Hongrie : Pour l'honneur de Dieu et la gloire de l'Église, pour donner à notre temps dans la personne du serviteur de Dieu l'intercesseur dont l'image de souverain conscient de ses responsabilités et moderne, comme époux et père de famille catholique, serait si nécessaire à notre époque de corruption et de destruction morale, de décadence du mariage et de la famille. »

Jusqu'à sa mort, cette intention de prière ne quitta plus Zita[1].

*

En 1949, l'impératrice effectue un séjour de quelques mois en Europe, à l'occasion du mariage d'un de ses enfants. La première à se marier est la plus jeune : le 12 septembre 1949, l'archiduchesse Élisabeth épouse Heinrich de Liechtenstein, cousin du prince régnant. La cérémonie a lieu en France, au

1. Depuis 1953, la Kaiser-Karl-Gebetsliga publie chaque année un fascicule faisant état des pièces apportées au dossier de béatification de l'empereur Charles. Après la mort d'Emmy Gehrig, en 1974, la ligue a longtemps été animée par un cistercien, le père Stephan Sommer. Depuis 1994, son président est Mgr Kurt Krenn, évêque de St. Pölten, et son président exécutif, Johannes R. Parsch. Vice-président de la ligue, le père Reinhard Knittel est aussi, depuis 1995, postulateur du procès de béatification de l'empereur à Rome. Depuis quarante ans, la cause suit son cours, selon la lente procédure prévue par le droit canon.

château de Lignières, chez Xavier de Bourbon-Parme. Pour Zita, après des années de séparation, c'est l'occasion de retrouver ses frères. Bon sang ne saurait mentir : au cours des années noires, tous les Parme avaient fait preuve de courage. Xavier, résistant, avait été déporté à Dachau (il pesait trente-six kilos à sa libération). Félix, grand-duc de Luxembourg, officier dans l'armée britannique, avait participé à la libération du grand-duché. René, réfugié aux États-Unis, s'était engagé en 1944 derrière le général de Lattre, dans la 1re armée ; trois de ses enfants, neveux de Zita, avaient fait la guerre avec les Alliés — Jacques comme pilote dans la Royal Air Force, Anne (future reine de Roumanie) comme ambulancière dans l'armée américaine, et Michel comme parachutiste dans les Forces françaises libres. Louis, gendre du roi d'Italie, avait été lui aussi déporté par les Allemands, après la rupture entre Victor-Emmanuel III et Mussolini. Gaëtan, dans l'armée américaine, avait pris part au débarquement de Normandie et à la campagne d'Allemagne.

Conduire sa fille à l'autel ? L'impératrice a accueilli cette nouvelle avec joie. Elle-même s'était mariée jeune, à dix-neuf ans. Tous ses enfants le firent relativement tard : Élisabeth à vingt-sept ans, Charles-Louis à trente et un, Otto à trente-huit, Félix à trente-six, Rodolphe à trente-trois, Robert à trente-huit, Charlotte à trente-quatre ans. Sans doute parce que l'exil et la guerre les avaient longtemps privés de la fréquentation de jeunes gens de leur rang. Si Zita avait fait un mariage d'amour, et incite ses garçons et ses filles à en faire autant, elle les a élevés selon la règle traditionnelle : un membre de la maison de Habsbourg n'épouse pas qui le ferait déroger. Famille princière ou de haute lignée, catholique, partageant les mêmes valeurs : ce sont les conditions *sine qua non* pour que l'impératrice donne son assentiment. Non seulement il en fut ainsi, mais les tourments de la dislocation familiale, mal contemporain, épargnèrent généralement ses descendants.

En 1950, Zita franchit une nouvelle fois l'Atlantique : le 17 janvier, au château de Belœil, en Belgique, Charles-Louis épouse la princesse Yolande de Ligne. L'impératrice passe plusieurs mois sur le continent. Le 8 mai 1950, en compagnie de son frère Xavier, elle est reçue en audience privée par Pie XII. Elle profite aussi de son séjour pour rendre visite à ses trois sœurs religieuses à Solesmes.

A cinquante-huit ans, le 30 juillet 1950, Zita est grand-mère pour la première fois : fils aîné d'Élisabeth, Vinzenz de Liechtenstein inaugure la série de ses trente-trois petits enfants.

Otto, visitant cet été-là un hôpital en Bavière, y fit la connaissance d'une jolie infirmière. Régina était la fille du duc Georges de Saxe-Meiningen, déporté par les Soviétiques en 1945, et mort en Sibérie. A Noël, leurs fiançailles étaient officielles, et on faisait savoir que le mariage aurait lieu à Nancy. Exilé d'Autriche, Otto avait choisi l'ancienne capitale des ducs de Lorraine pour que son union eût lieu sous le regard de ses ancêtres.

Le 10 mai 1951, la préfecture de Meurthe-et-Moselle prend un air de capitale impériale. Autrichiens, Hongrois, Slovaques, Tchèques, Croates : neuf mille personnes — beaucoup en costume traditionnel — ont paisiblement envahi la cité. Quand Zita paraît au balcon du Grand Hôtel, place Stanislas, elle est acclamée par une foule de fidèles, qui ne l'ont jamais vue autrement qu'en photo. Sa précédente ovation publique par des compatriotes remontait à 1921, en Hongrie... Après trente ans d'exil, pour eux, elle est toujours souveraine.

Au matin du 10 mai, dans la basilique St. Epvre, une première messe réunit les fiancés et leur famille. Puis le mariage civil est célébré à l'hôtel de ville de Nancy. Le sénateur-maire, Lionel Pellerin, salue Otto : « Les malheurs et les peines n'ont pas manqué à votre jeunesse ; mais aux âmes fortes, les malheurs et les peines apportent la solidité du caractère et la bonté du cœur. Ces deux vertus, vous les trouverez tout au long de l'histoire chez les ducs lorrains, comme vous les avez trouvées auprès de vous, avec l'âme si noble de votre auguste père, avec la vigilante attention de Sa Majesté l'impératrice Zita, votre mère, dont la dignité a suscité le respect du monde entier, et que je me permets de saluer, au nom de la Lorraine, avec une particulière déférence. » La cérémonie religieuse se déroule dans la chapelle ducale de l'église des Cordeliers, bâtie au-dessus de la crypte funéraire des ducs de Lorraine. L'archiduchesse Régina porte, cadeau de sa belle-mère, le diadème que François-Joseph avait offert à Zita pour son mariage (bijou réchappé aux tribulations familiales). L'évêque de Nancy, Mgr Lallier, préside l'office. Au cours de son homélie, il se tourne vers les mariés : « Je pense à votre père, Madame, cruellement arraché aux siens, traîné d'un camp à l'autre et mourant dans la solitude et l'exil. Je pense, Monseigneur, à l'empereur Charles le Pacifique, si prématurément appelé, loin de sa patrie, à la maison de Dieu. Vous êtes des enfants isolés, éprouvés, orphelins de père et de patrie. »

A la sortie, un long défilé se forme. Pour les trois cents journalistes et photographes accourus du monde entier, c'est le plus pittoresque des spectacles. Mais pour les participants, il se joue quelque chose de plus fort. Musiciens tyroliens, étudiants des Landsmannschaften dans leurs tuniques à brandebourg, Hongrois en costumes de magnats, bourgeois de Vienne ou paysans de Styrie, archiducs et archiduchesses, princes et princesses, tous étaient venus pour une grande fête de la fidélité, manifestant contre vents et marées leur attachement à la maison de Habsbourg, qui se continuait.

Après ce mariage, Zita était retournée aux États-Unis. Mais elle s'y trouvait de plus en plus seule. Otto, après avoir habité près de Rambouillet, allait bientôt se fixer en Bavière, à Pöcking. Adélaïde, qui resta célibataire, travaillait en Europe pour des institutions caritatives. Charles-Louis dirigeait une banque à Bruxelles. Les trois autres frères devaient se marier à leur tour. En novembre 1952, à Beaulieu-sur-mer, Félix épouse la princesse Anna-Eugénie d'Arenberg ; il retourne ensuite gérer ses entreprises au Mexique. En juin 1953, à Tuxedo, Rodolphe s'unit à la comtesse Xénia Tchernyshev-Beszbrazov (issue d'une famille russe chassée par la révolution de 1917) ; après l'Amérique, sa carrière le conduit au Congo belge, puis à Bruxelles. En décembre 1953, à Bourg-en-Bresse, Robert épouse la princesse Margherita de Savoie, fille du duc d'Aoste ; banquier lui aussi, il habite à Bruxelles.

La dernière mariée est Charlotte, qui épouse en juillet 1956, à Pöcking, le duc Georges de Mecklembourg ; elle s'installe en Allemagne. Élisabeth et son mari vivent en Autriche.

Pour chaque cérémonie, l'impératrice se déplaçait depuis l'Amérique. Mais le centre de gravité de la famille se situait de nouveau sur le Vieux Continent. En 1952, très âgée, la mère de Zita tombe malade : raison supplémentaire pour se rapprocher d'elle. Depuis la fin de la guerre, la duchesse de Parme était installée au Luxembourg, au château de Berg. En 1953, Zita la rejoint, quittant définitivement sa maison de Tuxedo. En 1959, la duchesse Maria Antonia meurt, à l'âge de quatre-vingt-dix-sept ans. Elle est enterrée en Haute-Autriche, au château de Puchheim, propriété des Bourbons-Parme. Mais l'impératrice n'eut pas le droit d'assister aux obsèques de sa mère : la République autrichienne lui refusa l'accès de son territoire...

*

Zita n'exerçait plus aucune fonction publique. Néanmoins, intellectuellement curieuse, elle s'intéressait à l'actualité.

« Elle suivait la politique au jour le jour, raconte Otto de Habsbourg. A la fin de sa vie, avec sa haute intelligence, ma mère comprenait le monde moderne beaucoup plus qu'on ne le croit. J'ai fait des choses inacceptables pour des personnes ancrées dans le monde d'avant la Première Guerre mondiale. Or ma mère m'a toujours soutenu. » Zita s'est réjouie, en 1955, du traité d'État qui rétablissait la souveraineté autrichienne, mettant fin à l'occupation du pays. Chrétiens-sociaux et socialistes gouvernaient en alternance le petit État qui pansait ses plaies. Mais l'impératrice observait avec affliction le sort des peuples danubiens — ses peuples — prisonniers de l'empire soviétique. Et pour la reine de Hongrie, l'échec du soulèvement de Budapest, en 1956, sonna comme une heure cruelle.

Une autre épreuve l'attendait.

Otto visitait tous les continents, prononçant des conférences, écrivant articles et livres — politique, sociologie, histoire — traduits dans toutes les langues. Dans le monde entier, il était reconnu, respecté, écouté. Mais son pays natal lui restait interdit : sous la pression des socialistes, le traité de 1955 avait reconduit les lois anti-Habsbourg de 1919.

L'archiduc ne cessait de compter des partisans. Friedrich von Wiesner, diminué par la captivité dans les prisons nazies, était mort en 1951. Mais depuis 1947, sous la direction d'August Lovrek et de Karl Serschen, le mouvement monarchiste (Monarchistische Bewegung Österreichs) avait repris son élan. Et nombreux restaient les cadres du parti chrétien-social à manifester leur fidélité aux Habsbourg, et à défiler chez Otto, à Pöcking. D'après une estimation de l'époque, les idées monarchistes influençaient un demi-million d'Autrichiens.

Cependant, pour Otto, ce n'était pas suffisant. Il avait atteint les quarante ans. Dynamique, habité par la passion de la politique, il ne pouvait se résigner à un exil dont il ne voyait pas la fin. De plus, sa pensée avait évolué. L'Autriche était une République depuis deux générations ; les jeunes n'avaient pas connu l'empire. Cette société guérissait lentement du traumatisme de l'Anschluss et de la guerre. Renouer avec la dynastie ne pouvait plus survenir au nom de droits théoriques. Il fallait que les Habsbourg soient présents dans le pays, y jouent un rôle, rendent à l'Autriche de nouveaux services, y acquièrent une légitimité renouvelée. Otto ne serait pas un autre comte de Chambord.

En 1958, l'archiduc prit son parti. Le 21 février, il rédigea la déclaration suivante :

Pour être en mesure de rentrer dans ma patrie, je déclare en tant que citoyen autrichien, en mon nom et celui de mon épouse et de mes enfants mineurs, reconnaître les lois actuellement en vigueur en Autriche et me considérer comme fidèle citoyen de la République.

Ce fut le début d'une querelle juridique et politique qui enflamma l'Autriche pendant six ans. Le texte soumis par Otto convenait aux chrétiens-sociaux, mais pas aux socialistes, chez qui l'animosité à l'égard des Habsbourg demeurait un réflexe. Leur propagande fit croire qu'Otto exigeait la restitution de tous les anciens biens de la dynastie — alors que, au nom de la famille, il souhaitait seulement ouvrir des négociations au sujet du patrimoine privé. La situation bloquée, l'archiduc parapha une seconde déclaration, le 31 mai 1961 :

Je soussigné déclare renoncer expressément, en conformité avec le paragraphe 2 de la loi du 3 avril 1919, à ma qualité de membre de la maison de Habsbourg-Lorraine et à toutes revendications de souveraineté en découlant, et me reconnais fidèle citoyen de la République.

De navettes en navettes entre le gouvernement, le Parlement, le Conseil constitutionnel, le Conseil d'État et l'avocat d'Otto, Ludwig Draxler, le dossier connut maintes péripéties. Il provoqua même une crise politique : le parti socialiste, par le biais de sa toute-puissante centrale syndicale, menaça de déclencher une grève générale si l'archiduc foulait le sol du pays. En 1963, les murs d'Autriche se couvrirent d'affiches socialistes : « La République en danger ! » L'affaire se prolongea. C'est seulement en juin 1966 que fut remis à Otto de Habsbourg un passeport autrichien sans mentions restrictives, lui permettant de franchir la frontière [1]. Symbole de l'antique alliance entre la maison d'Autriche et le Tyrol, c'est dans cette province qu'il effectua son retour dans sa patrie. En octobre 1966, il fit une courte visite à Innsbruck. En juillet 1967, il se livra à une véritable tournée à travers toutes les vallées tyroliennes — fêté dans chaque village qui, avant-guerre, lui avait décerné la citoyenneté d'honneur.

Résidant en Bavière, Otto de Habsbourg se rendit dorénavant librement en Autriche. En 1972, à Vienne, une poignée de main historique avec le chancelier socialiste Bruno Kreisky (naguère le plus virulent de ses adversaires) enterra

1. Les démêlés juridiques entre les Habsbourg et la république d'Autriche ont continué après la renonciation d'Otto. En 1980, un jugement déclara que les lois de 1919 ne s'appliquaient pas aux membres de la famille nés après le renversement de la monarchie. En 1996, les archiducs Félix et Charles-Louis (nés avant 1918) ont signé une formule simplifiée de loyauté envers les institutions, agréée par le Parlement, qui leur a conféré le droit de pénétrer en Autriche. La Constitution interdit toujours à un membre de la maison de Habsbourg de postuler à la présidence de la République.

la hache de guerre. Mais de plus en plus, il se tourna vers un autre objectif : la construction européenne. Ce chemin, en 1979, le conduisit à adopter la nationalité allemande (tout en restant citoyen autrichien et citoyen hongrois), afin de se faire élire au Parlement de Strasbourg.

Après la renonciation d'Otto, en 1963, le mouvement monarchiste se transforma. Devenu Aktion Österreich Europa, rattaché au Mouvement paneuropéen de Richard Coudenhove-Kalergi, cette organisation suivit l'exemple du chef de la maison de Habsbourg, en mettant l'accent sur la vocation européenne de l'Autriche : une Europe chrétienne, où domineraient les valeurs conservatrices. L'idée monarchiste proprement dite, au fil des ans, s'est réduite à quelques formations bien vivantes, d'une haute tenue intellectuelle, mais sans influence décisive. La fidélité à la dynastie s'est cependant maintenue dans l'Autriche conservatrice — particulièrement au Tyrol — sur le plan des traditions, de la culture, du patrimoine historique. Elle reprendra un sens politique, vers 1989-1990, quand la fin du rideau de fer fera redécouvrir aux pays danubiens leur héritage commun, celui des Habsbourg.

« Je ne crois pas à des droits abstraits », avait dit Otto, en signant sa déclaration de renonciation. Zita se trouvait dans une position différente. Elle n'avait jamais eu à prétendre au trône : depuis 1916, elle *était* l'impératrice. L'archiduc avait arrêté sa décision sans consulter sa mère : il savait qu'elle la ferait souffrir. Tout comme elle fit mal à des milliers d'Autrichiens, qui, pour leurs convictions monarchistes, avaient milité, parfois connu la prison, la torture ou l'exil. Certains allèrent voir l'impératrice, afin qu'elle dissuade son fils de renoncer à la couronne. Jamais elle ne le désavoua : « Il a ses raisons ; c'est la grâce d'état. Je prie pour lui », répondait Zita, invariablement. Mais dans son for intérieur, que pensait-elle ? « Ma grand-mère était d'accord. Si elle ne l'était pas, on ne le saura jamais », dit aujourd'hui Karl de Habsbourg, le fils aîné d'Otto. En effet, l'impératrice n'a jamais rien dit ni écrit qui dévoile ses sentiments intimes à ce sujet. Il reste la logique des choses et des êtres. Pendant quarante ans, Zita avait vécu pour maintenir les principes de la monarchie austro-hongroise. Répondant au vœu de l'empereur Charles sur son lit d'agonie, elle avait élevé son fils aîné pour qu'il devienne empereur. Confident de l'impératrice dans ses vieux jours, le père Beda von Döbrentei consent cet aveu : « Je suis persuadé qu'elle n'était pas d'accord. Mais elle le garda pour elle. »

*

Depuis la mort de sa mère, Zita habitait alternativement chez ses enfants, en Belgique ou en Allemagne. Le 9 mai 1962, pour fêter ses soixante-dix ans, la famille se retrouva au complet, à Pöcking, chez Otto. Mais l'impératrice éprouvait le besoin d'un foyer à elle. Elle le trouva en Suisse, à l'abbaye St. Johann, à Zizers, dans les montagnes de Coire. L'Autriche était proche, où vivait Élisabeth. La Bavière aussi, où se trouvaïent Otto, Adélaïde et Charlotte. Robert, Charles-Louis et Rodolphe travaillaient à Bruxelles, mais leurs affaires les amenaient en Suisse. Quant à Félix, il était loin, de l'autre côté de l'Atlantique. La position géographique de Zizers apparut donc centrale. Dans cette dernière résidence, Zita vécut près de vingt-sept ans.

Ancien couvent, le St. Johannesstift est une maison de retraite tenue par des religieuses. Au deuxième étage, Zita occupe trois petites pièces disposant d'une véranda. Dans sa chambre, un lit, une table de chevet, une armoire, une table, une commode, une étagère — meubles qui appartiennent à l'abbaye. L'impératrice ne possède en propre que la décoration de ce modeste logis : un portrait à l'huile de l'empereur Charles, un tableau représentant la plaine hongroise, des aquarelles de vues alpestres, des photos de Charles, des enfants, des petits-enfants. Sur sa table, sa machine à écrire portable, dont elle ne se sépare jamais. Et des livres.

La comtesse Thérèse Kerssenbrock l'a suivie. Depuis 1917, elle ne l'a pas quittée. « Korffi », comme on la surnomme affectueusement, a élevé tous les enfants de Zita. Plus tard, lors des séjours chez l'un ou l'autre, elle a soigné bien des petits-enfants. Elle fait partie de la famille. Si bien qu'en 1968, pour ses quatre-vingts ans, tous se réunissent à Zizers — même Félix, venu du Mexique. Morte dans les bras de l'impératrice, en 1973, elle a eu droit à un honneur qui n'avait eu qu'un précédent dans la dynastie : tout comme la gouvernante des enfants de la grande Marie-Thérèse, la comtesse Fuchs, avait été enterrée dans la crypte impériale, la comtesse Kerssenbrock fut inhumée dans le nouveau caveau des Habsbourg, au couvent de Muri, en Suisse.

A Zizers, été comme hiver, Zita se lève à cinq heures du matin. Elle assiste à la messe. En prenant son petit déjeuner, elle écoute les informations à la radio, et lit les journaux : *Die Presse* (le quotidien conservateur de Vienne), *Le Figaro*, *The Herald Tribune*. Puis elle s'attaque à sa correspondance. Inlassable, elle tape elle-même ses lettres à la machine, n'écrivant à la main que dans les grandes occasions. La fin de la matinée s'écoule en visites aux pensionnaires de l'établissement. Après le déjeuner, courte sieste, suivie d'une longue promenade. En fin d'après-midi, Zita lit, écrit de nouvelles lettres, jusqu'à s'user les yeux. Dans la chapelle, elle participe à la récitation du chapelet. Après le dîner, souvent, elle entend de nouveau la messe. La soirée est courte. Occupée, quand sa vue sera abîmée, par la télévision.

Les journaux à grand tirage parlent d'elle régulièrement, mais en quelques lignes : que peut-on raconter sur une vie aussi lisse, aussi dépouillée ? L'impératrice ne se rend jamais aux invitations de l'Europe dynastique, et les Habsbourg, irréprochables, ne fournissent aucune matière à la presse à scandales. Toutefois, Zita vit retirée mais non recluse. Famille ou amis proches, les visites sont fréquentes. Chacun de ses grands anniversaires permet au clan de se rassembler. En 1972, pour ses quatre-vingts ans, le cardinal Mindszenty — martyr hongrois du communisme — célèbre une messe d'action de grâce.

Il arrive à l'impératrice de s'évader de Zizers, mais c'est toujours pour un motif familial ou religieux. En 1962, avec Thérèse Kerssenbrock, elle effectue un pèlerinage en Terre sainte. En 1967, à Lisbonne, elle assiste à la translation des cendres de sa grand-mère, la reine Adélaïde de Bragance. En 1968, elle se rend à Madère (c'est la première fois depuis 1922) pour la bénédiction d'un nouveau sarcophage de l'empereur Charles. La même année, lorsque la femme de

Rodolphe se tue en voiture, Zita, mère consolatrice, passe plusieurs semaines chez son fils. En 1970, quand Otto est élu membre associé de l'Académie des sciences morales et politiques, l'impératrice est présente à la cérémonie de réception de son fils, Quai Conti.

En 1971, en Bavière, elle a le bonheur d'assister au remariage de Rodolphe avec la princesse Anna Gabriele de Wrede. Cette joie compense mal la douleur de n'avoir pu, quinze jours plus tôt, suivre les obsèques de sa fille Adélaïde. Emportée par la maladie à cinquante-sept ans, l'archiduchesse fut enterrée à Tulfes, village tyrolien dont elle était citoyenne d'honneur. La république d'Autriche, appliquant les lois anti-Habsbourg de manière intraitable, interdit à une mère de venir prier sur la tombe de son enfant.

Le 1er avril 1972, pour le cinquantième anniversaire de la mort de Charles, Zita se trouvait de nouveau à Madère. Dans le cadre de la procédure de béatification de l'empereur, une identification des restes était nécessaire. Robert et Charles-Louis restèrent en ville avec leur mère ; seuls Otto et Rodolphe, dans l'église Nossa Senhora do Monte, assistèrent à l'ouverture du cercueil, avec l'émotion que l'on devine. L'impératrice, trois fois encore, ira à Rome : en 1975, à l'occasion de la canonisation de trois Autrichiens par Paul VI ; en mai 1979, pour une audience privée avec Jean-Paul II, rencontre réitérée en janvier 1984.

Le nombre de ses petits-enfants croît au fil des ans. Grand-mère au sourire débonnaire, d'une rare agilité d'esprit pour son âge, Zita suscite l'affection de chacun d'eux, et un respect immense. Aïeule qui adoucit les malheurs, elle séjourne quelques mois chez Rodolphe, à Bruxelles, quand celui-ci a la douleur de perdre un fils de douze ans dans un accident de bicyclette.

En 1976, à Bruxelles, Zita assiste au premier mariage d'un de ses petits-enfants, l'archiduc Rodolphe, fils aîné de Charles-Louis. En 1977, à quatre-vingt-cinq ans, elle est arrière-grand-mère pour la première fois. Dans la mesure du possible, tant qu'elle peut se déplacer, elle est là pour les mariages ou les baptêmes. Certains de ses petits-enfants contractent des unions au sein de familles d'excellent milieu, mais d'origine roturière. François-Joseph n'eût pas accepté ces mariages, mais sur ce plan-là, l'impératrice a dû se plier à l'époque.

Toutefois, en 1982, Christian (le deuxième fils de Charles-Louis) épouse sa cousine Marie-Astrid, fille du grand-duc de Luxembourg. En 1984, Lorenz (le fils aîné de Robert) se marie avec la princesse Astrid de Belgique, fille du prince Albert (l'actuel roi des Belges). Lors de ces cérémonies, le protocole place l'impératrice d'Autriche et reine de Hongrie bien avant maintes têtes couronnées, et Zita siège au milieu de l'Europe princière.

Sont-ils nombreux, ceux qui peuvent afficher autant de liens dynastiques ? Fût-ce par alliance, Zita possède un lien de parenté, à l'exception des lignées protestantes, avec presque toutes les maisons souveraines du Vieux Continent : Habsbourg-Lorraine, Bourbons-Parme, Bragance (Portugal), Bourbons-Sicile, Liechstenstein, Wettin (Saxe), Wittelsbach (Bavière), Saxe-Cobourg-Gotha (Belgique), Nassau (Luxembourg), Saxe-Cobourg-Gotha (Bulgarie), Savoie, Bourbons-Espagne, Bourbons-Orléans, Saxe-Meiningen. A ces familles régnantes ou ayant régné, il faut ajouter de multiples maisons princières ou ducales. Zita, à la fin de sa vie, est la grand-mère de l'Europe.

*

L'impératrice avait toujours été d'un tempérament disert. Sa conversation pouvait briller par l'humour ou la vivacité de ses reparties. Néanmoins, elle restait discrète. Elle en savait beaucoup, pourtant, sur l'Autriche et la Hongrie, sur l'empereur Charles et son action. Sa mémoire demeurait d'une infaillible précision. Octogénaire, elle constata que, la roue du temps ayant tourné, certains secrets d'État de sa jeunesse ne relevaient plus que de l'histoire. Et ces secrets allaient se perdre avec elle. Alors, elle décida de parler.

Deux hommes surent gagner sa confiance. D'abord un Anglais, Gordon Brook-Shepherd. Journaliste et historien, il prépara en 1966-1968 une biographie de l'empereur Charles. Zita et Otto lui ouvrirent leurs archives, l'impératrice lui livra ses souvenirs. Paru à Londres en 1968, *The Last Habsburg* constituait un ouvrage pionnier, par ce qu'il contenait d'inédit, mais aussi par l'esprit qui l'animait. Alors que la littérature sur l'Europe centrale, dans les pays occidentaux, brillait par son hostilité envers les Habsbourg, Brook-Shepherd replaçait le règne de Charles Ier dans sa perspective essentielle : l'aventure d'un souverain qui n'aspira qu'à arracher son pays à la guerre.

Le second confident fut Erich Feigl. Pour la télévision autrichienne, ce journaliste viennois tourna avec l'impératrice un documentaire d'une heure. Diffusée le 21 décembre 1972, l'émission fut un choc. Depuis quarante ans, pour le grand public, le chef des Habsbourg, c'était Otto. Sa mère avait quitté le pays en 1919. Beaucoup la croyaient morte. D'aucuns, restés sur les images de la propagande nationale-allemande, la croyaient italienne — son prénom méditerranéen n'y étant pas étranger. D'autres encore pensaient qu'elle ne parlait que le français. Ce fut une surprise de découvrir la vieille dame en noir, s'exprimant sans notes devant la caméra, dans l'allemand très pur du Schönbrunn d'avant 1918. La stupéfaction vint surtout de son discours, version de l'histoire méconnue en Autriche, occultée par les manuels d'enseignement : les initiatives de l'empereur Charles en faveur de la paix, ses idées sociales, le combat de la famille exilée pour l'indépendance du pays. L'émission devint un livre en 1975. Constamment enrichie, cette biographie, véritable best-seller, en est à sa cinquième édition.

*

Le 9 mai 1982, Zita fête ses quatre-vingt-dix ans. Pour son anniversaire, la famille se trouvait une nouvelle fois réunie à Zizers. Ce jour-là, la radio autrichienne l'interviewa, et la télévision rediffusa le film de Feigl. Mais le plus beau des cadeaux lui fut offert deux jours plus tard : le quotidien viennois *Die Presse* annonça que l'impératrice avait le droit d'entrer en Autriche. Sans conditions.

En 1980, un de ses petits-fils vivant à Madrid était allé voir Juan Carlos, le priant d'intervenir auprès des autorités autrichiennes. Le roi d'Espagne avait rencontré le chancelier Bruno Kreisky, qui passait régulièrement ses vacances à Majorque. Le 4 mai 1982, interrogé par un journaliste à la sortie du Conseil des ministres au sujet d'un éventuel retour de l'impératrice, Kreisky avait répondu : « Si c'est juridiquement possible, nous trouverons une solution humaine. » C'était juridiquement possible. En février 1980, un jugement de la Haute Cour de justice administrative avait statué que la loi d'avril 1919 n'était applicable qu'aux membres de la maison de Habsbourg-Lorraine qui auraient pu prétendre au trône jusqu'en novembre 1918. N'étaient concernés ni ceux qui étaient nés après cette date, ni ceux qui, entrés dans cette maison par le mariage, étaient exclus de la succession dynastique. Zita pouvait pénétrer en Autriche sans signer de déclaration de renonciation. C'était reconnaître que l'exil lui avait été imposé, soixante-trois ans durant, en vertu d'une interprétation de la loi maintenant condamnée. Son bannissement, *a posteriori*, apparaissait illégal... Mais l'impératrice, en 1982, n'avait plus l'âge des revendications. Revenir dans son pays lui procurait une joie si profonde qu'elle dissipait toute amertume : elle écrivit à Kreisky pour le remercier. Dans son discours d'adieu au Parlement, en 1983, le vieux lutteur socialiste évoqua cette lettre avec émotion.

Le 16 mai 1982, avec son seul passeport — un document espagnol établi avant-guerre au nom de la comtesse de Bar — Zita franchit la frontière à Feldkirch : là même où elle avait quitté l'Autriche, le 24 mars 1919. Incursion d'une journée, en compagnie de sa fille Élisabeth et de son gendre, le temps d'aller se recueillir sur la tombe d'Adélaïde, à Tulfes, et de passer par Innsbruck. Visite furtive, sans comité d'accueil.

Son véritable retour se fit pas à pas, ce qui peut s'entendre littéralement, puisqu'elle marchait dorénavant appuyée sur deux cannes. De 1982 à 1988, l'impératrice passa tous les étés chez sa fille Élisabeth, au château de Waldstein, en Styrie. Lors de son premier séjour, elle effectua un pèlerinage à Mariazell, centre spirituel de l'Autriche, où une petite foule l'accueillit. Lettres, télégrammes et demandes d'audience témoignaient déjà d'un engouement populaire pour sa personne.

Mais son triomphe éclata à Vienne. Le 13 novembre 1982, elle devait assister à une messe célébrée dans la cathédrale Saint-Étienne. L'événement annoncé par les journaux, la police s'attendait à une assistance d'environ trois mille personnes. Or au jour dit, à l'heure dite, près de vingt mille Autrichiens se pressaient à l'intérieur de Stefansdom, sur l'esplanade et dans les rues alentour. La circulation bloquée, la sécurité débordée, il fallut mobiliser les unités spéciales antiémeutes. Reçue sous le porche par Mgr König, cardinal-archevêque de Vienne, l'impératrice fut ovationnée par une multitude de tous âges et de toutes conditions. Agenouillée au milieu de l'immense vaisseau de pierre, elle était toute gratitude : elle avait retrouvé sa capitale, Dieu avait exaucé ses soixante-trois années de patience. A la sortie, ce fut une incroyable bousculade. On eut peur pour elle : la foule était si dense que Zita peinait à regagner son véhicule. « Tous, se souvient Karl de Habsbourg, voulaient parler avec elle, la toucher ; pour un peu, ils auraient pris une de ses cannes, comme une relique. »

En 1983, Zita effectua encore sept visites en Autriche. Les plus spectaculaires eurent lieu au Tyrol (en mai à Innsbruck, en septembre à Lienz). Dans cette province au particularisme si fort, qui ne manque jamais de marquer sa différence avec « Vienne la rouge », les autorités avaient invité l'impératrice de façon officielle. Le maire d'Innsbruck et le gouverneur Eduard Wallnöfer — seigneur paysan qui dirigea le Tyrol pendant un quart de siècle — saluèrent Zita de son titre de « Majesté », contrevenant sans trouble aux lois de la République autrichienne. Un groupe d'étudiants gauchistes protesta, en brandissant une banderole. Mais au pays d'Andreas Hofer, les hommes ont le sang chaud, et la dialectique musclée : quelques arguments frappants firent déguerpir les contestataires. Au Bergisel, le mont sacré du patriotisme tyrolien, au pied de la statue de Hofer, l'impératrice passa en revue les compagnies de Schützen, les tirailleurs tyroliens. Quelques très anciens, en 1917, avaient servi sous les ordres de l'empereur Charles. Les larmes coulaient sur leur barbe blanche, pendant que la fanfare jouait le vieil hymne impérial...

Au cours de ces années, Zita fit sensation, à propos du drame de Mayerling. En mars 1983, dans une série d'entretiens publiée par le quotidien populaire *Kronenzeitung*, l'impératrice soutint que la mort de l'archiduc Rodolphe, en 1889, n'avait pas été un suicide, mais un assassinat politique [1]. Le prince héritier aurait été engagé à s'associer à une conspiration contre son père, François-Joseph, afin de rompre l'axe austro-allemand et de conclure une nouvelle alliance entre Vienne et Paris. Derrière cette machination : Clemenceau. Ayant refusé, Rodolphe aurait été exécuté par des agents secrets. Cette thèse, à vrai dire, a souvent été défendue en Autriche. L'impératrice basait sa conviction sur une relation des faits venue du frère de François-Joseph, l'archiduc Charles-Louis — à qui Rodolphe aurait révélé le complot —, version transmise à sa femme, l'archiduchesse Marie-Thérèse, qui l'aurait elle-même rapportée à Charles et Zita. Malheureusement, de l'aveu même de l'impératrice, les preuves de ces allégations étaient toutes « disparues ou introuvables ». Du strict point de vue de la science historique, force est de convenir que ses affirmations n'apportaient rien. Pourtant, dans sa personnalité, tout excluait la pratique du mensonge. Alors ? La question reste ouverte.

*

Après 1983, ses déplacements sont de plus en plus espacés. Bientôt, ses forces ne lui permettent plus de voyager. Si son esprit reste vif, sa santé décline. Sa vue surtout. Pour l'aider dans sa correspondance — qu'elle dicte maintenant — et pour lui faire la lecture, elle dispose d'une nouvelle dame de compagnie, la baronne Maria Plappart. En 1982, se souvient Erich Feigl, Zita possédait encore un visage très jeune, avec une chevelure qui n'était pas entièrement grise : « Rayonnement mystérieux d'une femme de quatre-vingt-dix ans. » Quand il la revoit, quatre ans plus tard, en 1986, l'air de jeunesse s'est évanoui. Reste l'impression d'une force spirituelle invincible : une créature prête à retourner à son Créateur. « Si le bon Dieu vient

1. En France, la thèse de Zita a été exposée dans *Elisabeth d'Autriche*, de Jean des Cars (Perrin, 1983).

me chercher, confie-t-elle à son petit-fils Vinzenz, je serai enfin de nouveau avec Charles. »

A Zizers, le 9 mai 1987, pour ses quatre-vingt-quinze ans, une nouvelle fête réunit sa descendance presque au complet : sept enfants et trente-trois petits-enfants, leurs conjoints, une trentaine d'arrière-petits-enfants. L'impératrice est à peu près aveugle. L'après-midi, sur la pelouse, les plus jeunes organisent entre eux un match de football. Les jambes enveloppées dans une couverture, assise à l'ombre, elle écoute. A côté de sa grand-mère, Karl de Habsbourg commente : « C'est Lorenz qui a la balle. Il tire... but ! Dominik s'est fait surprendre. — Dominik, interrompt doucement l'aïeule, il est bien à Andrea ? — Oui, à Andrea... »

Le 9 mai 1988, le père Beda von Döbrentei célèbre la messe d'anniversaire. Il débute son homélie en donnant à Zita son titre traditionnel : « Votre Majesté impériale, royale et apostolique... » Et dans les yeux vides de la très vieille dame, perlent des larmes. La dernière. Oui, elle est la dernière impératrice. Roosevelt, Churchill ou de Gaulle, tous les grands noms de la Seconde Guerre mondiale ont disparu depuis longtemps ; et elle, qui a régné pendant la Première Guerre mondiale, est toujours là. Oui, elle est la dernière de sa génération. Compagnon de jeu de son enfance, l'archiduc Maximilien (le frère de Charles) est mort. Tous ses demi-frères et sœurs, nés du premier mariage de son père, sont morts. Adélaïde, Franziska et Maria Antonia, ses trois sœurs religieuses à Solesmes, sont mortes. Isabelle et Henriette, ses autres sœurs, sont mortes. Ses frères ? Félix, René, Louis et Gaëtan sont morts. Et aussi Xavier, le complice de toujours, décédé ici, à Zizers, il y a une dizaine d'années : à ses obsèques, fait rarissime, on l'a vue sangloter. Elle est la dernière. Pourquoi rester ?

L'été 1988, lors de son dernier séjour à Waldstein, l'impératrice contracte une pneumonie. L'extrême-onction lui est administrée. Fausse alerte : à l'automne, elle retourne à Zizers. Intellectuellement lucide, mais physiquement diminuée. Totalement aveugle, ne pouvant plus marcher, elle ne sort de son appartement que pour aller à la messe, poussée sur une chaise roulante.

1989. Zita a bientôt quatre-vingt-dix sept ans. Mais à la fin du mois de février, elle s'affaiblit brusquement. Elle téléphone à Otto : « Je vais bientôt mourir. Viens me voir. » Il vient. De quoi veut-elle parler ? Du passé ? Non, du présent, de l'avenir. Celui de l'Europe de l'Est. L'archiduc a justement prévu de se rendre en Hongrie dans quelques jours. Le peut-il ? « Oui, naturellement. » Quelques jours plus tard, l'impératrice ne s'alimente quasiment plus. Et ne parle plus. Ultime joie, un appel téléphonique de Budapest : Otto. Il a été magnifiquement reçu. Un chauffeur de taxi a refusé qu'il lui règle le prix de la course, en lui disant : « C'est un honneur pour moi, Sire, d'avoir transporté Votre Majesté. » Le rideau de fer se lézarde, on entrevoit la fin du communisme.

Les Habsbourg en Hongrie, la liberté pour les peuples danubiens ? Dieu est grand ! Il faut le rejoindre, mission terminée...

A Zizers, la femme d'Otto (l'archiduchesse Régina), Charles-Louis, Rodolphe et leurs femmes se relaient. Zita reçoit de nouveau les derniers sacrements. Paisible, sereine, elle attend la mort. Le 10 mars, elle entre dans le coma. Son agonie prend fin le 14 mars 1989. A 1 h 40 du matin, la dernière impératrice d'Autriche et reine de Hongrie a rendu l'âme.

16

Impératrice courage

Revanche posthume sur son destin de proscrite, Zita eut droit à l'hommage de tout un peuple. En ce printemps 1989, la République autrichienne, bourgeoise septuagénaire, n'ambitionnait que d'entrer dans la Communauté européenne. Si le système soviétique vacillait déjà, le mur de Berlin se dressait encore. Mais défiant les aléas du siècle, pour saluer celle qui avait maintenu haut l'idéal des Habsbourg, Autrichiens et Hongrois, le temps d'un enterrement, comme dans un rêve, ressuscitèrent la gloire de l'empire.

Avant même son décès, quand les médecins de Zizers eurent jugé l'issue inéluctable, un comité s'était constitué à Vienne. Quinze jours durant, il prépara les funérailles de l'impératrice. La date retenue fut le samedi 1er avril 1989, anniversaire de la mort de l'empereur Charles. Sans moyens financiers, animé par des bénévoles, ce comité mit au point le plus émouvant, le plus somptueux des spectacles, où chaque détail aurait valeur de symbole. Spectacle ? Que le mot ne choque pas. Il faut le prendre au sens propre : au pays du baroque roi, la sacralisation de la mort, sa représentation visible, constituent une règle.

Cet enterrement — on se force à le rappeler, mais cette inélégante question fut posée — ne coûta pas un schilling au contribuable autrichien : ses frais furent assumés par les Habsbourg. Cet enterrement privé valut cependant des obsèques nationales. Famille, invités, autorités civiles et religieuses, associations, il fallait mobiliser, coordonner, organiser le parfait déroulement de fastueuses cérémonies. Car Zita fut accompagnée jusqu'à sa dernière demeure avec la pompe réservée aux souverains. Elle l'avait elle-même souhaité. Il ne s'agissait pas seulement de porter en terre celle qui, toute sa vie, avait vécu avec simplicité. Au-delà de sa personne, ce serait un salut au principe qu'elle avait incarné.

Le 14 mars, à l'hôpital de Coire, son corps fut embaumé. Conformément à la tradition impériale, son cœur fut prélevé et déposé dans une urne. Sa dépouille mortelle, après avoir reposé au couvent de Muri, en Suisse, dans la crypte des Habsbourg, fut emmenée le 28 mars à l'abbaye de Klosterneuburg, à vingt kilomètres de Vienne. Dans l'église abbatiale, la couronne archiducale d'Autriche — conservée dans le trésor du monastère — fut déposée sur le cercueil drapé de noir. Pendant un jour et demi, vingt mille personnes défilèrent devant le catafalque. Le 30 mars, le Jeudi saint, le père abbé de Klosterneuburg célébra la messe en présence de tous les descendants de Zita. L'office terminé, le cercueil fut transporté dans la capitale.

Dans la cour intérieure de la Hofburg, ce furent les nouvelles générations qui accueillirent la vieille impératrice : étudiants des Landsmannschaften et, venus des lycées et facultés, des centaines de jeunes. En cortège, portant des flambeaux, ils accompagnèrent le fourgon mortuaire jusqu'à la cathédrale Saint-Étienne. Jusqu'au samedi matin, se relayant nuit et jour dans Stefansdom, les corporations étudiantes et les scouts hongrois montèrent une garde d'honneur autour du catafalque. Le sanctuaire restait ouvert pour la foule des anonymes. Ils patientaient pour s'incliner un à un devant le corps de Zita : sur les registres, on compta près de cent cinquante mille signatures. Autour de la cathédrale, les couronnes de fleurs s'amoncelaient.

Samedi 1er avril. Journalistes et télévisions sont venus du monde entier. A Paris, ce matin-là, le portrait de Zita illustre la couverture du *Figaro Magazine* : « L'Europe dit adieu à sa dernière impératrice. » Le soir même, sur Antenne 2, Frédéric Mitterrand commente en différé un événement surprenant pour les Français : un pays communiant dans les fastes d'une monarchie disparue. La télévision autrichienne retransmet en direct les quatre heures de cérémonie. Et pourtant : cent cinquante mille personnes se pressent dans les rues de Vienne. « Un cœur pour Zita », proclame une banderole.

Quinze heures. Dans la nef de la cathédrale ont pris place deux cents Habsbourg. Et de célèbres visages du gotha : le prince et la princesse de Liechtenstein, le grand-duc et la grande-duchesse de Luxembourg, le comte de Barcelone (père du roi d'Espagne), le prince Albert (futur roi des Belges), le roi Fouad d'Égypte, les princes héritiers de Monaco, du Maroc et de Jordanie. Mais aussi la famille de Bourbon-Parme et les princes des Deux-Siciles, la comtesse de Paris et son fils le duc d'Orléans, le duc d'Aoste et le duc de Bragance, ou les chefs des anciennes maisons souveraines d'Allemagne, le duc de Bavière, le duc de Wurtemberg, le duc de Saxe, le prince de Hanovre, le margrave de Bade, le grand-duc de Hesse ou le prince de Hohenzollern. Sont venus encore les héritiers des lignées princières de l'ancien empire, aux noms prestigieux : Hohenberg, Thurn und Taxis, Metternich, Waldburg, Auersperg, Starhemberg. A leur rang protocolaire se tiennent les autorités de la république d'Autriche : le chef de l'État, Kurt Waldheim ; le vice-chancelier, Alois Mock ; des députés par dizaines ; les gouverneurs de province. Les Hongrois sont nombreux. Mais les délégations du Tyrol du Sud, du Trentin, de Transylvanie, de Bohême, de Slovaquie, de Croatie, de Bosnie traduisent des fidélités inaltérées.

Recouvert du drapeau impérial, le catafalque a été installé face au maître-autel. Posées sur deux coussins, les décorations de Zita : dame de l'ordre souverain de Malte, dame de l'ordre de la Croix étoilée, grande-maîtresse de l'ordre de Marie-Thérèse.

Solennel, poignant, le chœur s'élève : « *Requiem aeternam dona eis Domine...* » Lui aussi, Mozart salue la dernière impératrice. Le cardinal-archevêque de Vienne, Mgr Groër, a revêtu les ornements sacerdotaux utilisés pour les obsèques de François-Joseph. Il monte à l'autel en présence du primat de Hongrie, de trente évêques ou archimandrites, du père abbé de Solesmes. Le nonce apostolique, se tournant vers Otto de Habsbourg, donne lecture d'un message de Jean-Paul II : « Le pape conserve le souvenir des témoignages impressionnants de foi et de piété chrétienne dont a fait preuve l'impératrice défunte, et, à la lumière des promesses augustes du Christ ressuscité, étend sa bénédiction apostolique à tous les membres de sa famille et à tous les participants au rite de funérailles. » Mgr Groër prononce l'homélie : « Cet enterrement n'est pas l'enterrement de notre histoire : rien ne peut être enterré de l'amour et de la fidélité, et de tout le bien que les hommes de notre pays ont fait, ont donné. » Les intentions de la prière universelle sont lues en allemand, en tchèque, en hongrois, en croate, en italien, en slovène et en polonais. A la fin de la messe éclate l'hymne royal hongrois, et le *Gott erhalte*. C'est la première fois depuis soixante ans que l'hymne impérial est chanté sous ces voûtes. Dans les yeux d'Otto de Habsbourg, des larmes discrètes...

Dehors piaffent les chevaux attelés au corbillard qui jadis transporta la dépouille de François-Joseph. Signe de gratitude de la dynastie envers les fils d'Andreas Hofer, six capitaines de Schützen tyroliens ont été désignés pour porter le cercueil. D'un pas lent, ils remontent la nef, puis sortent sur le parvis. Le bourdon de la Pummerin retentit : cette cloche, fondue en 1711 avec le bronze de cent quatre-vingts canons pris aux Turcs, ne sonne que les grandes heures de l'Autriche.

Formé depuis midi, le cortège a essuyé l'orage qui a grondé pendant la messe. Mille cinq cents uniformes, ruban humain de quatre cents mètres. Étudiants des Landsmannschaften avec leurs dolmans chatoyants, leurs bottes et leurs sabres d'apparat ; fanfares aux cuivres étincelants ; compagnies de tirailleurs tyroliens aux couleurs de leurs vallées ; gardes municipales dans leurs tenues de tradition : c'est la vieille Autriche qui défile. La Trabantleibgarde de St. Veit, en Carinthie — seule unité de l'ancienne monarchie qui n'ait jamais été dissoute — porte l'uniforme de la garde de François-Joseph. Sur son étendard jaune et or, orné de l'aigle bicéphale, et dans les plis des dizaines d'autres drapeaux, flottent des splendeurs séculaires.

Otto de Habsbourg et son fils aîné, Karl, conduisent le cortège. Suivent la famille, les invités princiers, le corps diplomatique, les chevaliers de la Toison d'or, et les autres ordres de chevalerie : Malte, Saint-Lazare de Jérusalem, Saint-Sépulcre. Par le Graben et Kohlmarkt, le trajet longe la Hofburg, puis tourne devant l'Albertina, pour rejoindre l'église des Capucins. Là, Zita va rejoindre douze empereurs, seize impératrices, plus de cent archiducs et archiduchesses.

Les Tyroliens tirent le cercueil du corbillard. Le cérémoniaire attendait devant l'église. Deux fois il frappe en vain à la porte. Ce n'est qu'à la troisième supplique que s'ouvre le sanctuaire : « Qui demande la permission d'entrer ? — Zita, un être mortel et pécheur. » Le cardinal König, ancien archevêque de Vienne, préside l'absoute. Précédé de moines brandissant des torches, le cercueil est ensuite descendu dans la crypte impériale. Faute d'espace, seulement sous le regard des enfants de Zita, de dix de ses petits-enfants, et de quelques fidèles. Sur l'Albrechtsrampe, le canon tonne vingt et une fois.

*

Le chancelier Franz Vranitzky ne vint pas. A un journaliste, il avoua que ses convictions socialistes lui interdisaient de se lever pour écouter l'hymne impérial. Zita fut colonel du 16e régiment impérial et royal de hussards. A ce titre, un peloton présenta les armes au passage du cortège funèbre : les Jeunesses socialistes protestèrent contre la participation de l'armée de la République aux obsèques de « Madame Zita Habsbourg, une personne privée ». Les mêmes, les jours auparavant, distribuaient des tracts dans Vienne : « Le bon vieux temps ? Sept millions de morts, exécutions de masse, semaine de travail de soixante-dix heures, emploi des gaz de guerre, travail des enfants, misère des masses, dictature : responsable de tout cela, la maison de Habsbourg. » Les téléspectateurs remarquèrent aussi l'agacement du commentateur de service, lorsque le nonce du pape donna à Otto son titre d'« Altesse impériale et royale ».

Maire socialiste de Vienne, Helmut Zilk prit néanmoins part à la cérémonie. Sur la couronne qu'il avait fait porter, se lisait la devise de Joseph II : *Pietate et concordia*. Les frères d'Otto n'ayant pas signé de déclaration de renonciation séjournèrent illégalement dans le pays, mais nul ne leur fit de difficultés. Le vice-chancelier Mock eut un beau mot : ces obsèques avaient été « la réconciliation de l'Autriche avec l'histoire ».

Le cœur de Zita, en décembre 1989, fut scellé dans la crypte de Muri, avec celui de l'empereur. Dans la crypte des Capucins, son cercueil fut inhumé dans un sarcophage en étain, d'une beauté nue — depuis, régulièrement fleuri. Otto de Habsbourg avait fait sculpter deux sarcophages identiques. A côté de l'impératrice, l'emplacement est réservé : un jour, dans leur capitale, Charles et Zita reposeront ensemble. Ce jour-là, l'Autriche sera totalement réconciliée avec son histoire.

Deux jours après les funérailles à Vienne, le cardinal-primat de Hongrie, Mgr Paskai, célébrait à Budapest une messe de requiem pour Zita, dans l'église Mathias, là même où elle avait été couronnée. L'édifice était trop petit pour contenir les dix mille Magyars qui assistèrent à la cérémonie, et acclamèrent ensuite Otto et ses fils. Depuis un mois, un cinéma projetait un film sur la vie de l'archiduc : la salle ne désemplissait pas. Au mois d'août suivant, le Mouvement paneuropéen d'Otto de Habsbourg organisait un pique-nique géant, à la frontière austro-hongroise. Les barbelés furent coupés, et six cents Allemands de l'Est (réfugiés en Hongrie) passèrent en Autriche. Le 10 septembre 1989, la Hongrie était le premier État du bloc socialiste à ouvrir ses frontières. A l'Est, le vent de la liberté s'était levé.

A Budaörs, là où le putsch royaliste d'octobre 1921 avait échoué, la rue Karl Marx a été rebaptisée. Elle s'appelle maintenant la rue du roi Charles. La Hongrie aussi se réconcilie avec son histoire.

Au centre de ce travail de mémoire, les Habsbourg. La décennie 1990 a vu l'éclosion d'une véritable nostalgie pour l'époque où tant de peuples si divers, par la langue ou la religion, cohabitaient paisiblement au sein de la Double Monarchie. Beaucoup ont compris que sa destruction avait valu à l'Europe centrale le règne succcessif du nazisme et du communisme. A la suite de l'écroulement de l'empire soviétique, ces pays ont commencé à redécouvrir leur héritage commun. Comme l'avait écrit François Fejtö, « l'idéologie par laquelle on a essayé de transformer l'"homo habsburgiensis" en un nouveau type d'homme, l'"homo sovieticus", passe sur eux sans les changer fondamentalement ». Zita, dernière impératrice d'Autriche-Hongrie, symbole vivant, n'avait cessé de témoigner pour la solidarité des nations danubiennes. La roue du temps ne revient pas en arrière. S'il est stérile de pleurer à l'infini ce qui a disparu, il n'est pas inutile, en revanche, de méditer sur ce qui peut renaître. L'Autriche-Hongrie, idée d'avenir ? « Il est nécessaire, souligne Pierre Béhar, de renverser du tout au tout les modes de penser courants depuis 1919. Le problème du déséquilibre européen ne vient pas de la réunification, naturelle et donc normale de l'Allemagne. Il vient de la destruction de l'ensemble austro-magyaro-slave qui le contrebalançait. Puisqu'il était vain de tenter de s'opposer à la réunification allemande, le seul moyen de rétablir l'équilibre européen est de restaurer le complexe danubien. » On ne construit rien de durable si on méconnaît les leçons du passé. Puisse la figure de la dernière impératrice éclairer ce débat.

*

Karl Werkmann avait écrit, à propos de Zita : « Son mari, sa mère et ses frères et sœurs exceptés, elle n'a jamais accordé à personne le droit de scruter les replis de son cœur et de son esprit. » Cette remarque, qui date des années 1920, est confirmée par les témoins plus récents. L'impératrice s'est confiée, plus qu'elle ne s'est confessée. Trop de pudeur, trop de dignité pour les étalages psychologiques. Le biographe de Zita doit donc borner son champ d'investigation au domaine public.

Ce qui force l'admiration, dans cette vie, c'est sa rare cohérence. Après une jeunesse heureuse, en l'espace de huit années, l'impératrice connut les pires épreuves : la guerre, l'accession prématurée au trône, l'échec des plans de paix, une campagne de dénigrement dans son propre pays, l'effondrement de la monarchie, le bannissement, l'échec de la restauration en Hongrie, la relégation à Madère, le veuvage à trente ans, avec huit enfants. Après un certain retour à l'équilibre par l'exercice de la maternité, revinrent les tourments : l'Anschluss, une nouvelle guerre, un exil encore plus lointain.

L'exil, toujours l'exil — un exil que son fils Otto exorcisa en renonçant à ce pour quoi elle l'avait élevé.

Un tel fardeau aurait terrassé n'importe qui. Zita, impératrice Courage, n'a jamais fléchi. Elle n'a jamais douté. Ni de l'Autriche, ni de la Hongrie, ni de sa famille, ni de la mission de celle-ci. Plus remarquable encore, l'amertume lui fut étrangère. Étonnamment solide, étonnamment jeune d'esprit tout au long de son existence, elle sut faire face, tout en s'adaptant aux réalités.

Raisons de cette force ? D'abord sa foi catholique. Une foi totale, inébranlable. Si l'espérance est une vertu cardinale, elle le fut au plus haut degré chez Zita. Deuxième spécificité : son caractère. A des années-lumière de l'individualisme contemporain, l'impératrice vécut pour les autres avant de vivre pour elle. A rebours de l'hédonisme du siècle, chrétienne, souveraine, épouse, mère, grand-mère, elle eut la religion du devoir et non celle du plaisir ; très exactement, son plaisir fut de faire son devoir...

Sa ténacité politique découlait de ses principes. Zita était de ceux qui professent que les mécanismes de l'histoire sont héroïques. Elle pensait que la volonté, la puissance des idées, la connaissance sereine des lois des sociétés peuvent vaincre la fatalité, peuvent démentir les faux déterminismes qui justifient tous les abandons. Par exemple, quand tout le monde finissait par croire le communisme invincible et son expansion inéluctable, l'impératrice restait persuadée que ce système s'écroulerait un jour. Les nations sont peut-être mortelles, savait-elle, mais les idéologies plus encore, parce qu'elles violent la nature des choses.

A ceux qui ne se résignent pas au goût de notre époque pour le superficiel et l'éphémère, à ceux qui se fondent sur les permanences de l'homme et de l'histoire, l'impératrice Zita trace un modèle.

Remerciements

Que reçoivent ici l'expression de ma gratitude :

Pour avoir édité ce livre, François-Xavier de Vivie et Xavier de Bartillat.

Pour les entretiens qu'ils m'ont accordés, Mgr Kurt Krenn, l'archiduc Otto de Habsbourg, l'archiduc Karl de Habsbourg, le prince Vinzenz Liechtenstein, le prince Sixte-Henri de Bourbon-Parme, le père Beda von Döbrentei, Erich Feigl.

Pour l'aide qu'ils m'ont apportée pendant mes recherches, l'archiduc Carl-Christian de Habsbourg, Johannes R. Parsch, Mme Périsson-Waldmüller, Walter Prüller, Heinrich Schuschnigg, Walter Tinkl.

Pour ses conseils linguistiques, Jürgen Athen.

Pour l'amitié vigilante avec laquelle il a relu mon manuscrit, Jean-Christophe Buisson.

Enfin et surtout, pour ses deux années d'admirable patience, Diane, ma femme ; sans oublier, pour leurs efforts de discrétion, nos enfants, Hélène, Benoît, Nicolas, Jérôme, Yves-Marie et Etienne.

J.S.

Annexes

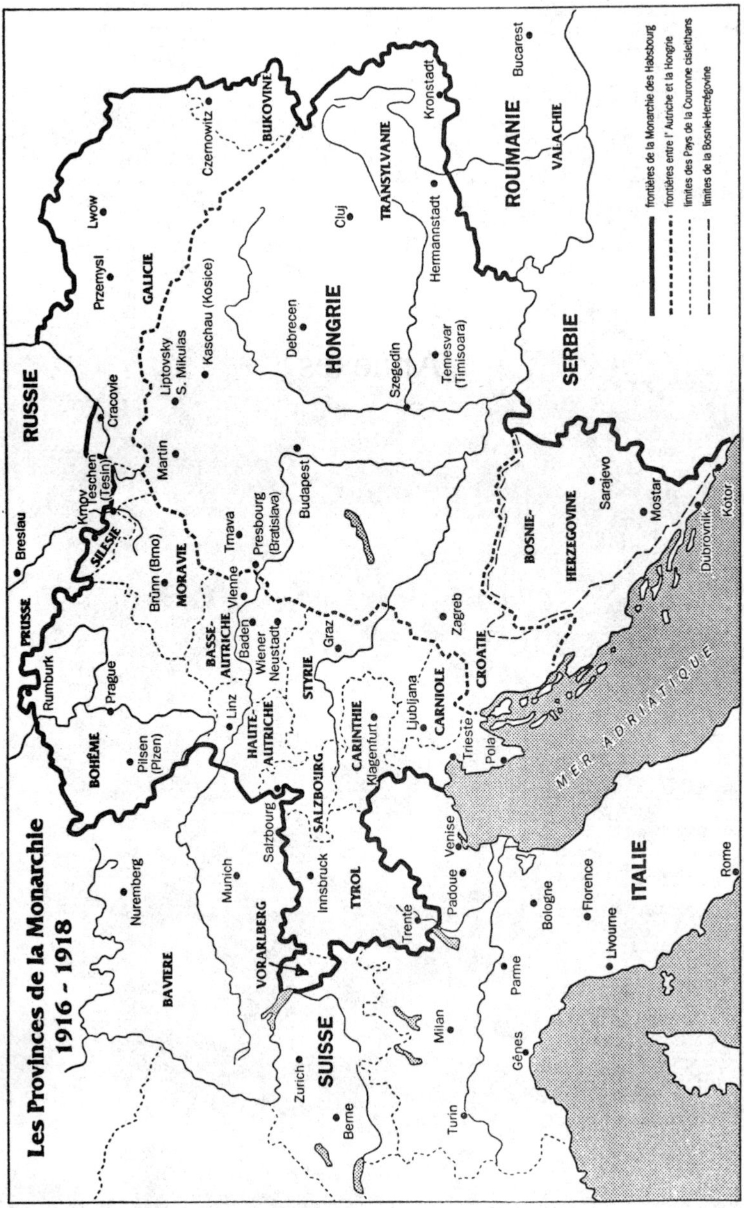

Extrait de *La Chute de l'Empire austro-hongrois*, par Bernard Michel (Robert Laffont, 1991).

L'« éclatement » de l'Autriche-Hongrie après 1918.

Extrait de *La Chute des Habsbourg*, par Edward Crankshaw (Gallimard, 1966).

LES BOURBONS
(schéma résumé)

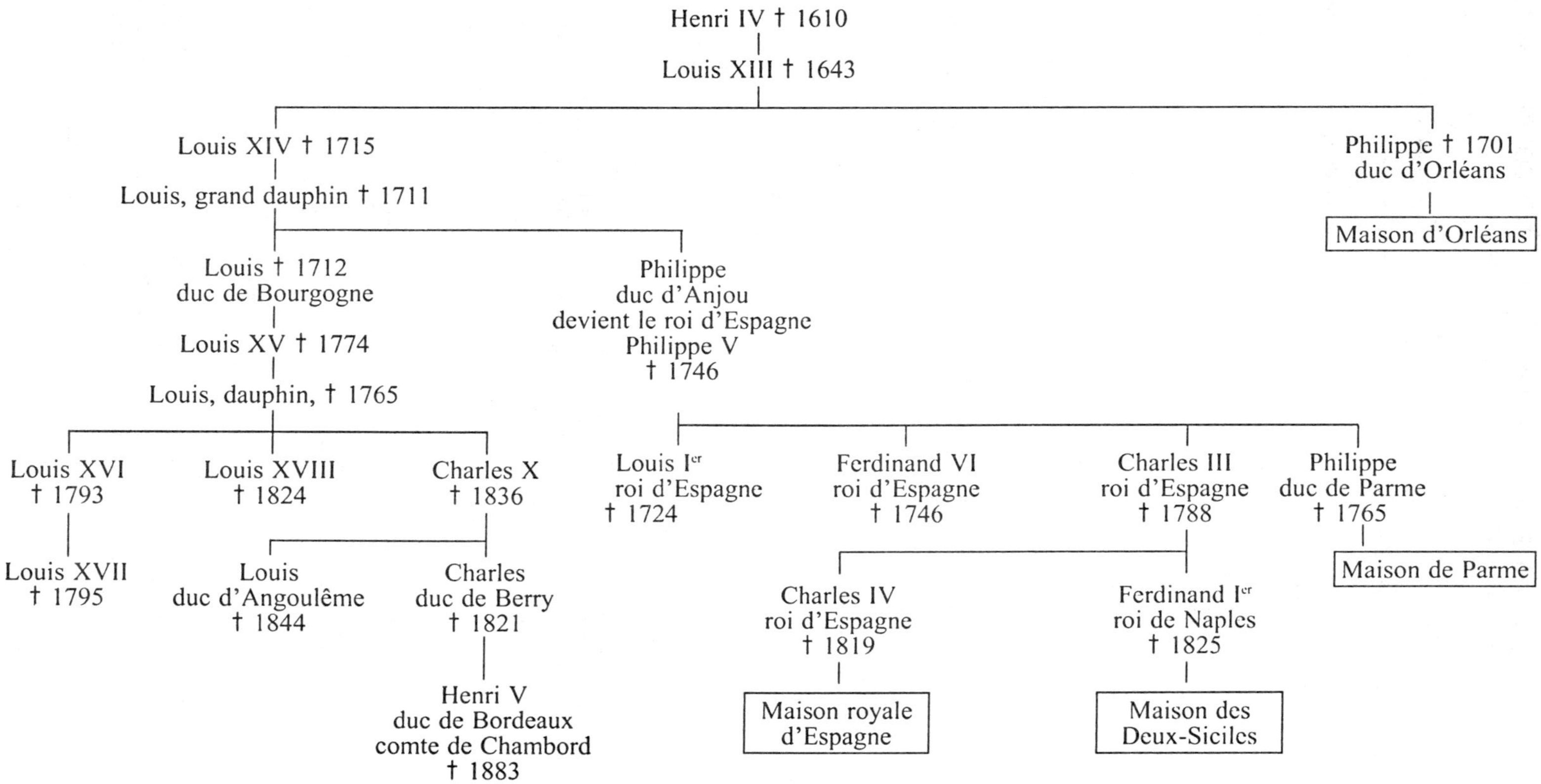

L'ASCENDANCE PATERNELLE DE ZITA : LES BOURBONS-PARME

(généalogie résumée)

Philippe V
roi d'Espagne † 1746
∞ Élisabeth Farnèse † 1766

- Charles III
  roi d'Espagne † 1788
  - Maison royale d'Espagne et Maison des Deux-Siciles
- ***Philippe, duc de Parme***
  † 1765
  ∞ Louise-Élisabeth
  (fille de Louis XV)
  - ***Ferdinand Ier***
    † 1802
    ∞ Marie-Amélie d'Autriche
    - *Louis Ier* † 1803
      ∞ Marie-Louise de Bourbon (Espagne)
      - *Charles* II † 1883
        ∞ Marie-Thérèse de Savoie
        - *Charles III* † 1854
          ∞ Louise de Bourbon (France)
          (fille du duc de Berry)
          Régente de Parme de 1854 à 1859
          - Marguerite † 1848
            ∞ don Carlos de Bourbon, duc de Madrid (Carlos VII)
          - *Robert Ier* † 1907
            duc de Parme
            ∞ 1. Maria Pia des Deux-Siciles
            2. Maria Antonia de Bragance
            - 24 enfants, dont
              - *Henri Ier*
                duc de Parme
                † 1939
              - *Joseph Ier*
                duc de Parme
                † 1950
              - *Élie Ier*
                duc de Parme
                † 1959
                ∞ Marie-Anne d'Autriche
                - *Robert II*
                  duc de Parme
                  † 1974
              - *Xavier Ier*
                duc de Parme
                † 1977
                - *Carlos-Hugo*
                  duc de Parme
                  né en 1930
                  ∞ Irène des Pays-Bas
                  - Carlos Javier
                - Sixte-Henri
                  né en 1940
          - Alix † 1935
            ∞ Ferdinand de Toscane
          - Henri † 1905
            comte de Bardi
            ∞ 1. Louise de Sicile
            ∞ 2. Aldegonde de Bragance

L'ASCENDANCE MATERNELLE DE ZITA : LA MAISON DE BRAGANCE
(généalogie résumée)

Joao VI † 1826

Pedro Ier † 1834
empereur du Brésil
renonce au trône du Portugal en 1826 au profit de sa fille Maria da Gloria

- ***Maria da Gloria II***
  † 1853
  ∞ ***Ferdinand de Saxe-Cobourg-Gotha***
  Roi consort du Portugal † 1885
  - *Pedro V*
    † 1861
  - *Luiz Ier*
    † 1889
    - *Carlos Ier*
      † 1908
      - *Manoel II*
        † 1932
- Pedro II du Brésil
  - Maison d'Orléans-Bragance

MIGUEL Ier † 1866
se proclame roi du Portugal en 1828
∞ 1851
Adelaïde zu Löwenstein-Wertheim-Rosenberg
† 1909

1 Marie des Neiges † 1951
∞ 1871 Don Alfonso Carlos † 1936
2 Miguel (de jure MIGUEL II) † 1927
3 Marie-Thérèse † 1944
∞ 1873 Charles-Louis d'Autriche † 1896
4 Marie-José † 1943
∞ 1874 Karl Theodor duc en Bavière † 1909
5 Aldegonde † 1946
∞ 1876 Henri de Bourbon-Parme, comte de Bardi
† 1905
6 Maria Anna † 1942
∞ 1893 grand-duc Guillaume de Luxembourg † 1912
7 Maria Antonia † 1959
∞ 1884 Robert duc de Parme † 1907 (parents de Zita)

DOM DUARTE † 1976
devenu, en 1932, à la mort de Manoel II,
prétendant reconnu par tous les monarchistes portugais

DOM DUARTE, duc de Bragance
né en 1945

LES PARENTS ET LES FRÈRES ET SŒURS DE ZITA

Robert
duc de Parme
(1848-1907)

1 ∞ 1869
Maria-Pia des Deux-Siciles († 1882)

1. Marie-Louise (1870-1899)
   ∞ 1893 Ferdinand de Bulgarie † 1948
   postérité : Maison royale de Bulgarie
2. Ferdinand (1871-1871)
3. Louise (1872-1943)
4. Henri (1873-1939)
   duc de Parme à partir de 1907
5. Marie-Immaculée (1874-1914)
6. Joseph (1875-1950)
   duc de Parme à partir de 1939
7. Marie-Thérèse (1876-1959)
8. Maria-Pia (1877-1915)
9. Béatrice (1879-1946)
   ∞ 1906 Pietro Lucchesi-Palli † 1939
   postérité
10. Élie (1880-1959)
    ∞ 1903 Maria Anna d'Autriche † 1940
    postérité (Robert II, duc de Parme, † 1974)
11. Anastasia (1881-1881)
12. Auguste (1882)

• Louise, Henri, Marie-Immaculée, Joseph, Marie-Thérèse et Maria-Pia, souffrant d'un handicap mental, restèrent célibataires.

2 ∞ 1884
Maria -Antonia de Bragance († 1959)

13. Adélaïde (1885-1959)
14. Sixte (1886-1934)
    ∞ 1919 Hedwige de La Rochefoucauld
    postérité : Maison de La Rochefoucauld
15. Xavier (1889-1977)
    ∞ 1927 Madeleine de Bourbon-Busset † 1984
    duc de Parme à partir de 1974
    postérité : Maison de Parme (Carlos-Hugo, duc de Parme depuis 1977)
16. Franziska-Françoise (1890-1978)
17. **Zita (1892-1989)**
18. Félix (1893-1970)
    ∞ 1919 grande-duchesse Charlotte de Luxembourg † 1985
    postérité : Maison grand-ducale de Luxembourg
19. René (1894-1962)
    ∞ 1921 Marguerite de Danemark † 1992
    postérité : Maison de Parme
20. Maria Antonia (1895-1979)
21. Isabelle (1898-1984)
22. Louis (1899-1967)
    ∞ 1939 Maria de Savoie
    postérité : Maison de Parme
23. Henriette (1903-1987)
24. Gaëtan (1905-1958)
    ∞ 1931 Margarethe von Thurn und Taxis
    postérité.

• Adélaïde, Franziska et Maria Antonia furent religieuses à Solesmes. La princesse Isabelle resta célibataire, ainsi que la princesse Henriette, qui était sourde-muette.

MAISON ROYALE D'ESPAGNE

(généalogie résumée)

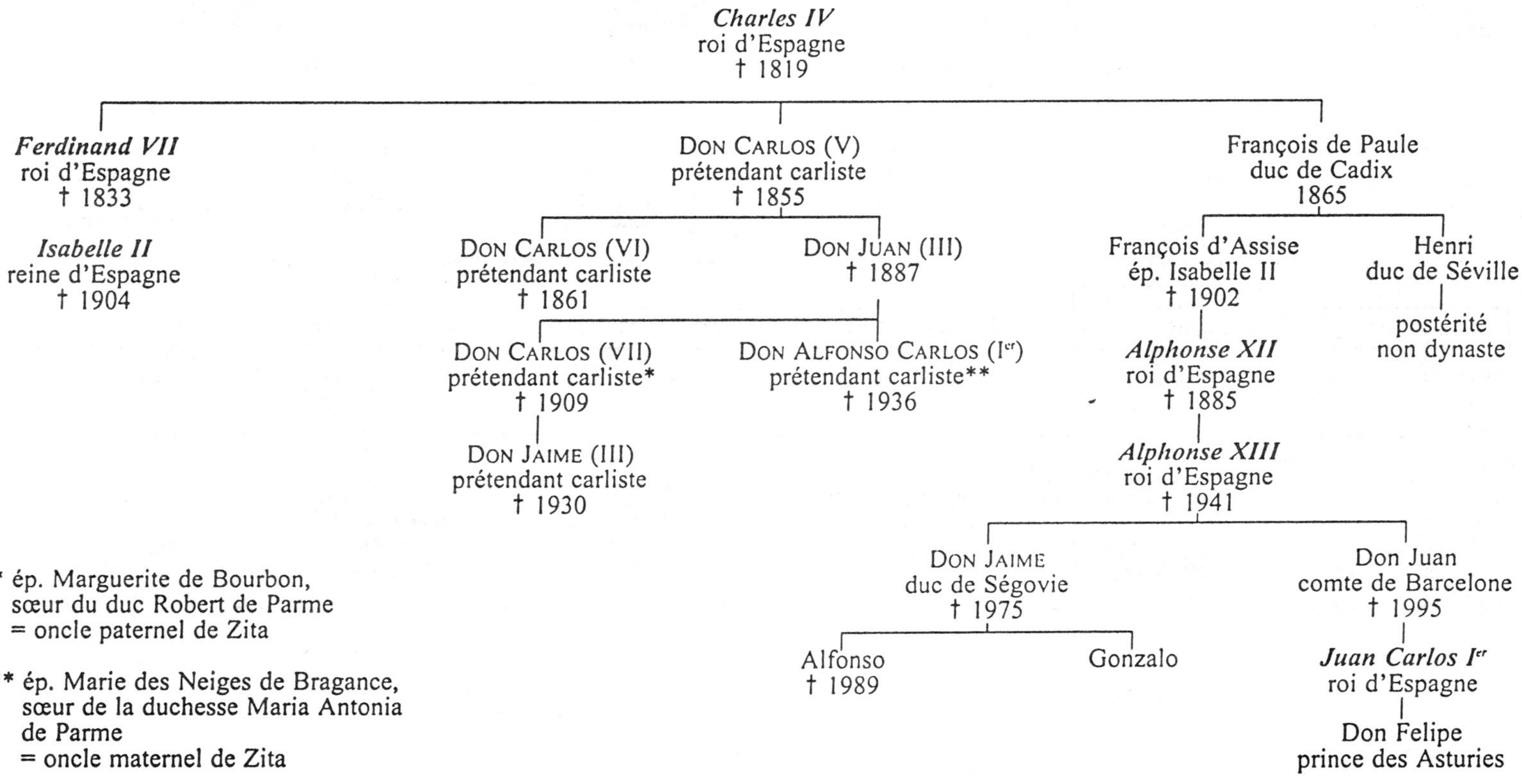

* ép. Marguerite de Bourbon,
sœur du duc Robert de Parme
= oncle paternel de Zita

** ép. Marie des Neiges de Bragance,
sœur de la duchesse Maria Antonia
de Parme
= oncle maternel de Zita

LES HABSBOURG-LORRAINE

(généalogie résumée)

Marie-Thérèse (1717-1780) ∞ ***François Ier*** (François-Étienne de Lorraine) 1708-1756

16 enfants dont

- ***Joseph II*** (1741-1790)
- Marie-Amélie (1746-1804) ∞ Ferdinand duc de Parme
- ***Léopold II*** (1747-1792) ∞ Marie-Louise d'Espagne † 1792
- Marie-Caroline (1752-1814) ∞ Ferdinand, roi des Deux-Siciles
- Ferdinand (1754-1806) duc de Modène → Lignée Habsbourg-Este
- Marie-Antoinette (1755-1793) ∞ Louis XVI

Léopold II : 13 enfants dont

- Marie-Thérèse (1767-1827) ∞ Antoine, roi de Saxe
- ***François II (Ier)*** (1768-1835) ∞ Marie-Thérèse des Deux-Siciles
- Ferdinand (1769-1824) → Habsbourg-Toscane
- Charles (1771-1847) → Ducs de Teschen
- Joseph (1776-1847) → Lignée Palatine de Hongrie
- Jean (1782-1859) → Comtes de Meran

François II (Ier) : 7 enfants dont

- Marie-Louise (1791-1847) ∞ 1. Napoléon Ier † 1821 2. Comte Neipperg † 1829 3. Comte de Bombelles † 1856
- ***Ferdinand Ier*** (1743-1875) ∞ Marie-Anne de Savoie † 1884
- Léopoldine (1797-1826) ∞ Pedro Ier du Brésil
- Caroline (1801-1832) ∞ Frédéric-Auguste II roi de Saxe
- François-Charles (1802-1878) ∞ Sophie de Bavière † 1872

François-Charles :

- ***François-Joseph Ier*** (1830-1916) ∞ Élisabeth en Bavière † 1898
- Maximilien (1832-1867) empereur du Mexique ∞ Charlotte de Belgique † 1927
- Charles -Louis (1833-1896) ∞ 1. Marguerite de Saxe † 1858 2. Maria Annunziata de Sicile † 1871 3. Marie-Thérèse de Bragance † 1944
- Louis-Victor (1842-1919)

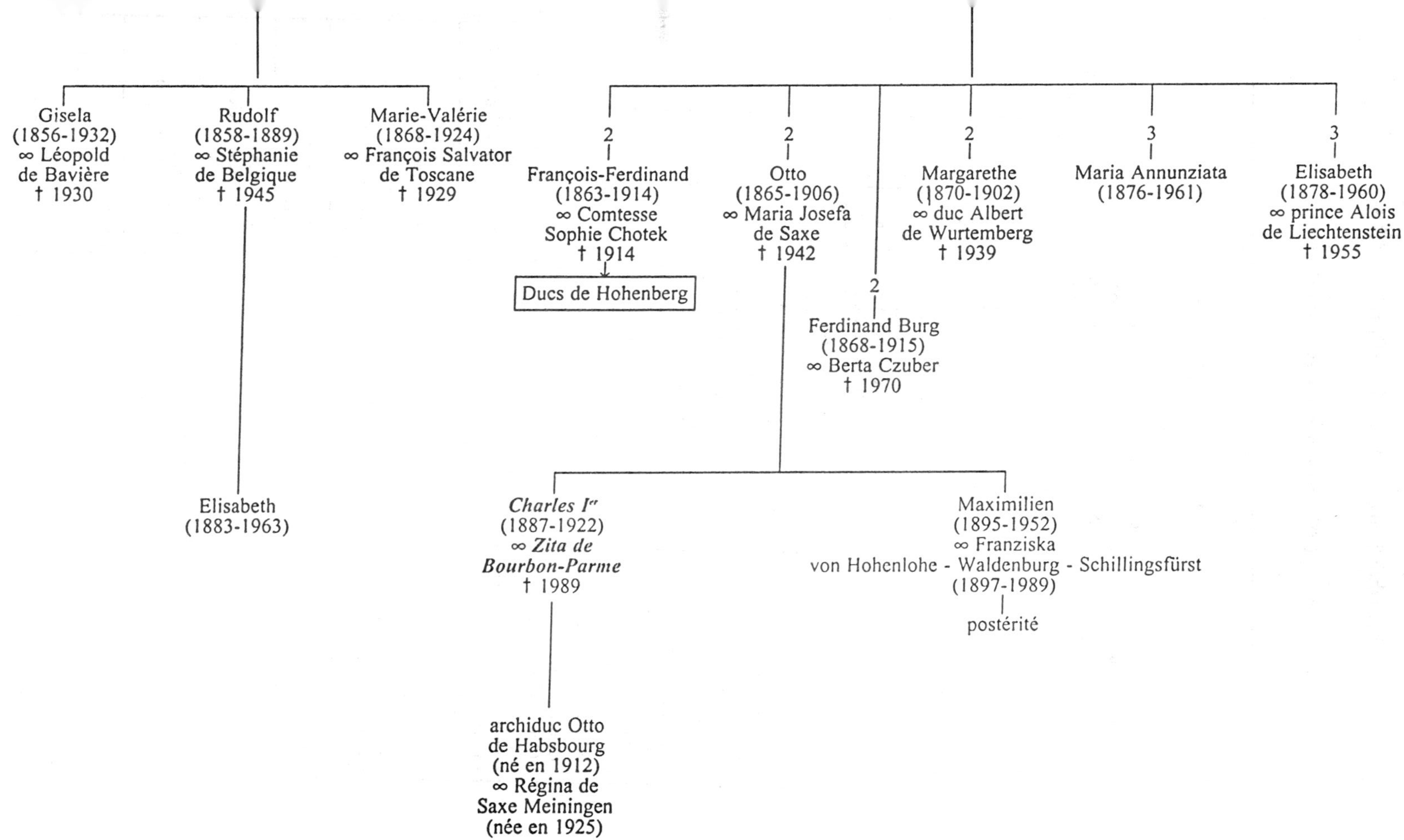
Gisela
(1856-1932)
∞ Léopold
de Bavière
† 1930
Rudolf
(1858-1889)
∞ Stéphanie
de Belgique
† 1945
Marie-Valérie
(1868-1924)
∞ François Salvator
de Toscane
† 1929
2
François-Ferdinand
(1863-1914)
∞ Comtesse
Sophie Chotek
† 1914
Ducs de Hohenberg
2
Otto
(1865-1906)
∞ Maria Josefa
de Saxe
† 1942
2
Ferdinand Burg
(1868-1915)
∞ Berta Czuber
† 1970
2
Margarethe
(1870-1902)
∞ duc Albert
de Wurtemberg
† 1939
3
Maria Annunziata
(1876-1961)
3
Elisabeth
(1878-1960)
∞ prince Alois
de Liechtenstein
† 1955
Elisabeth
(1883-1963)
Charles Ier
(1887-1922)
∞ *Zita de*
Bourbon-Parme
† 1989
Maximilien
(1895-1952)
∞ Franziska
von Hohenlohe - Waldenburg - Schillingsfürst
(1897-1989)
postérité
archiduc Otto
de Habsbourg
(né en 1912)
∞ Régina de
Saxe Meiningen
(née en 1925)

LA DESCENDANCE DE CHARLES ET ZITA

Charles Ier (1889-1922) ∞ Zita de Bourbon-Parme (1892-1989)

Otto (1912)
∞ Regina de Saxe Meiningen (1925)

- Andrea (1953)
  ∞ Carl Eugen Neipperg (1951)
  → 5 enfants
- Monika (1954)
  ∞ duc de Sant-Angelo (1950)
  → 4 enfants
- Michaela (1954)
  ∞ Eric Alba Teran d'Antin (1920)
  → 3 enfants
- Gabriela (1956)
  ∞ Christian Meister (1954)
  → 3 enfants
- Walburga (1958)
  ∞ Archibald Douglas (1949)
  → 1 enfant
- Karl (1961)
  ∞ Francesca Thyssen-Bornemisza (1958) → 1 enfant
- Paul-Georg (1964)

Adelaïde
(1914-1971)
(célibataire)

Robert
(1915-1996)
∞ Marguerite de Savoie-Aoste (1930)

- Maria Beatrix (1954)
  ∞ Riprand von Arco-Zinneberg (1955) → 5 enfants
- Lorenz (1955)
  ∞ princesse Astrid de Belgique (1962) → 4 enfants
- Gerhard (1957)
- Martin (1959)
- Isabelle (1963)

Félix
(1916)
∞ Princesse Anna-Eugénie d'Arenberg
(1925)

- Maria del Pilar (1953)
  ∞ Vollrad von Poschinger (1952)
  → 5 enfants
- Carl Philipp (1954)
  ∞ Martina Donath
- Kinga (1955)
  ∞ Wolfgang von Erffa (1948)
  → 4 enfants
- Raimund (1958)
  ∞ Bettina Götz
- Myriam (1959)
  ∞ Jaime Corcuera Acheson (1955)
  → 4 enfants
- Istvan (1961)
  ∞ Paola von Temesvary (1971)
  → 1 enfant
- Viridis (1961)
  ∞ Carl Dunning-Gribble (1961)
  → 3 enfants

Charles-Louis (1918)
∞ Princesse Yolande
de Ligne (1923)

- Rudolf (1950)
∞ Hélène de Villenfagne
de Vogelsanck (1954) → 8 enfants
- Alexandra (1952)
∞ Hector Riesle (1943) → 3 enfants
- Carl Christian (1954)
∞ princesse Marie-Astrid de
Luxembourg (1954) → 5 enfants
- Constanza (1957)

Rodolphe (1919)
∞ 1. Xenia Tchernyshev-
Beszbrazov
(1929-1968)
∞ 2. Princesse Anna
Gabriele de Wrede
(1940)

- (1) Maria Anna (1954)
∞ prince Pierre Galitzine (1955)
→ 6 enfants
- (1) Carl Peter (1955)
- (1) Siméon (1958)
∞ Maria Paloma de Bourbon
et Orléans
- (1) Johannes (1962-1975)
- (2) Katharina (1972)

Charlotte (1921-1989)
∞ duc Georges de
Mecklembourg
(1899-1963)

sans postérité

Élisabeth
(1922-1993)
∞ prince Heinrich
von und zu Liechtenstein
(1916-1991)

- Vinzenz (1950)
∞ Hélène de Cossé-Brissac (1960)
→ 2 enfants
- Michael (1951)
∞ Hildegard Peters (1948)
→ 2 enfants
- Charlotte (1953)
∞ Pieter van der Byl (1923)
→ 3 enfants
- Christof (1956)
- Karl (1957)

Chronologie

9 mai 1892	Naissance de Zita de Bourbon-Parme, à la villa delle Pianore, en Italie.
1903-1908	Zita est pensionnaire à Zangberg, en Bavière.
1907	Mort de son père, le duc de Parme.
13 juin 1911	Fiançailles avec Charles de Habsbourg.
21 octobre 1911	Mariage de Charles et Zita, au château de Schwarzau, en Autriche.
1911-1912	Charles est officier à Brandeis, en Bohême, et en Galicie.
Automne 1912	Charles est muté à Vienne.
20 novembre 1912	Naissance du premier enfant : l'archiduc Otto.
1913	Charles et Zita emménagent au château d'Hetzendorf, près de Vienne.
3 janvier 1914	Naissance de l'archiduchesse Adélaïde.
28 juin 1914	L'assassinat de François-Ferdinand, à Sarajevo, fait de Charles le successeur de l'empereur François-Joseph.
Août 1914	Charles part pour le front ; Zita s'installe à Schönbrunn.
8 février 1915	Naissance de l'archiduc Robert.
31 mai 1916	Naissance de l'archiduc Félix.
21 novembre 1916	Mort de François-Joseph. Charles devient l'empereur Charles Ier (le roi Charles IV en Hongrie) ; Zita est impératrice et reine.
20 décembre 1916	Couronnement à Budapest.
Printemps 1917	Négociations, par l'intermédiaire de Sixte et Xavier de Bourbon-Parme, pour une tentative de paix séparée avec les Alliés.
10 mars 1918	Naissance de l'archiduc Charles-Louis.
11 novembre 1918	Charles renonce à exercer le pouvoir, mais sans

	abdiquer. La famille impériale se retire au château d'Eckartsau, près de Vienne.
12 novembre 1918	La République est proclamée en Autriche.
24 mars 1919	La famille impériale doit s'exiler en Suisse. Installation provisoire au château de Wartegg, chez la duchesse de Parme, puis à Prangins, sur le lac Léman.
3 avril 1919	La République d'Autriche confisque les biens des Habsbourg et contraint les membres de la dynastie à une déclaration de reconnaissance du nouveau régime ou à l'exil.
5 septembre 1919	Naissance de l'archiduc Rodolphe.
1er mars 1921	Naissance de l'archiduchesse Charlotte.
Avril 1921	Charles se rend à Budapest, pour reprendre son trône au régent Horthy. Échec et retour en Suisse.
Mai 1921	Installation au château d'Hertenstein, sur le lac des Quatre-Cantons.
Octobre 1921	Seconde tentative de restauration en Hongrie. Zita accompagne Charles dans cette expédition. Le putsch royaliste échoue.
Novembre 1921	Les Alliés condamnent le couple impérial à la relégation. Un navire britannique débarque Charles et Zita à Madère.
Février 1922	Les enfants de Charles et Zita rejoignent leurs parents à Madère.
1er avril 1922	A Madère, l'empereur Charles succombe à une pneumonie, à l'âge de trente-quatre ans.
Mai 1922	Zita se réfugie en Espagne. L'archiduchesse Charlotte naît au palais du Pardo, près de Madrid (le 31 mai).
1922-1929	L'impératrice et ses huit enfants vivent à Lekeitio, sur la côte basque espagnole.
1929	La famille impériale s'installe en Belgique, à Steenokkerzeel, près de Bruxelles.
20 novembre 1930	Otto de Habsbourg fête sa majorité.
25 juillet 1934	A Vienne, assassinat du chancelier Dollfuss.
1935	Le chancelier Schuschnigg lève partiellement les lois anti-Habsbourg de 1919.
13 mars 1938	L'Anschluss : l'Autriche est annexée par l'Allemagne.
Mai 1940	L'Allemagne envahit la Belgique et la France. Les Habsbourg s'enfuient sur les routes de l'exode :

	Dunkerque, Paris, Bordeaux ; ils passent en Espagne, puis au Portugal.
Juillet 1940	La famille impériale s'envole pour l'Amérique. Zita s'installe à Québec, les aînés de ses enfants aux États-Unis.
1945	L'Autriche est libérée par les Alliés ; la Hongrie est occupée par les Soviétiques.
1945-1946	Afin de réunir des secours pour l'Autriche, Zita effectue une tournée de conférences en Amérique. L'impératrice habite à Tuxedo, près de New York.
1949	Ouverture du procès en béatification de l'empereur Charles.
1949-1956	Les enfants de Zita se marient.
1953	L'impératrice revient en Europe, et vit avec sa mère, au Luxembourg.
1955	Le traité d'État rétablissant la souveraineté autrichienne reconduit les lois discriminatoires à l'égard des Habsbourg.
1959	Mort de la duchesse de Parme.
1961	Pour rentrer en Autriche, Otto de Habsbourg signe la déclaration de renonciation à ses droits souverains exigée par la République. L'hypothèse de son retour provoque une crise politique.
1962	Zita s'installe en Suisse, à Zizers.
1966	Otto de Habsbourg revient pour la première fois en Autriche.
Mai 1982	L'impératrice fête ses quatre-vingt-dix ans. La république d'Autriche lui accorde l'accès à son territoire, après soixante-trois ans d'exil.
14 mars 1989	Mort de Zita, à Zizers, à près de quatre-vingt-dix-sept ans.
1er avril 1989	L'impératrice est enterrée solennellement, dans la crypte des Capucins, à Vienne.

Bibliographie

1. HISTOIRE GÉNÉRALE

Béranger (Jean) : *Histoire de l'empire des Habsbourg, 1273-1918,* Fayard, Paris, 1990.

Bogdan (Henry) : *Histoire de la Hongrie*, Presses Universitaires de France, Paris, 1966.

Histoire des pays de l'Est, Perrin, Paris, 1990.

Castellan (Georges) : *Histoire des peuples d'Europe centrale*, Fayard, Paris, 1994.

Crankshaw (Edouard) : *La chute des Habsbourg*, Gallimard, Paris, 1966 (traduit de l'anglais).

Hantsch (Hugo) : *Die Geschichte Österreichs,* Styria Verlag, Graz, 1968.

Johnston (William M.) : *Österreichische Kultur und Geitesgeschichte*, Böhlau, Vienne, 1992 (traduit de l'américain).

Kann (Robert A.) : *Geschichte des Habsburgerreiches*, *1526-1918* (3e édition), Böhlau, Vienne, 1993.

Molnar (Miklos) : *Histoire de la Hongrie*, Hatier, Paris, 1996.

Sellier (André et Jean) : *Atlas des peuples d'Europe centrale,* La Découverte, Paris, 1992.

Tapié (Victor-L.) : *Monarchie et peuples du Danube*, Fayard, Paris, 1969.

Zöllner (Erich) : *Histoire de l'Autriche,* Horvath, Roanne, 1965 (traduit de l'allemand).

2. LES HABSBOURG AU XXe SIÈCLE

Andics (Hellmut) : *Der Fall Otto Habsburg*, Verlag Fritz Molden, Vienne, 1965.

Die Frauen der Habsburger, Verlag Fritz Molden, Vienne, 1969.

Auclères (Dominique) : *Soleil d'exil. Le bannissement des Habsbourg,* Presses de la Cité, Paris, 1974.

Autriche (Léopold d') : *Souvenirs de la cour de Vienne,* Payot, Paris, 1937 (traduit de l'allemand).

Bled (Jean-Paul) : *François-Joseph*, Fayard, Paris, 1987.

Brook-Shepherd (Gordon) : *Le dernier Habsbourg*, Flammarion, Paris, 1971 (traduit de l'anglais).

Zita. Die letzte Kaiserin, Zsolnay Verlag, Vienne, 1993 (traduit de l'anglais).

Charmant (Oscar de) : *Mémoire présenté au nom de S.M. l'impératrice Zita à leurs Excellences les ambassadeurs des hautes puissances alliées*, Paris, 1923.

Cordfunke (Erik) : *Zita, la dernière impératrice*, Duculot, Paris-Louvain-la-Neuve, 1990 (traduit du néerlandais).

Delabays (Joseph) : *La destinée tragique d'un monarque pacifique*, Bonduelle, Cambrai, 1945.

Dugast Rouillé (Michel), Cuny (Hubert) et Pinoteau (baron Hervé) : *Les grands mariages des Habsbourg*, Paris, 1955.

Dugast Rouillé (Michel) : *Charles de Habsbourg*, Duculot, Paris-Louvain-la-Neuve, 1991.

Erdödy (Graf Tamas von) : *Die Memoiren des Grafen Tamas von Erdödy. Habsburgsweg von Wilhelm zu Briand. Vom Kurier der Sixtus Briefe zu Königsputschisten*, Amalthea Verlag, Vienne, 1931.

Feigl (Erich) : *Kaiser Karl. Persönliche Aufzeichnungen, Zeugnisse und Dokumente*, Amalthea Verlag, Vienne, 1987.

Kaiser Karl I. Ein Leben für den Frieden seiner Völker, Amalthea Verlag, Vienne, 1990.

Zita, Kaiserin und Königin (5e édition), Amalthea Verlag, Vienne, 1991 (version française abrégée : *Zita de Habsbourg. Mémoires d'un empire disparu*, Critérion, Paris, 1991).

Kaiserin Zita, Kronzeugin eines Jahrhunderts, Amalthea Verlag, Vienne, 1989.

Otto von Habsburg, Profil eines Lebens, Amalthea Verlag, Vienne, 1992.

Flesch-Brunningen (Hans) : *Die letzten Habsburger in Augenzeugenberichten*, Karl Rauch Verlag, Düsseldorf, 1967.

Gehrig (Emmy) : *Umjubelt, verkannt, verbannt : Kaiserin und Königin Zita* (3e édition), Franz Reisinger, Wels, 1962 (1re édition en 1932).

Görlich (Ernst Joseph) : *Der letzte Kaiser : ein Heiliger ? Kaiser*

Karl von Österreich (3e édition), Christian Verlag, Stein am Rhein, 1988.

Griesser (Hermann A.) : *Konfisziert. Österreichs Unrecht am Hause Habsburg*, Amalthea Verlag, Vienne, 1986.

Griesser-Pecar (Tamara) : *Zita. Die Wahrheit über Europas letzte Kaiserin*, Gustav Lübbe Verlag, Bergisch Gladbach, 1992.

Habsbourg (Otto de) : *Mémoires d'Europe*, Entretiens avec Jean-Paul Picaper, Critérion, Paris, 1994.

Briefe aus der Verbannung, Högerverlag, Vienne, 1935.

Damals begann unsere Zukunft, Verlag Herold, Vienne 1971.

Hamman (Brigitte) : *Die Habsburger. Ein biographisches Lexikon*, Verlag Carl Ueberreuter, Vienne, 1988.

Harding (Bertita) : *Crépuscule impérial. Histoire de Charles et Zita d'Autriche-Hongrie*, Éditions de la Paix, Bruxelles, 1947 (traduit de l'américain).

Kraus (Walter) : *Otto von Habsburg* (3e édition), Selbstverlag, Vienne, 1955.

Lichem (Heinz von) : *Karl I. Ein Kaiser sucht den Frieden*, Tyrolia Verlag, Innsbruck, 1996.

Lorenz (Reinhold) : *Kaiser Karl*, Verlag Styria, Graz, 1959.

Margutti (général baron Albert de) : *La tragédie des Habsbourg, mémoires d'un aide de camp*, Éditions Crès, Paris, s.d. (traduit de l'allemand).

Morand (Paul) : *La dame blanche des Habsbourg*, Robert Laffont, Paris, 1963.

Muret (Maurice) : *L'archiduc François-Ferdinand*, Grasset, Paris, 1932.

Polatschek (Max) : *Franz Ferdinand. Europas verlorene Hoffnung*, Amalthea Verlag, Vienne, 1989.

Polzer-Hoditz (graf Arthur) : *Kaiser Karl. Aus der Geheimmappe seines Kabinettschefs* (2e édition), Amalthea Verlag, Vienne, 1980 (traduction française : comte A. Polzer-Hoditz, *L'empereur Charles et la mission historique de l'Autriche*, Grasset, Paris, 1934).

Praschl-Bichler (Gabriele) : *Das Familienalbum von Kaiser Karl und Kaiserin Zita*, Verlag Carl Ueberreuter, Vienne, 1996.

Rédier (Antoine) : *Zita, princesse de la paix*, Alexis Rédier, Paris, 1930.

Reindl (Helge) : *Zita. Eine Kaiserin kehrt heim. 1982-1989*, Herder, Vienne, 1989.

Rieder (Heinz) : *Kaiser Karl. Der letzte Monarch Österreichs-Ungarns, 1887-1922*, Callwey, Munich, 1981.

Rumpler (Helmut) : *Das Völkermanifest Kaiser Karls vom 16. Oktober 1918*, Verlag für Geschichte und Politik, Vienne, 1966.
Schonta (Emmerich Zeno von) : *Aus den Erinnerungen eines Flügeladjutanten an weiland Seine Majestät der Kaiser und König Karl*, Reichsbund der Österreicher, Vienne, 1927.
Troud (Jérôme) : *Charles Ier*, Plon, Paris, 1936.
L'odyssée de l'impératrice Zita, collection Durendal, Bruxelles, 1936.
Vasari (Emilio) : *Dr. Otto Habsburg oder die Leidenschaft für Politik*, Verlag Herold, Vienne, 1972.
Zita, Kaiserin und Königin, Verlag Herold, Munich, 1976.
Vivian (Herbert) : *Kreuzweg eines Kaisers*, Höger Verlag, Vienne, 1935 (traduit de l'anglais).
Wagemut (Karl) : *Was ich im Elternhause der Exkaiserin Zita von Österreich erlebte*, A. Köhler, Dresde, 1920.
Werkmann (Karl) : *Der Tote auf Madeira. Kaiser Karl von Österreich*, Verlag für Kulturpolitik, Munich, 1923 (traduction française : *Le calvaire d'un empereur*, Payot, Paris, 1924).
Aus Kaiser Karls Nachlass, Verlag für Kulturpolitik, Berlin, 1925.
Deutschland als Verbündeter. Kaiser Karls Kampf um den Frieden, Berlin, 1931 (traduction française abrégée : *L'Allemagne dans le rôle d'alliée*, La Petite Illustration, 30 octobre 1937).
Werner (Arthur) : *Otto von Habsburg*, Selbstverlag, Vienne, 1958.
Zessner-Spitzenberg (Hans Karl) : *Kaiser Karl*, Salzburger Verlag für Wirtschaft und Kultur, Salzbourg, 1953.
Kaiser Karl-Gedächtnis-Jahrbuch, Vienne, 1930-1938.
Jahrbuch der Gebetsliga, Kaiser-Karl-Gebetsliga für den Völkerfrieden, Vienne, 1953-1996.
Catalogue de l'exposition *Der letzte Kaiser. Karl I. von Österreich* ; château de Pottenbrunn (Basse-Autriche), 27 avril au 31 octobre 1996.

3. LE CONTEXTE

Jusqu'en 1918

Amiguet (Philippe) : *La vie du prince Sixte de Bourbon*, Éditions de France, Paris, 1934.
Andics (Hellmut) : *Der Untergang der Donaumonarchie*, Verlag Fritz Molden, Vienne, 1976.

Andrassy (Julius) : *Diplomatie und Weltkrieg*, Ullstein, Berlin, 1920.

Auerbach (Bertrand) : *L'Autriche et la Hongrie pendant la guerre*, Alcan, Paris, 1925.

Arz von Straussenburg (Generaloberst Arthur) : *Zur Geschichte des Grossen Krieges*, Rikola Verlag, Vienne, 1924.

Baernreither (Joseph Maria) : *Fragmente eines politischen Tagebuches, herausgegeben und eingeleitet von Josef Redlich*, Verlag für Kulturpolitik, Berlin, 1928.

Bourbon (prince Sixte de) : *L'offre de paix séparée de l'Autriche*, Plon, Paris, 1920.

Burian (Stefan) : *Drei Jahre aus der Zeit meiner Amtsführung im Kriege*, Berlin, 1923.

Charles-Roux (François) : *La paix des empires centraux*, SPID, Paris-Lyon, 1947.

Conrad von Hötzendorf (Franz) : *Aus meiner Dienstzeit (1906-1918)*, Vienne, 1921-1925.

Cramon (général A. von) : *Quatre ans au GQG austro-hongrois pendant la guerre mondiale comme représentant du GQG allemand*, Payot, Paris, 1922.

Czernin (Ottokar) : *Im Weltkriege,* Ullstein, Berlin, 1919.

Dumaine (Alfred) : *La dernière ambassade de France en Autriche*, Plon, Paris, 1921.

Duroselle (Jean-Baptiste) : *Clemenceau*, Fayard, Paris, 1988.

Engel-Janosi (Friedrich) : *Die politische Korrespondenz der Päpste mit den österreichischen Kaisern*, Verlag Herold, Vienne, 1964.

Erzberger (Matthias) : *Erlebnisse im Weltkrieg*, Stuttgart, 1920.

Fejtö (François) : *Requiem pour un empire défunt. Histoire de la destruction de l'Autriche-Hongrie*, Lieu Commun, Paris, 1988.

Griesser-Pecar (Tamara) : *Die Mission Sixtus. Österreichs Friedensversuch im Ersten Weltkrieg*, Amalthea Verlag, Vienne, 1988.

Hévesy (André de) : *L'agonie d'un empire*, Perrin, Paris, 1923.

Kann (Robert A.) : *Die Sixtusaffäre und die geheimen Friedensverhandlungen Österreich-Ungarns im ersten Weltkrieg*, Verlag für Geschichte und Politik, Vienne, 1966.

Kiszling (Rudolf) : *Österreich-Ungarns Anteil am ersten Weltkrieg*, Stiasny Verlag, Graz, 1958.

Kleindel (Walter) : *Der erste Weltkrieg*, Österreichischer Bundesverlag, Vienne, 1989.

Lloyd George (David) : *Mémoires de Guerre*, Fayard, Paris.

Ludendorff (Erich) : *Meine Kriegserinnerungen*, Mittler, Berlin, 1919.

Manteyer (Georges de) : *M. Clemenceau*, L. Jean, Gap, 1930.

Masaryk (Tomas-Garrigue) : *La résurrection d'un État. Souvenirs et réflexions, 1914-1918*, Plon, Paris, 1930.

Michel (Bernard) : *La chute de l'empire austro-hongrois, 1916-1918*, Robert Laffont, Paris, 1991.

Nowak (Karl Friedrich) : *Les dessous de la défaite. La chute des puissances centrales en 1916-1918*, Payot, Paris, 1925.
Les dessous de la révolution. L'Allemagne et l'Autriche en novembre 1918, Payot, Paris, 1927.

Oudin (Bernard) : *Aristide Briand*, Robert Laffont, Paris, 1987.

Pédroncini (Guy) : *Les négociations secrètes pendant la grande guerre*, Flammarion, Paris, 1969.

Piétri (Nicole) : « L'Autriche-Hongrie dans la guerre », in *La première guerre mondiale*, Flammarion, Paris, 1991.

Poincaré (Raymond) : *Au service de la France. Neuf années de souvenirs. L'année trouble, 1917* (tome IX) et *La victoire et l'armistice* (tome X), Plon, Paris, 1932 et 1933.

Rauchensteiner (Manfred) : *Der Tod des Doppeladlers. Österreich-Ungarn und der Erste Weltkrieg*, Styria Verlag, Graz, 1994.

Redlich (Josef) : *Schicksalsjahre Österreichs, 1908-1919. Das politische Tagebuch Josef Redlichs*, Verlag Böhlau, Graz, 1953.

Ribot (Alexandre) : *Lettres à un ami. Souvenirs de ma vie politique*, Bossard, Paris, 1924.
Journal, Plon, Paris, 1936.

Ronge (général Max) : *Espionnage. Douze années au service des renseignements*, Payot, Paris, 1932.

Steed (Henry-Wickam) : *Trente années de vie politique en Europe. Mes souvenirs*, Plon, Paris, 1926-1927.

Suarez (Georges) : *La vie orgueilleuse de Clemenceau*, Gallimard, Paris, 1930.
Briand, Plon, Paris, 1939-1940.

Weil (Georges) : *Le pangermanisme en Autriche*, A. Fontemoing, Paris, 1904.

Werkmann (Karl) : *Les derniers jours de l'Autriche-Hongrie, La Revue hebdomadaire*, 22 mai, 29 mai et 5 juin 1926 (traduction de *Der Zusammenbruch* 1918).

Windischgraetz (prince Louis) : *Mémoires*, Payot, Paris, 1923.

Zeman (Z.A.B.) : *La fin des Habsbourg*, Rencontre, Lausanne, 1971.

Zweig (Stefan) : *Le monde d'hier*, Belfond, Paris, 1993.

L'Autriche de 1918 à 1938

Allizé (Henry) : *Ma mission à Vienne (mars 1919-avril 1920)*, Plon, Paris, 1933.

Andics (Hellmut) : *Der Staat, den keiner wollte. Österreich, 1918-1938*, Verlag Herold, Vienne, 1962.

Bauer (Otto) : *Die österreichische Revolution*, Verlag der Wiener Volksbuchhandlung, 1965 (1re édition en 1925).

Bled (Jean-Paul) : *Les catholiques autrichiens et le national-socialisme (1933-1938), Revue d'Allemagne*, tome XVI, numéro 3, juillet-septembre 1984.

Broche (François) : *Assassinat du chancelier Dollfuss*, Balland, Paris, 1977.

Brook-Shepherd (Gordon) : *Engelbert Dollfuss*, Styria Verlag, Graz, 1961 (traduit de l'anglais).

Anschluss. Les nazis en Autriche, Presses de la Cité, Paris, 1964 (traduit de l'anglais).

Dollfuss (Eva) : *Mein Vater. Hitlers erstes Opfer*, Amalthea Verlag, Vienne, 1994.

Drimmel (Heinrich) : *Vom Umsturz zum Bürgerkrieg : Österreich 1918-1927 ; Vom Justizpalast zum Februaraufstand : Österreich 1927-1934 ; Vom Kanzlermord zum Anschluss : Österreich 1934-1938*, Amalthea Verlag, Vienne, 1985, 1986 et 1987.

Deutsch (General Julius) : *Ein weiter Weg*, Amalthea Verlag, Vienne, 1960.

Fuchs (Martin) : *Un pacte avec Hitler. Le drame autrichien, 1936-1938*, Plon, Paris, 1938.

Funder (Friedrich) : *Vom Gestern ins Heute. Aus dem Kaiserreich in die Republik*, Verlag Herold, Vienne, 1953.

Gedye (G.E.R.) : *Suicide de l'Autriche*, Union latine d'éditions, 1940 (traduit de l'anglais).

Hildebrand (Dietrich von) : *Engelbert Dollfuss. Ein katholischer Staatsmann*, Verlag Anton Pustet, Salzbourg, 1934.

Hoor (Ernst) : *Österreich 1918-1938. Staat ohne Nation, Republik ohne Republikaner*, Österreichischer Bundesverlag, Vienne, 1966.

Kann (Robert A.) et Prinz (Friedrich E.) : *Deutschland und Österreich. Ein bilaterales Geschichtsbuch*, Verlag für Jugend und Volk, Vienne, 1980.

Kindermann (Gottfried Karl) : *Hitlers Niederlage in Österreich. Bewaffnete NS-Putsch, Kanzlermord und Österreichs Abwehrsieg von 1934*, Verlag Hoffmann und Campe, Hambourg, 1984.

Kreissler (Félix) : *De la révolution à l'annexion. L'Autriche de 1918 à 1938*, Presses Universitaires de France, Paris, 1971.
Kugler (Martin) : *Die frühe Diagnose des Nationalsozialismus : christlich motivierter Widerstand in der österreichischen Publizistik*, Verlag Peter Lang, Frankfurt, 1995.
Londres (Albert) : « Opérette viennoise », in *D'Annunzio, conquérant de Fiume*, Julliard, Paris, 1990.
Mayeur (Jean-Marie) : « Le christianisme dans l'Europe : l'Autriche », in *Histoire du christianisme* (tome 12, 1914-1958), Desclée-Fayard, Paris, 1990.
Maurer (Hans) : *Vie et mort de Dollfuss*, Flammarion, Paris, 1935 (traduit de l'allemand).
Papen (Franz von) : *Mémoires*, Flammarion, Paris, 1952.
Puaux (Gabriel) : *Mort et transfiguration de l'Autriche*, Plon, Paris, 1966.
Rambaud (Louis) : *Dollfuss, 1892-1934*, Emmanuel Vitte, Lyon-Paris, 1948.
Rebhann (Fritz M.) : *Bis in den Tod : Rot-Weiss-Rot. Österreichs Untergang im März 1938*, Verlag Herold, Vienne, 1988.
Reichhold (Ludwig) : *Kampf um Österreich. Die Vaterländische Front und ihr Widerstand gegen den Anschluss, 1933-1938*, Österreichischer Bundesverlag, Vienne, 1985.
Renner (Karl) : *Österreich von den Ersten zur Zweiten Republik*, Vienne, 1953.
Schrenck-Notzing (Caspar von) : *Lexikon des Konservatismus*, Leopold Stocker Verlag, Graz, 1996.
Schuschnigg (Kurt von) : *Dreimal Österreich*, Thomas-Verlag, Vienne, 1937 (traduction française : *Autriche, ma patrie*, Plon, Paris, 1938).
Ein Requiem in Rot-Weiss-Rot, Verlag Amstutz-Herdeg & Co., Zurich, 1946 (traduction française : *Requiem. Les Mémoires du chancelier d'Autriche, 1938-1940*, SFELT, Paris, 1947).
Im Kampf gegen Hitler, Verlag Fritz Molden Vienne, 1969.
Starhemberg (Ernst Rüdiger von) : *Memoiren*, Amalthea Verlag, Vienne, 1971.
Szeps Zuckerkandl (Berthe) *: Souvenirs d'un monde disparu. Autriche, 1878-1938*, Calmann-Lévy, Paris, 1939.
Tharaud (Jérôme et Jean) : *Vienne la Rouge*, Plon, Paris, 1934.
Zernatto (Guido) : *Die Wahrheit über Österreich*, Longmans, Green and Co., New York, 1938.
Erzählte Geschichte. Berichte von Männern und Frauen in Widerstand wie Verfolgung. Volume 2 : *Katholiken, Konservative,*

Legitimisten, Dokumentationsarchiv des österreichischen Widerstandes, Österreichischer Bundesverlag, Vienne, 1992.

Maximiliana, *Zeichen des Widerstandes, 1922-1987*, Amalthea Verlag, Vienne, 1987.

La Hongrie

Boroviczeny (Aladar von) : *Der König und sein Reichsverweser*, Verlag für Kulturpolitik, Munich, 1924.

Hinaux (colonel) : *Geôlier d'empereur, La Revue hebdomadaire*, 27 octobre 1923.

Horthy (amiral Nicolas) : *Mémoires*, Hachette, Paris, 1954 (traduit de l'allemand).

Karolyi (Michael) : *Gegen eine ganze Welt*, Verlag für Kulturpolitik, Munich, 1924.

Lehar (Anton) : *Erinnerungen. Gegenrevolution und Restaurationsversuche in Ungarn, 1918-1921*, Verlag für Geschichte und Politik, Vienne, 1973.

Windischgraetz (Ludwig A.) : *Ein Kaiser kämpft für die Freiheit. So begann Ungarns Leidenweg*, Verlag Herold, Vienne, 1957.

L'Autriche après 1938

Bédarida (Renée) : « Les catholiques français face aux réfugiés allemands et autrichiens (1933-1939) », in *De l'exil à la résistance*, Presses universitaires de Vincennes, Paris, 1970.

Béhar (Pierre) : *L'Autriche-Hongrie, idée d'avenir ?*, Desjonquères, Paris, 1991.

Fried (Jakob) : *Nationalsozialismus und Katholische Kirche in Österreich*, Wiener Dom-Verlag, Vienne, 1947.

Funder (Friedrich) : *Als Österreich den Sturm bestand. Aus den Ersten in die Zweite Republik*, Verlag Herold, Vienne, 1957.

Goldner (Franz) : *Die österreichische Emigration, 1938-1945*, Verlag Herold, Vienne, 1972.

Kreissler (Félix) : *La prise de conscience de la nation autrichienne, 1938-1945-1978*, Presses Universitaires de France, Paris, 1980.

Kuehnelt-Leddihn (Erik von) : *Austria infelix oder Die Republik der Neidgenossen*, Böhlau, Vienne, 1983.

Molden (Otto) : *Der Ruf des Gewissens. Der österreichische Freiheitskampf 1938-1945*, Verlag Herold, Vienne, 1958.

Rovan (Joseph) : « L'émigration monarchiste autrichienne en

France (1938-1940) » in *Les barbelés de l'exil*, Presses Universitaires de Grenoble, 1979.
Schuschnigg (Heinrich) : *Schwarz-gelber Widerstand, 1938-1945, Rebellion als konservative Konsequenz*, Vienne, 1996.

Les liens dynastiques

Badts de Cugnac (Chantal de) et Coutant de Saisseval (Guy) : *Le Petit Gotha*, Paris, 1993.
Balanso (Juan) : *Les Bourbons de Parme*, J & D Éditions, Biarritz, 1996.
Daniek (Edmund) : *Die Bourbonen als Emigranten in Österreich*, Bergland Verlag, Vienne, 1965.
Paris (Isabelle, comtesse de) : *Tout m'est bonheur*, Robert Laffont, Paris, 1978.

Index des noms de personnes

Les entrées *Bourbon-Espagne, Bourbon-Parme, Bourbon-Siciles, Bragance, Habsbourg, Hohenzollern* et *Löwenstein-Wertheim-Rosenberg* récapitulent toutes les personnes citées appartenant à ces familles, en renvoyant à leur prénom, par lequel elles sont classées dans l'index.

Tout membre de la maison de Habsbourg, y compris ceux qui y sont entrés par le mariage, possède le titre d'archiduc ou d'archiduchesse d'Autriche.

Table

Achevé d'imprimer en janvier 1998
sur presse Cameron
par ***Bussière Camedan Imprimeries***
à Saint-Amand-Montrond (Cher)
pour le compte de France Loisirs
123, boulevard de Grenelle, Paris

Cet ouvrage a été imprimé
sur du papier sans bois et sans acide

N° d'Édition : 27333. N° d'Impression : 1/42.
Dépôt légal : février 1998.
Imprimé en France